新世纪高职高专
公共基础课系列规划教材

大学生创业实务

新世纪高职高专教材编审委员会 组编

主　编　林　强　马超平

主　审　赵居礼

大连理工大学出版社

图书在版编目(CIP)数据

大学生创业实务 / 林强，马超平主编. — 大连：
大连理工大学出版社，2012.8(2016.12 重印)
新世纪高职高专公共基础类课程规划教材
ISBN 978-7-5611-6997-1

Ⅰ.①大…　Ⅱ.①林…②马…　Ⅲ.①大学生－职业
选择－高等职业教育－教材　Ⅳ.①G647.38

中国版本图书馆 CIP 数据核字(2012)第 127177 号

大连理工大学出版社出版

地址：大连市软件园路 80 号　邮政编码：116023
发行：0411-84708842　邮购：0411-84708943　传真：0411-84701466
E-mail：dutp@dutp.cn　URL：http://www.dutp.cn
丹东新东方彩色包装印刷有限公司印刷　大连理工大学出版社发行

幅面尺寸：185mm×260mm　印张：16.5　字数：381 千字
2012 年 8 月第 1 版　2016 年 12 月第 4 次印刷

责任编辑：欧阳碧蕾　　　　　　　责任校对：张　婕
封面设计：张　莹

ISBN 978-7-5611-6997-1　　　　　　定　价：35.00 元

总　　序

　　我们已经进入了一个新的充满机遇与挑战的时代,我们已经跨入了21世纪的门槛。

　　20世纪与21世纪之交的中国,高等教育体制正经历着一场缓慢而深刻的革命,我们正在对传统的普通高等教育的培养目标与社会发展的现实需要不相适应的现状作历史性的反思与变革的尝试。

　　20世纪最后的几年里,高等职业教育的迅速崛起,是影响高等教育体制变革的一件大事。在短短的几年时间里,普通中专教育、普通高专教育全面转轨,以高等职业教育为主导的各种形式的培养应用型人才的教育发展到与普通高等教育等量齐观的地步,其来势之迅猛,发人深思。

　　无论是正在缓慢变革着的普通高等教育,还是迅速推进着的培养应用型人才的高等职业教育,都向我们提出了一个同样的严肃问题:中国的高等教育为谁服务,是为教育发展自身,还是为包括教育在内的大千社会?答案肯定而且唯一,那就是教育也置身其中的现实社会。

　　由此又引发出高等教育的目的问题。既然教育必须服务于社会,它就必须按照不同领域的社会需要来完成自己的教育过程。换言之,教育资源必须按照社会划分的各个专业(行业)领域(岗位群)的需要实施配置,这就是我们长期以来明乎其理而疏于力行的学以致用问题,这就是我们长期以来未能给予足够关注的教育目的问题。

　　众所周知,整个社会由其发展所需要的不同部门构成,包括公共管理部门如国家机构、基础建设部门如教育研究机构和各种实业部门如工业部门、商业部门,等等。每一个部门又可作更为具体的划分,直至同它所需要的各种专门人才相对应。教育如果不能按照实际需要完成各种专门人才培养的目标,就不能很好地完成社会分工所赋予它的使命,而教育作为社会分工的一种独立存在就应受到质疑(在市场经济条件下尤其如此)。可以断言,按照社会的各种不同需要培养各种直接有用人才,是教育体制变革的终极目的。

新世纪

随着教育体制变革的进一步深入，高等院校的设置是否会同社会对人才类型的不同需要一一对应，我们姑且不论。但高等教育走应用型人才培养的道路和走研究型（也是一种特殊应用）人才培养的道路，学生们根据自己的偏好各取所需，始终是一个理性运行的社会状态下高等教育正常发展的途径。

高等职业教育的崛起，既是高等教育体制变革的结果，也是高等教育体制变革的一个阶段性表征。它的进一步发展，必将极大地推进中国教育体制变革的进程。作为一种应用型人才培养的教育，它从专科层次起步，进而应用本科教育、应用硕士教育、应用博士教育……当应用型人才培养的渠道贯通之时，也许就是我们迎接中国教育体制变革的成功之日。从这一意义上说，高等职业教育的崛起，正是在为必然会取得最后成功的教育体制变革奠基。

高等职业教育还刚刚开始自己发展道路的探索过程，它要全面达到应用型人才培养的正常理性发展状态，直至可以和现存的（同时也正处在变革分化过程中的）研究型人才培养的教育并驾齐驱，还需要假以时日；还需要政府教育主管部门的大力推进，需要人才需求市场的进一步完善发育，尤其需要高职高专教学单位及其直接相关部门肯于做长期的坚忍不拔的努力。新世纪高职高专教材编审委员会就是由全国 100 余所高职高专院校和出版单位组成的旨在以推动高职高专教材建设来推进高等职业教育这一变革过程的联盟共同体。

在宏观层面上，这个联盟始终会以推动高职高专教材的特色建设为己任，始终会从高职高专教学单位的实际教学需要出发，以其对高等职业教育发展的前瞻性的总体把握，以其纵览全国高职高专教材市场需求的广阔视野，以其创新的理念与创新的运作模式，通过不断深化的教材建设过程，总结高职高专教学成果，探索高职高专教材建设规律。

在微观层面上，我们将充分依托众多高职高专院校联盟的互补优势和丰裕的人才资源优势，从每一个专业领域、每一种教材入手，突破传统的片面追求理论体系严整性的意识限制，努力凸现高等职业教育职业能力培养的本质特征，在不断构建特色教材建设体系的过程中，逐步形成自己的品牌优势。

新世纪高职高专教材编审委员会在推进高职高专教材建设事业的过程中，始终得到了各级教育主管部门以及各相关院校相关部门的热忱支持和积极参与，对此我们谨致深深谢意，也希望一切关注、参与高职教育发展的同道朋友，在共同推动高职教育发展、进而推动高等教育体制变革的进程中，和我们携手并肩，共同担负起这一具有开拓性挑战意义的历史重任。

新世纪高职高专教材编审委员会

2001 年 8 月 18 日

前　言

《大学生创业实务》是新世纪高职高专教材编委会组编的公共基础类课程规划教材之一。

创业教育的实质是素质教育，重在培养学生的创业意识和能力。本教材以"针对性强、操作性强、实用性强"为编写宗旨，牢牢把握时代脉搏，深入分析当前背景，紧扣大学生实际，凸显大学生创业热情和水平，激发大学生创业热情，提高学生综合素质，指导学生创业实践。本教材主要特点体现在以下方面：

1. 针对性强。从培养大学生的创业意识、创业心理以及创业技能的角度，切实结合大学生群体的特点，以大量篇幅介绍大学生真实的创业模式及创业成功的案例，为广大青年学子在创业路上提供借鉴。

2. 操作性强。贯彻《教育部关于推进高等职业教育改革创新　引领职业教育科学发展的若干意见（教职成〔2011〕12号）》精神，不仅传授国内外成熟的创业理论和最新研究成果，更侧重于对大学生创业实践技能的培养和锻炼，具有很强的操作性。全教材以实践活动为核心，营造职场氛围和企业文化，探索建立"校中厂"的实践教学基地；在编写模式上，打破传统章节，跳出理论知识框架，突出实务性，以创业职业能力培养为目标，基于创业过程展开教材内容，内容设计上贴近教学，通过知识目标、能力目标、案例导入、技能实训等形式调动学生的创业热情，培养学生的创业意识和创业能力。

3. 实用性强。本教材分为上下两篇，上篇重视创业教育的宽基础打造，主要包括创业环境分析、国家最新创业政策介绍、创业项目选择、创业风险规避以及创业计划书撰写等内容，运用简明易懂的理论，从培养学生的创业意识、创业心理以及创业技能的角度，联系具体的案例进行阐述；下篇注重创业实践技能的培养和锻炼，以广州工商

新世纪

职业技术学院8年创业教育实践活动为案例背景素材,总结提取在校园内可操作的大型创业实战模拟活动,将创业实操训练分解为6个项目、19个任务,采用"以学生为中心的行动导向教学法"授课;实施校内生产性实践教学,学生综合运用知识,完成模拟企业的人员组合、市场调查、企业注册、摊位的招投标、资金筹集、采购进货、摊位的策划、装饰布置、营销方案的制订、广告宣传、市场开业、商品经营、企业管理、财务核算和照章纳税、总结完善等全过程的校内生产性实践教学。

本教材由广州工商职业技术学院林强、马超平任主编,广州工商职业技术学院邓志虹、谢晖、鲁朝云参加了部分章节的编写工作。具体编写分工如下:上篇中的项目1和项目3由马超平编写,项目2由马超平、鲁朝云共同编写,项目4由马超平、谢晖共同编写,项目5和项目6由林强编写,项目7由林强、邓志虹共同编写;下篇由广州工商职业技术学院创业教学讲师团成员林强、马超平、邓志虹、谢晖、鲁朝云等共同编写。全书由林强负责统稿工作,广州工商职业技术学院李月娥教授对本书的编写提供了支持和帮助。西安航空职业技术学院赵居礼教授审阅了全书,并提供了宝贵意见。

本教材在编写过程中,参阅了大量的文献资料,在此向原作者表示诚挚的感谢。本教材作者力图在书中和书后参考文献中全面完整地注明引用出处,但也难免有疏漏之处,在此一并表示感谢。

为方便教师教学和学生自学,本教材配有习题集及参考答案、电子教学课件等教学资源,如有需要请登录我们的网站进行下载。

由于作者水平有限,时间仓促,本书内容如有不妥之处,敬请读者批评指正。

所有意见和建议请发往:dutpgz@163.com

欢迎访问我们的网站:http://www.dutpbook.com

联系电话:0411-84708445　84708462

编　者
2012年8月

目　录

下篇 实战篇

绪 论

创业,你准备好了没有?

纵观全球,在各国软实力竞争中,创业教育已经被提到了国家战略层面的高度进行研究。如美国20世纪80年代至今,创业一代创造了90%以上的社会财富,2011年1月31日,美国总统奥巴马签署行政命令,宣布正式成立白宫就业与竞争力委员会,提出开展创业教育的国策。

党的十七大提出"提高自主创新能力,建设创新型国家"和"促进以创业带动就业"的发展战略。教育部《关于大力推进高等学校创新创业教育和大学生自主创业工作的意见》(教办〔2010〕3号)中指出,在高等学校开展创新创业教育,积极鼓励高校学生自主创业,是教育系统深入学习实践科学发展观,服务于创新型国家建设的重大战略举措;是深化高等教育教学改革,培养学生创新精神和实践能力的重要途径;是落实以创业带动就业,促进高校毕业生充分就业的重要措施。

回顾我国的创业教育,自1998年清华大学在国内首次举办创业计划大赛以来,在随后4年里,国家教育部将清华大学、中国人民大学、北京航空航天大学、武汉大学、上海交通大学、西安交通大学、黑龙江大学和南京经济学院这8所高等院校确定为开展大学生创业教育的试点院校,并在全国各高校掀起了开展大学生创业的热潮。

2010年,人力资源与社会保障部启动了"大学生创业引领计划",目的计划在2010~2012年,利用三年时间引领45万名大学生实现创业。自2011年1月1日起,高校毕业生自毕业生年度起三年内自主创业,每年能享受8000元的税收减免。在国家及地方政府的各项相关政策鼓励与支持下,应届毕业生自主创业的人数出现大幅增长。创业人数由2009年的1.1万增加到10.9万,但在630多万毕业生当中,比例只有1.73%,自主创业的比例还很小,尤其和发达国家(平均超过10%的比例)相比差距较大,并且在大学生创业群体中,主要存在以下两个问题:

一是科技含量不高,与所学专业脱离。根据调查显示,2010年,32.9%的大学生创业产业倾向为服务业(包括商贸业、金融和房地产业、公共和社会服务业等)。大学生创业之所以选择服务业,最重要的原因是这些行业需要的科技含量不高,资金投入少,必然使得大多数毕业生在选择创业方向时,忍痛割舍自己的专业,势必造成人才浪费现象。

二是赢利状况令人担忧。一份区域大学生创业调查显示,大学毕业生创业没有赢利的比例较高,接近1/3,在校大学生创业无赢利的达2/3;创业赢利达到月入5万元以上,能够支撑一个中小型企业正常运营的比例只有0.8%,这表明大学生创业赢利状况不甚理想。

2012 年高校毕业生达 680 万人,就业压力不容小视,大学生创业目前已摆在高校毕业生就业工作的首位。针对我国当前高等教育中重理论、偏实践的现状,高校必须花大力气加强教学改革,使之与创新人才的培养相适应,而大学生创业恰恰是对高校人才培养质量的检验与补充。大学生创业的数量与质量,是对高校教改方向的重要指引。因此,如何在大学生中宣传贯彻创业思想、提升创业意识、培养创业能力以及为有志创业的大学生做好创业准备,显得尤为重要。

要创业当老板,对于大学生来说是一个"社会角色"的转换,要经历一个成功的奋斗过程才能开业。这个过程的每个阶段都有其要解决的问题,市场调查研究、选定地址、雇用职工、制订创业计划……涉及心理、经验、资金、专业知识、能力等各方面准备。

心理准备:做一个老板比做一个雇员要辛苦得多,要承受比一般雇员更大的压力。

经验准备:大学生长期呆在校园里,对社会缺乏了解,特别在市场开拓、企业运营上,很容易陷入眼高手低、纸上谈兵的误区。据中国青年报的调查显示,有 35% 的大学生认为"对失败的恐惧妨碍创业"。恐惧在很大程度上来自对实践缺乏感知。因此,大学生创业前要做好充分的准备,一方面,去企业打工或实习积累相关的管理和营销经验;另一方面,积极参加创业培训,积累创业知识,接受专业指导,提高创业成功率。

资金准备:一项调查显示,有四成大学生认为"资金是创业的最大困难"。的确,没有资金,再好的创意也难以转化为现实的生产力。因此,资金是大学生创业要翻越的一座山,大学生要开拓思路,多渠道融资,除了银行贷款、自筹资金、民间借贷等传统途径外,还可充分利用风险投资、天使投资、创业基金等融资渠道。

专业知识准备:大学生创业能够成功,往往是利用了自己的专业特长,俞敏洪从北大英语系毕业,大学期间就教英文挣外快,毕业之后也教英文,做自己最能做的事,创建了新东方。北京大学 2003 级 2 名数学专业和化学专业的研究生,开始只是兼职教奥数挣钱补贴家用,结果教着奥数生意越做越大,到 2010 年 10 月,开办的公司在华尔街上市,七年之内创造了一个市值十三亿美金的公司。如果打算在高科技领域创业的大学生,一定要注意技术创新,开发具有自己独立知识产权的产品,吸引投资商。一些风险投资家往往就因为看中大学生所掌握的先进技术,而愿意对其创业计划进行资助。

能力准备:创业能力是一种特殊的能力,这种特殊能力往往影响创业活动的效率和创业的成功。创业能力由决策能力、经营管理能力、专业技术能力与交往协调能力组成。大学生由于长期接受应试教育,不熟悉经营规则,技术上出类拔萃,理财、营销、沟通、管理方面的能力普遍不足。要想创业获得成功,创业者必须技术、经营两手抓,建议可从合伙创业、家庭创业或低成本的虚拟店铺开始,锻炼创业能力。

此外,大学生还要注意多参与学校社团活动、社会兼职工作,不仅为自己积累经验和锻炼实践能力做准备,同时也扩大自己的朋友圈,也许在不经意中会遇到将来的创业伙伴或者投资人。比如著名天使投资人薛蛮子刚在美国伯克利大学人生地不熟,凭借着自己良好的中英文功底,找到了一份中文翻译的兼职工作,正是这个兼职工作,让他认识了陆宏亮(UT 斯达康总裁)、孙正义(软件银行的创办人兼行政总裁),开创了自己的创业生涯。

比尔·盖茨说:下一个比尔·盖茨是中国的马云;马云说:下一个马云是创业者;创业者说:创业,从点滴开始。作为大学生,创业,你准备好了吗?

上篇

基础篇

项目1

创业起步

知识目标

1. 正确理解创业的内涵；
2. 掌握创业的类型、过程与层次；
3. 掌握大学生自主创业的意义。

能力目标

通过创业理论的学习和参与创业实践活动，树立创业意识，积累创业知识，培养创业素质和能力。

任务导入

张廷雷：从大学贫困生到"创业明星"

"新学期又开始了，要把招牌重新做一下，再补点货，最好能进一批专业点的体育用品。"2011年8月30日下午，成都理工大学银杏园三号公寓楼后，身着浅蓝色衬衫、牛仔裤的张廷雷顶着烈日，在一家名为"益百家"的租赁店前和同伴一道忙活着。和这条商业街上其他店铺不同，把这家店经营得红红火火的是一群在读贫困大学生，而张廷雷是店铺的创办人。

从入校时的贫困生到"创业明星"，张廷雷有着精彩的故事。

初创业：当月收回成本

2007年9月，凉山州雷波县的张廷雷第一次走出大山，带着父母给的500元和政府资助的2000元，走进成都理工大学的校园。

迎接的学长想帮张廷雷提行李，但他说："我的行李就是身上的短袖衣服、短裤和脚上的凉鞋。"尽管在学校的帮助下解决了上学问题，但接下来的生活让这个斯斯文文的男孩犯了难。为积攒生活费，大一时，张廷雷一口气找了三份兼职，也就在那时，创业的想法在他心里悄然滋生。

2009年4月的一天，张廷雷急需一辆自行车，但费尽周折也没有找到。"要是学校里有个租车的店就好了。"沮丧的张廷雷一拍脑袋：自己何不开个自行车租赁店！

张廷雷立即开始市场调查。为了取经，他带着400元钱和一个向同学借来的睡袋坐火车直奔广州，白天看租赁店，晚上就睡在火车站。

他发现，校园租赁业在国内处于萌芽阶段，项目成本相对较低、运营比较容易、消费者相对集中，非常有前景。他决定，抓住这个市场空白，大胆闯一回。

在学校的支持下,张廷雷免费拿到银杏园三号公寓楼后这处 80 余平方米的店面,用打工的全部积蓄 1100 多元,买了 10 辆二手自行车,并打印了简单的宣传单张贴在校园内。

出乎意料,来租车的同学非常多,所有车几乎每天都会被租完,一个月下来,除去成本,有 1000 多元的纯收入,相当于他打工两个多月的工资!

知回报:选择贫困生入团队

自行车租赁店的生意越来越红火,不少同学透露出想来店里"工作"的意愿。经学校推荐,张廷雷选择了 10 多名和自己一样贫困的学生,根据课程表安排上班时间,每人每月可收入 500~1000 元。

哪些东西是同学们需要偶尔使用、没必要购买的,哪些是经常使用、没必要购买的……张廷雷和他的团队展开了调查。如今,张廷雷的"益百家"租赁店已从单纯的自行车租赁衍生到服装、户外用品、体育用品、生活小百货、数码产品等 10 多个种类,四五千件物品,总价值 10 万元左右。在南充川北医学院,他还开了一家分店。

店铺门口的空地处,最初的 10 辆旧自行车,已经发展到 140 辆自行车、10 辆电动自行车;货架上,西服、帐篷、桌椅、轮滑、吉他、网球拍、相机、电脑、遮阳伞、教材等物品摆放得整齐有序。

半年前,租赁店的月收入突破了 1 万元,这时,张廷雷决定不再从店里"领工资"。"学校的支持让我实现了创业梦想,现在,我要回报学校、回报同学。"他说。

在创业的同时,张廷雷并没有忽视学习,成绩优秀、表现突出的他,今年 6 月被保送成都理工大学公费研究生。

感恩行:免费演讲传递梦想

张廷雷还有另外一项"事业"——2009 年开始,每年暑假,他都会带领省内各高校的优秀本科生、硕士研究生,到凉山十几个县市开展免费的感恩励志巡回演讲。

为什么会想到这样过暑期生活?"我出生在大凉山一个贫困的农民家庭,父母都没有文化,我通过努力终于走进大学校门,但我身边还有很多同样身世的同学,却没有同样幸运的命运。"张廷雷说,希望通过这种方式,将自己的知识、方法、梦想、激情传递给更多的孩子。

同时,张廷雷创建了"新树才教育中心",在一些偏远地区,开展教育咨询、培训业务。教育中心的老师则多为来自省内各所高校的贫困学生,"贫困生能走出大山步入大学的校门,大多有各自独到的学习方法,我们要做的就是把这些方法传授给更多的学生"。

(资料来源:从贫困生到"创业明星".四川日报.2011 年 09 月 02 日)

■ 任务提示

机遇青睐有准备之人。创业的过程,无论是成功还是暂时的失败,对人生经历而言都是一笔财富,一种难得的人生积累。怀揣"年轻不怕失败"座右铭的大学生,要把创业的经验看成是增加自己竞争力的砝码。别怕苦、别怕累、别怕碰壁、别怕失败,要自信、要坚持,用实际的行动、用自己的双手、用自己的创新掘取人生的第一桶金。

创业,你准备好了吗? 面对金融危机,面对生活压力,你应该怎么选择? 创业的内涵是什么? 大学生自主创业有什么意义?

任务1　中国第四波创业浪潮来临

创业是一个古老而永恒的话题。历史的长河奔腾不息,综观古今中外,从我们的祖先击石取火到液化气进入百姓人家;从电灯的发明到日光灯、节能灯的广泛使用;从蒸汽机的发明到宇宙飞船遨游太空;从第一台计算机的诞生到信息产业革命,信息化浪潮席卷全球……每一次人类的进步,每一次社会的变革,无不闪耀着创业者的智慧和灵光,无不凝聚着开拓者的艰辛和汗水。比尔·盖茨、卡耐基、张瑞敏、丁磊、王志军、张剑等创业大军中的一代英豪,为社会创造了巨大的财富,是创业者的典范。创业是人类社会发展的发动机,推动着人类社会滚滚向前,使之丰富多彩、繁荣昌盛。

1.1.1　中国第四波创业浪潮来临

从改革开放开始至今,中国的创业浪潮一波接着一波。"倒爷"就是中国改革开放后的第一波创业者。他们在 20 世纪 80 年代,放弃了良好的工作环境和优厚的待遇,在社会边缘挣扎努力,后来取得成功,慢慢成为企业家,比如柳传志、张瑞敏……这些"倒爷"引领了当时的中国创业浪潮。

10 年以后,到 20 世纪 90 年代,发生了第二波创业浪潮。当时的中国,全民"下海"。据说有 10 万个在国企或政府机构任职的工作人员,看到了经商者的成功,便放弃了原有的工作,选择"下海"创业,代表人物是潘石屹、史玉柱……这批创业者得到了很高的价值回报,因为他们与第一批创业者不同,他们拥有较高的教育水平和知识层次,并且他们渐渐开始学习西方先进的企业管理模式。

中国第三批创业者选择了互联网。

当时,美国验证了互联网在未来有着很大的潜在价值。但是,到底有多大,谁也不清楚。这是一个巨大的机会,这批中国创业者看到了这个机会,他们认为:美国人能做到的,我们中国人也能做到,代表人物是马化腾……他们中的佼佼者,快速积累了巨大财富。如果只评估固定时间内,用同样资本创造最大价值的话,第三批创业者的成功远远大于第二批和第一批创业者。

今天,中国第四波创业浪潮已经到来。

融入一个时代的人是最幸运的,那么在新的创业时代,谁将掌控下一个十年、数十年?

1.1.2　中国创业活动及大学生创业的主要特性

2011 年 12 月 16 日发布的《全球创业观察中国报告》重点关注两个问题:一是从国际视角看,中国的创业活动有哪些不同于自我比较的特点;二是近年来我国对大学生创业活动日益关注,我国大学生创业的主要特性是什么。

在创业活动特性研究上有以下发现:

第一,中国的创业活动在全球仍然属于活跃状态。中国在全球创业观察的60个参与成员中排名第15位,不仅高于像美国、英国、法国、德国等发达国家,也高于南非、俄罗斯等新兴国家。

第二,创业的动机依然保持机会型创业和生存型创业并存的状态。机会型创业的比重尽管高于生存型创业,但机会型创业的比重并没有显著提高。这表明,我国创业者中具备机会型创业素质的人员比重只能是一个逐步上升的过程,不会在短期内形成机会型创业为主导的格局。帮助生存型创业者仍然是我国促进创业活动应着力的地方。

第三,中国高学历创业者(指获得大专及以上学历的创业者)的创业活跃程度排在全球创业观察的60个参与成员中的第22位,低于总体创业活动比较中中国在全球的排名。在总体创业活动中,排名在我国之后的法国、澳大利亚等在高学历创业者的创业活跃程度上排在我国之前。这个数据也是第一次让我们看到我国高学历创业者在全球创业观察中的相对状态。

在创业环境的差异上有以下体现:

第一,中国创业环境总体上处于有待改善的状态。在全球创业观察的60个成员中排在第13位,高于我国创业活动指数的排名。但这不是创业环境改善速度加快的结果,而是创业活动受到整个经济大环境,特别是金融危机影响而短暂下滑的结果。从专家评价看,中国的创业环境与美国、英国、法国等发达国家处于相当的状态,但不如以色列、德国和芬兰等国家。

第二,中国与美国创业环境比较的最大弱项体现在商务环境、文化与社会规范方面。分单项与美国的创业环境比较,中国在市场变化和开放程度、基础设施、政府政策上优于美国,即表现在硬件、规制的环境为主的方面,中国的创业环境优于美国;但是在商务环境、文化与社会规范和政府项目上,则是美国优于中国,即表现在软件、规范的环境方面。这种差异很值得我们反思文化因素在创业中所起的作用。中国作为创业活跃的地方,其可持续的基础应该来自于文化、商务环境的支撑。

在我国大学生创业的特征研究上有以下观察:

第一,我国大学生的创业活动以机会型创业为主导。机会型创业指数在2005~2010年间是生存型创业指数的4.7倍,男性大学生的创业活动高于女性大学生的创业活动。

第二,2005~2010年间,我国大学生认为创业机会有所增加,2005年,认为"在随后六个月中存在创办新企业的良好机会"的比重是32.43%,到2010年,该比重上升到44.13%,但认为创业能力存在不足。尽管有50%的大学生认为自己"具备创办企业的技能和经验",其实,这是一种没有创业的"事前主观评价",是对自身创业能力的一种高估。创业更需要具备的实践知识,在教课书学习中是难以获得的。这可以从另外一个问题的回答中看到端倪。有35%的大学生认为,"对失败的恐惧妨碍创业"。因为"恐惧"在很大程度上来自于对实践缺乏感知。

第三,大学生创业能创造更多的创业贡献,包括对就业的贡献、对创新的贡献和对企业成长的贡献。有95%的大学生认为其创业能够创造新的就业岗位,预期能创造6个以上工作岗位的大学生达到 47％；预期能提供全新产品和服务的大学生占 24.14％；预期未来五年能创造 20 个以上工作岗位（对成长的贡献）的大学生占 35％；远远高于一般的创业活动的预期就业贡献、创新贡献和企业成长贡献。

第四，大学生创业的资金需求不高。10 万元以下的比重为 49.75％。其中，5 万元以下的比重为 34.63％。大学生创业偏好的行业是顾客服务类的行业，有近 90％的学生选择这类行业。

1.1.3 创业——改变世界的使命召唤

对一些人来说，创业是生活所迫，是无奈的选择；对另一些人来说，创业是完成改变世界这一使命的主要方式。在后者看来，创业并不只是为了赚钱。

数百万人找不到工作，他们在等待政府出台有效的推动就业的措施，正则就业岗位日渐减少。在等待无望的情况下，一些人选择自己奋斗。据《今日美国》报道，2010 年美国有 890 万人创业；美国全国广播公司报道，2000 年以来，40％的美国人受到了经济衰退的影响，很多人希望通过创业走向成功。

生命无常是短暂，但"苹果"创始人乔布斯的"Stay hungry，stay foolish（求知若饥，虚心若愚）""活着就是改变世界"将会一直激励我们听从内心的召唤，为心中的那份梦想坚定前行。

作为硅谷"车库创业"传奇人物的乔布斯是苹果公司联合创始人之一，他 20 世纪 80 年代推出的苹果Ⅱ是首批在商业上取得成功的个人电脑，在电脑向家庭和个人普及的过程中具有划时代的影响。他在数字音乐、智能手机和平板电脑等领域的贡献都堪称革命性。

网媒经常说乔布斯的第三个苹果改变了这个世界，而具体在哪方面很多人并不知道，其实正是受乔布斯最早研发的 Macintosh 的影响，计算机才进入了图形用户界面的操作系统，改变了 DOS 命令的繁琐模式，将人们带入了全新的世界。将技术带入人们的日常生活中，这是导致移动技术革命的必要条件。正是乔布斯的不断创新，将艺术元素、美学概念等融入计算机，不断颠覆传统业界规则，才有了当今越来越风靡的平板电脑。乔布斯的一句话很好地诠释了他在这一方面的奋斗："领袖和跟风者的区别就在于创新。"而奥巴马的一句话则中肯地反映了大家对他的评价：乔布斯是美国最伟大的创新者之一，他勇于另类思考，大胆地相信他可以改变世界，并有足够的才能可以做到这一点。乔布斯留给世界的遗产远不止一个个数码产品，他最宝贵的遗产恐怕是模式创新，它超越了一般意义上的技术创新。

爱迪生并不是电的发明者，却将电力引入了人们日常生活，并使大众应用这项技术，乔布斯也是一样。他最终改变了世界，这是人们缅怀他的一大原因。曾经有人说过：三个苹果改变世界。其中，夏娃的苹果让人有了道德，牛顿的苹果让人有了科学，而乔布斯的苹果让人有了生活。

那些让创业者仰慕的人们　改变自己也在改变世界

2011年,国际金融危机依然笼罩世界经济,美国经济复苏缓慢,欧洲深陷主权债务危机的泥潭,国际市场展开激烈角逐,不稳定性和不确定性相伴相随。

2011年,中国经济加快转变经济发展方式,加快经济结构调整,不断提高质量和效益,积极增加就业、改善民生、促进社会和谐,保持了经济社会平稳较快的发展。

2011年,中国经济掀开了一幕波澜壮阔的历史画卷。信息产业风起云涌,消费电子、IT服务日新月异,电子商务方兴未艾,新商业模式、商业文明正在改变着传统的经济结构。2011年,中国经济力量的"外溢"成为全球经济生活中一个引人注目的现象,中国企业的海外并购蔚然成风,他们以全球视野观照全球市场,以全球智慧整合全球资源。2011年,我们还看到基础材料、装备制造等传统行业在推进自主创新、自主品牌上的努力,展示着中国的硬实力。

企业和企业家是构成这幅图景最生动的元素和符号。他们在描绘着这幅波澜壮阔的历史画卷,感知着中国经济的真实温度,见证着经济前行的脚步。

回眸2011年,值得关注的国内外经济人物颇多。

史蒂夫·乔布斯

史蒂夫·乔布斯被认为是计算机业界与娱乐业界的标志性人物,同时人们也把他视作 Macintosh、iPod、iTunes Store、iPhone 等知名数码产品的缔造者。

1976年,乔布斯和朋友成立苹果公司,他陪伴了苹果公司数十年的起落与复兴,深刻地改变了现代通信、娱乐乃至人们的生活方式。2011年10月5日他因病逝世,享年56岁。

乔布斯是改变世界的天才,他凭敏锐的触觉和过人的智慧,勇于变革,不断创新,引领全球资讯科技和电子产品的潮流,把电子产品变得简约化、平民化。

到目前为止,世界上还没有哪个计算机行业或者其他任何行业的领袖能够像乔布斯那样举办过一场万众瞩目的盛会。在每次苹果推出新产品之时,乔布斯总是会独自站在黑色的舞台上,向充满敬仰之情的观众展示出"充满魔力"而又"不可思议"的创新电子产品来,他的发布方式充满了表演的天赋。经过他的解释和展示,计算机"仿佛拥有了无限的魔力"。

苹果精神的缔造者乔布斯去世了。他短暂的一生给人类留下无限精彩,他的名字跟创新连在了一起,他也让人们知道,一个企业家原来也可以让全世界如此顶礼膜拜。

乔治·索罗斯

乔治·索罗斯号称"金融天才",从1969年建立"量子基金"至今,他创下了令人难以置信的业绩,以平均每年35%的综合成长率令华尔街同行望尘莫及。他好像具有一种超能量左右着世界金融市场。他的一句话就可以使某种商品或货币的交易行情突变,市场的价格随着他的言论上升或下跌。

然而,就在2011年,这位以成功狙击英国央行而闻名于世的"金融大鳄",结束了其40多年的对冲基金经理生涯。他麾下的索罗斯基金管理公司在年底以前向外部投资者返还约10亿美元的资金。

一名电视台的记者曾这样描述:索罗斯投资黄金,正因为他投资黄金,所以大家都认为应该投资黄金,于是黄金价格上涨;索罗斯写文章质疑德国马克的价值,于是马克汇价下跌;索罗斯投资伦敦的房地产,那里房产价格颓势在一夜之间得以扭转。索罗斯成功的秘密是许多人都急切地想知道的,但由于索罗斯对其投资方面的事守口如瓶,更给他蒙上了一层神秘的色彩。

柳传志

柳传志是中国老一代创业家的标杆,他的智慧和理想树立了中国企业家的风范。1984年柳传志创立联想集团,并将之打造成世界最大的品牌电脑厂商之一,市场占有率世界第二。

继成功并购IBM个人电脑业务之后,联想去年又先后并购德国Medion公司和日本NEC公司的个人电脑业务,由此进入门槛最高的日本市场。联想已经从整合全球市场迈向了整合全球资源,逐步成为一家成熟的全球企业。柳传志与联想集团的成长,为一个行业作出了卓越贡献。

在去年,柳传志虽然从联想集团董事局主席的位置上卸任,但68岁的他却依然在开创新的事业。他将联想集团的母公司联想控股打造成一家"生产企业的企业",旗下涵盖了消费电子、IT服务、风险投资、房地产和私人股权投资等业务,并向农业领域进军。

他总结了"建班子、定战略、带队伍"的"管理三要素",用自己的言传身教培养出新一代企业明星,将联想建成"没有家族的家族企业"。

史立荣

史立荣是中兴通信"走出去"第一人和"离客户最近"的高管,拥有近20年电信业销售及管理经验。他带领2万余人的销售队伍在全球140多个国家厉兵秣马、开疆拓土,以对客户深入的理解以及稳健、灵活的定制化销售与贴身的服务策略赢得全球合作伙伴信任,促进中兴通信国际竞争力与日俱增。

2010年3月至今,史立荣担任中兴通信总裁。他上任于电信业从语音向数据转型的关键时期,他带领公司抓住全球4G/LTE发展这一机遇,完成技术和市场的全球布局,在LTE技术领域自主创新获得了同步领先优势,全面突破欧美日等高端市场,成为全球前30家最大电信运营商的网络设备供应商。

2006年起至2010年,史立荣担任中兴通信执行副总裁之际,负责全球销售工作。期间他大刀阔斧抽调国内精兵强将征战全球主要市场,最终使中兴通信打破国际增长僵局,2007年历史性实现海外收入首次超过国内,并在全球金融危机中继续逆势增长,初步奠定中兴通信进入全球第一阵营格局。

1997年,中兴通信国内上市后史立荣即主管公司销售业务,期间带领公司首次跨越百亿大关,并成为21世纪初全球互联网泡沫中唯一实现快速增长的通信设备厂商。目前,中兴通信已跻身全球第五大通信设备厂商和第四大终端厂商,年销售额达千亿元级规模,国际收入占中兴通信总营收一半以上。

王雪红

如果说,柳传志是中国第一代创业家的代表,宏达国际电子公司董事长王雪红则是新一代创业家中的标杆。在许多人眼中，王雪红是台湾经营之神，作为台塑集团创始人王永庆的女儿，她是衔着金钥匙长大的富二代，但她却拿着抵押房子换来的500万新台币独立创业。经过多年的艰辛历程，终于成就了HTC在全球智能手机领域领先的地位。

王雪红不仅为新一代企业家树立了成功样本，也树立了价值典范。当年她选择芯片组作为事业起点的时候，英特尔总裁葛鲁夫曾当面严肃警告王雪红："你不该做这个，英特尔对芯片组的挑战者会非常严厉。"

在研发CPU和芯片组的过程中，她经历过全球100多场侵权诉讼听证会，可是所有这些都没能阻止王雪红的脚步。在她身上体现了创业者的执著和坚韧。王雪红的创业之路是挑战权威的历程，从生产电脑芯片组到进入智能手机市场，从代工到建立自主品牌，她敢于挑战英特尔、苹果等国际巨头，靠产品和技术赢得了市场认可和业内尊重，这些都印证了她的睿智和能力。

詹纯新

中国入世以来，中国市场成为全球最开放、竞争最充分的市场之一。而一批中国企业在竞争中，不仅提升了创新能力，而且获得了掌控、运用全球资源的能力，以及深入拓展海外市场的能力。除了将市场半径从发展中国家延伸到发达国家外，中国企业还越来越熟练地应用国际收购、合作的方式，发展海外业务，在全球市场全力突破。

多年来，詹纯新一直坚守"思想构筑未来"的经营理念。金融危机前夜，他用17亿元买下世界混凝土机械的顶级品牌——意大利CIFA公司。然而，随后的冲击，远远超乎想象。当欧洲经济一蹶不振之时，中联重科凭借雄厚的技术实力和运作能力，调配全球市场资源，成功挽救濒临绝境的CIFA公司。

因为成功收购CIFA公司，在2011年全球工程机械产业大会发布的2011年度全球工程机械50强企业榜单上，中联重科排名前进2位，位列第8名。传统欧洲企业消除了对中国企业的"门第"之见，被中国企业的实力所折服，詹纯新也因此获得意大利总统颁发的莱昂纳多奖。这一跨国并购案例进入哈佛商学院案例库，詹纯新因此登上哈佛讲台。

作为中国工程机械产业的领军企业，中联重科依靠国家级科研院所的技术沉淀，通过在国际国内并购，运用强大的吸收转化创新能力，有效推进与被并购企业在制造体系、渠道、品牌以及文化等方面的递进融合，积极导入全球领先的经营模式，获得跨越式发展。

刘强东

2011年是中国网络购物热潮集中爆发的一年。中国网络消费者数量达到1.45亿人，占城市人口23%的比例。预计到2015年这一比例将增加到44%，近半数消费者会选择网络购物，从而改写传统零售业的格局。5亿网民带来的网络"人口红利"正在缔造互联网经济的"黄金时代"，新的商业模式不断产生，新的市场空间不断拓展。

1996年，刘强东毕业于中国人民大学社会学系。从大学时代开始，他就一直穿越在市场的波涛里，编过程序，开过饭馆，闯荡过中关村，直到2004年创办京东商城。

刘强东打造京东商城的法宝是供应链效率和成本控制，他以强大的IT系统消化了每天30万份订单；他在线销售的产品价格比普通商场便宜10%～20%；他把库存周转率降到 14 天左右,而国美、苏宁的库存周转率为 47～60 天。京东商城用"低成本和高效率"证明电子商务企业有能力在给消费者带来低价的同时,让品牌厂商获取合理利润,促进整个产业的良性发展,给产业链带来价值。

去年京东商城又完成了 C 轮融资,获得了 15 亿美元融资,但刘强东把资金全部投向仓储物流产业,他的目标是销售额早日突破千亿规模。面对海外资本市场唱空中国概念的热潮,刘强东用快速成长的业绩证明了中国电子商务的品质。

2011 年第三季度,京东商城以 37.8% 的市场占有率在中国自主经营式 B2C 网站中排名第一,市场份额超过第 2 名至第 10 名的总和,并已经拥有 3000 万注册用户,在线销售 12 大类数万个品牌的上百万种商品,超越了当当、卓越等 B2C 模式的巨头。

(资料来源:那些让创业者仰慕的人们 改变自己也在改变世界. 中华工商时报. 2012 年 01 月)

斯蒂夫·乔布斯:我生命中的三个故事
——苹果公司的 CEO 斯蒂夫·乔布斯在斯坦福大学毕业典礼上的演讲

斯坦福大学是世界上最好的大学之一,今天能参加各位的毕业典礼,我倍感荣幸。我从来没有从大学毕业,说句实话,此时算是我离大学毕业最近的一刻。今天,我想告诉你们我生命中的三个故事,并非什么了不得的大事件,只是三个小故事而已。

第一个故事是串起生活的点点滴滴。

我在里德大学呆了 6 个月就退学了,但之后仍作为旁听生混了 18 个月后才最终离开。我为什么要退学呢?

故事要从我出生之前开始说起。我的生母是一名年轻的未婚妈妈,当时她还是一所大学的在读研究生,于是决定把我送给其他人收养。她坚持我应该被一对念过大学的夫妇收养,所以在我出生的时候,她已经为我被一个律师和他的太太收养做好了所有的准备。但在最后一刻,这对夫妇改了主意,决定收养一个女孩。候选名单上的另外一对夫妇,也就是我的养父母,在一天午夜接到了一通电话:"有一个不请自来的男婴,你们想收养吗?"他们回答:"当然想。"事后,我的生母才发现我的养母根本就没有从大学毕业,而我的养父甚至连高中都没有毕业,所以她拒绝签署最后的收养文件,直到几个月后,我的养父母保证会把我送到大学,她的态度才有所转变。

17 年之后,我真上了大学。但因为年幼无知,我选择了一所和斯坦福一样昂贵的大学,我的父母都是工人阶级,他们倾其所有资助我的学业。在 6 个月之后,我发现自己完全不知道这样念下去究竟有什么用。当时,我的人生漫无目标,也不知道大学对我能起到什么帮助,为了念书,还花光了父母毕生的积蓄,所以我决定退学。我相信车到山前必有路。当时作这个决定的时候非常害怕,但现在回头去看,这是我这一生所作出的最正确的决定之一。从我退学那一刻起,我就再也不用去上那些我毫无兴趣的必修课了,我开始旁听那些看来比较有意思的科目。

这件事情做起来一点都不浪漫。因为没有自己的宿舍,我只能睡在朋友房间的地板上;可乐瓶的押金是 5 分钱,我把瓶子还回去好用押金买吃的;在每个周日的晚上,我都会步行 7 英里穿越市区,到 Hare Krishna 教堂吃一顿大餐,我喜欢那儿的食物。我跟随好奇心和直觉所做的事情,事后证明大多数都是极其珍贵的经验。

我举一个例子:那个时候,里德大学提供了全美国最好的书法教育。整个校园的每一张海报,每一个抽屉上的标签,都是漂亮的手写体。由于已经退学,不用再去上那些常规的课程,于是我选择了一个书法班,想学学怎样写出一手漂亮的字。在这个班上,我学习了各种衬线和无衬线字体,如何改变不同字体组合之间的字间距,以及如何做出漂亮的版式。那是一种科学永远无法捕捉的充满美感、历史感和艺术感的微妙感觉,我发现这太有意思了。

当时,我压根儿没想到这些知识会在我的生命中有什么实际运用价值;但是 10 年之后,当我们设计第一款 Macintosh(简称 Mac)的时候,这些东西全派上了用场。我把它们全部设计进了 Mac,这是第一台可以排出好看版式的电脑。如果当时我大学里没有旁听这门课程的话,Mac 就不会提供各种字体和等间距字体。自从视窗系统抄袭了 Mac 以后,所有的个人电脑都有了这些东西。如果我没有退学,我就不会去书法班旁听,而今天的个人电脑大概也就不会有出色的版式功能。当然我在念大学那会儿,不可能有先见之明,把那些生命中的点点滴滴都串起来;但 10 年之后再回头看,生命的轨迹变得非常清楚。

再强调一次,你不可能充满预见地将生命的点滴串联起来;只有在你回头看的时候,你才会发现这些点点滴滴之间的联系。所以,你要坚信,你现在所经历的将在你未来的生命中串联起来。你不得不相信某些东西,你的直觉、命运、生活、因缘际会……正是这种信仰让我不会失去希望,它让我的人生变得与众不同。

我的第二个故事是关于爱与失去。

我是幸运的,在年轻的时候就知道了自己爱做什么。在我 20 岁的时候,就和沃兹在我父母的车库里开创了苹果电脑公司。我们勤奋工作,只用了 10 年的时间,苹果电脑公司就从车库里的两个小伙子扩展成拥有 4000 名员工,价值达到 20 亿美元的企业。而在此之前的一年,我们刚推出了我们最好的产品——Macintosh,当时我刚过而立之年。然后,我就被炒了鱿鱼。一个人怎么可以被他所创立的公司解雇呢?这么说吧,随着苹果电脑公司的成长,我们请了一个原本以为很能干的家伙和我一起管理这家公司,开始他干得还不错,但后来,我们对公司未来的前景出现了分歧,于是我们之间出现了矛盾。由于公司的董事会站在他那一边,所以在我 30 岁的时候,就被踢出了局。我失去了整个成年生活的重心,打击是毁灭性的。

在头几个月,我真不知道要做些什么。我觉得我让企业界的前辈们失望了,我失去了传到我手上的指挥棒。我遇到了戴维·帕卡德(普惠的创办人之一)和鲍勃·诺伊斯(英特尔的创办人之一),我向他们道歉,因为我把事情搞砸了。我成了人人皆知的失败者,我甚至想过逃离硅谷。但曙光渐渐出现,我还是喜欢我做过的事情。虽然被抛弃了,但我的热忱不改。我决定重新开始。

我当时没有看出来,但事实证明,我被苹果电脑公司开掉是我这一生所经历过的最棒的事情。成功的沉重被凤凰涅槃的轻盈所代替,每件事情都不再那么确定,我以自由之躯进入了我整个生命当中最有创意的时期。

在接下来的 5 年里,我开创了一家叫做 NeXT 的公司,接着是一家名叫 Pixar 的公司,并且结识了后来成为我妻子的曼妙女郎。Pixar 制作了世界上第一部全电脑动画电影《玩具总动员》,现在这家公司是世界上最成功的动画制作公司之一。(掌声)后来经历一系列的事件,苹果买下了 NeXT,于是我又回到了苹果,我们在 NeXT 研发出的技术在推动苹果复兴的核心动力。

我非常肯定,如果没有被苹果炒掉,这一切都不可能在我身上发生。对于病人来说,良药总是苦口。生活有时候就像一块板砖拍向你的脑袋,但不要丧失信心。热爱我所从事的工作,是一直支持我不断前进的唯一理由。你得找出你的最爱,对工作如此,对爱人亦是如此。工作将占据你生命中相当大的一部分,从事你认为具有非凡意义的工作,方能给你带来真正的满足感。而从事一份伟大工作的唯一方法,就是去热爱这份工作。如果你到现在还没有找到这样一份工作,那么就继续找。不要安于现状,当万事了于心的时候,你就会知道何时能找到。如同任何伟大的浪漫关系一样,伟大的工作只会在岁月的酝酿中越陈越香。所以,在你终有所获之前,不要停下你寻觅的脚步。

我的第三个故事是关于死亡。

在 17 岁的时候,我读过一句格言,好像是:"如果你把每一天都当成你生命里的最后一天,你将在某一天发现原来一切皆在掌握之中。"这句话从我读到之日起,就对我产生了深远的影响。在过去的 33 年里,我每天早晨都对着镜子问自己:"如果今天是我生命中的末日,我还愿意做我今天本来应该做的事情吗?"当一连好多天答案都否定的时候,我就知道做出改变的时候到了。

提醒自己行将入土是我在面临人生中的重大抉择时,最为重要的工具。因为所有的事情——外界的期望、所有的尊荣、对尴尬和失败的惧怕——在面对死亡的时候,都将烟消云散,只留下真正重要的东西。在我所知道的各种方法中,提醒自己即将死去是避免掉入畏惧失去这个陷阱的最好办法。人赤条条地来,赤条条地走,没有理由不听从你内心的呼唤。

大约一年前,我被诊断出癌症。在早晨 7:30 我做了一个检查,扫描结果清楚地显示我的胰脏出现了一个肿瘤。我当时甚至不知道胰脏究竟是什么。医生告诉我,几乎可以确定这是一种不治之症,顶多还能活 3 至 6 个月。大夫建议我回家,把诸事安排妥当,这是医生对临终病人的标准用语。这意味着你得把你今后 10 年要对你子女说的话用几个月的时间说完;这意味着你得把一切都安排妥当,尽可能减少你的家人在你身后的负担;这意味着向众人告别的时间到了。

我整天都想着诊断结果。那天晚上做了一个切片检查,医生把一个内诊镜从我的喉管伸进去,穿过我的胃进入肠道,将探针伸进胰脏,从肿瘤上取出了几个细胞。我打了镇静剂,但我的太太当时在场,她后来告诉我说,当大夫们从显微镜下观察了细胞组织之后,都哭了起来,因为那是一种可以通过手术治疗的胰脏癌。我接受了手术,现在已经康复了。

这是我最接近死亡的一次,我希望在随后的几十年里,都不要有比这一次更接近死亡的经历。在拥有了这次与死神擦肩而过的经验之后,死亡对我来说只是一项有效的判断工具,我能够更肯定地告诉你们以下事实:没人想死;即使想去天堂的人,也是希望能活着进去。死亡是我们每个人的人生终点站,没人能够成为例外。生命就是如此,因为死亡很可能是生命最好的造物,它是生命更迭的媒介,送走耄耋老者,给新生代让路。现在你们还是新生代,但不久的将来你们也将逐渐老去,被送出人生的舞台。很抱歉说得这么富有戏剧性,但生命就是如此。

你们的时间有限,所以不要把时间浪费在别人的生活里。不要被条条框框束缚,否则你就生活在他人思考的结果里。不要让他人观点所发出的噪音淹没你内心的声音。最为重要的是,要有遵从你的内心和直觉的勇气,它们可能已知道你其实想成为一个什么样的人。其他事物都是次要的。

在我年轻的时候,有一本非常棒的杂志叫《全球目录》(*The Whole Earth Catalog*),它被我们那一代人奉为圭臬。这本杂志的创办人是一个叫斯图尔特·布兰德的家伙,他住在门罗帕克,距离这儿不远。他把这本杂志办得充满诗意。那是在 20 世纪 60 年代末期,个人电脑、桌面发排系统还没有出现,所以出版工具只有打字机、剪刀和宝丽来相机。这本杂志有点像印在纸上的 Google,但那是在 Google 出现的 35 年前;它充满了理想色彩,内容都是些非常好用的工具和了不起的见解。

斯图尔特和他的团队做了几期《全球目录》,快无疾而终的时候,他们出版了最后一期。那是在 20 世纪 70 年代中期,我当时处在你们现在的年龄。在最后一期的封底有一张清晨乡间公路的照片,如果你喜欢搭车冒险旅行的话,经常会碰到那种小路。在照片下面有一排字:物有所不足,智有所不明。这是他们停刊的告别留言。物有所不足。现在,在你们毕业开始新生活的时候,我把这句话送给你们。

任务2 创业内涵、类型、过程与层次

要想创业,就必须先要深入了解创业的内涵、类型、过程与层次,并通过调查、学习,拥有自己的经验,为自己选择一条合适的出路,为以后的创业铺平道路。

1.2.1 创业内涵

创业是指创业者发现某种信息、资源、机会或掌握某种技术,利用或借用相应的平台或载体,将其发现的信息、资源、机会或掌握的技术,以一定的方式,转化、创造成更多的财富、价值,并实现某种追求或目标的过程。

对于一个真正的创业者,创业过程不但充满了激情、艰辛、挫折、忧虑、痛苦和徘徊,而且还需要付出坚持不懈的努力,当然,渐进的成功也将带来无穷的欢乐与分享不尽的幸福。

杰夫里·提蒙斯(Jeffry A. Timmons)在其所著的《创业创造》(*New Venture Creation*)中将创业定义为:创业是一种思考、推理结合运气和行为方式,它为运气带来的机会所驱动,需要在方法上全盘考虑并拥有和谐的领导能力。创业者必须要有很好的财运而且需要贡献出时间、付出努力,承担相应的财务的、精神的和社会的风险,只有做到这些才可以获得金钱的回报,达到个人的满足和经济的独立自主。

1.2.2 创业类型

创业类型的选择与创业动机、创业者风险承受能力密切相关,会影响创业策略的制定,也是探讨创业管理不可忽视的议题。一份对106位创业者的问卷调查,针对个人、组织、环境、过程等4个方面进行研究,发现创业类型可以分为8种:

(1)离职创立新公司,新公司与原来任职公司属于不同行业性质,新公司也必须立即面对激烈的市场竞争;

(2)新公司由原行业精英人才组成,企图以最佳团队组合,集合众家之长,来发挥竞争优势;

(3)创业者运用原有的专业技术与顾客关系创立新公司,并且能够提供比原公司更好的服务;

(4)接手一家营运中的小公司,快速实现个人创业梦想;

(5)创业者拥有专业技术,能预先察觉未来市场变迁与顾客需求的新趋势,因而决定掌握机会,创立新公司;

(6)为特殊市场顾客提供更好的产品与服务而离职创立新公司,具有服务特殊市场的专业能力与竞争优势;

(7)创业者为实现新公司理想,在一个刚萌芽的新市场中从事创新工作,企图获得领先创新的竞争优势,但相对的不确定性风险也比较高;

(8)离职创立新公司,产品或服务和原有公司相似,但是在流程与营销上有所创新,能为顾客提供更满意的产品与服务。

以上主要是创业者的开始方式,但就过程来看,根据创业者对市场的不同认识,人们多会采用下面的四种创业模式。

1. 复制型创业

这种形式的创业,一般是指复制原有公司的经营模式,创新的成分很低。例如某人原本在餐厅里担任厨师,后来离职自行创立一家与原服务餐厅类似的新餐厅。新创公司中属于复制型创业的比率虽然很高,但由于这类型创业的创新贡献太低,缺乏创业精神的内涵,不是创业管理主要研究的对象。这种类型的创业基本上只能称为"如何开办新公司",因此很少会被列入创业管理课程中学习的对象。

2. 模仿型创业

这种形式的创业,对于市场虽然也无法带来新价值的创造,创新的成分也很低,但与复制型创业的不同之处在于,创业过程对于创业者而言还是具有很大的冒险成分。例如某一纺织公司的经理辞掉工作,开设一家当下流行的网络咖啡店。这种形式的创业具有较高的不确定性,学习过程长,犯错机会多,代价也较高昂。这种创业者如果具有适合的创业人格特性,经过系统的创业管理培训,掌握正确的市场进入时机,还是有很大机会可以获得成功。

3. 安定型创业

这种形式的创业,虽然为市场创造了新的价值,但对创业者而言,本身并没有面临太大的改变,做的也是比较熟悉的工作。这种创业类型强调的是创业精神的实现,也就是创新的活动,而不是新组织的创造,企业内部创业即属于这一类型。例如研发单位的某小组在开发完成一项新产品后,继续在该企业部门开发另一项新品。

4.冒险型创业

这种形式的创业,除了给创业者本身带来极大改变,个人前途的不确定性也很高;对新公司的产品创新活动而言,也将面临很高的失败风险。冒险型创业是一种难度很高的创业类型,有较高的失败率,但成功所得的报酬也很大。这种类型的创业如果想要获得成功,必须在创业者能力、创业时机、创业精神发挥、创业策略研究拟定、经营模式设计、创业过程管理等各方面,都要有很好的搭配。

1.2.3 创业过程

谈到创业,几乎人人都有一套可以高谈阔论的生意经,然而真正付诸执行的个案实在是屈指可数。原因在于,害怕创业的人总是多于愿意承受创业压力的人。其实,创业的想法并不是那么可怕的,创业过程可以按照以下八个步骤实施。

第一步骤:从三百六十行中选择你的最爱

人人都可以创业,但是,却不是人人都可以创业成功的。这其间有着许许多多成功创业的小秘诀,而这些秘诀并非都来自创业成功个案的经验,很多是从失败的例子中去反省、领悟而来的。综合这些经验谈,创业者首先必须做的便是决定要从事哪一种行业、哪一类项目。在下决心之前,最好先为自己作个小小的测验,了解自己在哪方面较有创意、潜力;哪方面的事业较能吸引自己的注意力,并鞭策自己勇往直前等。一旦做好选择,接下来的许多课题便需要创业者一步步地去执行,才能逐渐地迈向成功之路。

第二步骤:持续自我成长与学习

有了完整的创业点子,下一步便是尽量让自己多接触各种信息与资源管道;诸如专业协会及团体等组织机构。这些团体、组织不仅可以帮助你评估自己的创业机会与潜力,并可以尽早定位创业计划。

其他有效的资源,诸如创业丛书、商业杂志等;或是专业的商业组织,如中小企业管理局的计划书顾问群等,也都可以提供许多好材料。创业者也可主动出击,把公司信息告知当地的商业组织、团体等来增加公司曝光率。即使有可能遭受到地区性竞争者的妒忌,你还是可以试着与其他地区的同业交换创业心得、征询适时的忠告。有很多成功的创业者都有这种相同的经验,差别只是解决方法不同而已。

第三步骤:慎选你的品牌或公司名称

最佳的品牌或公司名称是要能够充分反映你的产品或服务与众不同的特色及单一性。基本上,品牌或公司名称与产品之间的关系是成正比的,要能在消费者或顾客群的心目中产生一种紧密的联想力。具有创意的品牌或公司名称不仅有助于建立品牌的形象,同时也能打动顾客的购买欲。选择品牌或公司名称时应该具有前瞻性与远见;所选择的品牌或公司名称要能很有弹性地将自己推荐给消费者。最后,别忘了先做注册公司名称调查,确定你所选择的名称未被登记或已在公司商标法的保护中。

第四步骤:决定公司的合法组织与法律架构

在开始计划营运前你必须决定何种法定组织架构适合你的创业大计。简而言之,首先你必须决定是要自己创业还是合伙创业?如果选择合伙创业,公司的起始资本额要如何分配?

合伙创业的模式可以是有限股份公司制或是以集团公司名称方式创业。这中间并没有一套可依循的准则来分析各种可能状况以区分孰优孰劣,因此,你必须先了解各种公司组织型态的利弊及运筹方式,再选择最适合组合模式配合你的创业计划方式。

尽管各种公司营运架构有些微的差异性,但是最需要注意的焦点是一旦公司营运出现状况时,公司内部将由谁负起最后法律上的财务责任?举例来说,以独资或合伙人型态创业,公司组织法要求个人自行负担公司的债务归属问题。也就是说,一旦公司因牵连财物官司而败诉,则个人名下所属财产及不动产等都会受到法院的扣押、拍卖以偿还债务。无论一开始你选择哪一种经营模式,都不代表公司的经营体制已经定型不变,还是可以依据公司的发展与未来潜力做适时的变更。

第五步骤:评估一份具体的预算报告

经营一项有利润的新事业必须要有充分的流动资金,并且要能与实际经营运作时所需的开销相平衡,草拟一份年度预算表是必要且马虎不得的。要草拟一份年度预算表并不容易,即使是一位最有预算概念的大师来编列预算表,还是多少会有低估预算或遗漏些小细节的现象发生,这些小细节常常是发生在预算表中的杂支及超支项目;另外,有时公司成长太快也会出现这些小麻烦。总之在开始编列预算时必须注意的是公司草创第一年的年度预算应该包括公司首次营运费用及持续营运的每个月开销。

不管公司状况如何,一份理想的预算报告最好在编列预算时,稍微调高所需预算比例,直到公司可以负担营运成本以及本已低估的获利能力。最好是听听其他同业的意见,并在编列具体的预算评估表时能按照专家建议,把最好和最坏的财务评估案例折中试算,然后把预算设定于两者之间。除此之外,还可以去会计事务所咨询,使你对公司的开销、营收及流动资本运作计划更了解。

第六步骤:选对地址,事半功倍

在决定了自主创业并选好了项目之后,接下来最重要的恐怕就是选址的问题了。选址对于办公司开店铺到底有多重要?专家的看法是:创立任何企业,地点的选择都是决定成败的一大要素,尤其是以门市为主的零售、餐饮等服务业,店面的选择更往往是成败的关键,店铺未开张就先决定了成功与否的命运。可以说,好的选址等于成功了一半。

尽管在选择经营场地时,各行业的关注重点不尽相同,但是有两项因素是绝对不可忽略的,即租金给付的能力和租约的条件。经营场地租金是最固定的营运成本之一,即使休息不营业,都照样得支出,尤其在房价上涨后,租金往往是经营者的一大负担,不能不好好"计较"。有些货品流通迅速、体积小而又不占空间的行业,如精品店、高级时装店、餐厅等,负担得起高房租,可以设于高租金区;而家具店、旧货店等,因为需要较大的空间,最好设置在低租金区。租约有固定价格及百分比两种,前者租金固定不变,后者租金较低,但业主分享总收入的百分比,类似以店面来投资作股东。租期可以订为不同时限,但对于初次创业者来说,最划算的方式是订一年或两年租期,以预备是否有更新的选择。

第七步骤:募集充足的创业资金

在众多创业失败的例子中,资金的不足经常是最后让创业者黯然落下"英雄泪"的主要原因。因此,信心满满的创业者别忘了在公司正式营运前,一定要先把资金募集充足;换言之,创业者必须明白公司在草创期的第一年内可能无法赚到钱,创业者因而要有所警悟及做好万全的准备,以渡过难关。

创业者在筹措创业资金时,必须以能支付公司创业第一年内所有的营运开销为目标。创业者募集创业资金的来源相当多,简单地说,亲戚、朋友、银行、房屋抵押、退休金,甚至是信用卡借贷也能派上用场。但是,创业者必须谨记在心的是,一位成功的创业者总是知道如何善用各种管道去募集充足的资金,来作为创业的坚强后盾,千万不可只从单一管道取得资金,以免一旦资金吃紧时找不到后路来救急。

第八步骤:完成公司登记及了解各种法律相关条文

在开始营业之前,你必须去了解所有与商业法规相关条文规定、执照或许可证申请的细节与表格。各县市政府对营利事业单位的规定可能有所差异,所以要熟悉在你工作室或办公室所在县市区域内的法律规范条文。通常,你可以在各地的中小企业协会或商会取得这些信息;同时,别忘了留意营业执照相关申请规定及办法。

1.2.4 创业层次

第一阶段:生存阶段

以产品、技术、渠道为优势,获得生存空间;只要有想法(点子)、肯努力、会销售,就可以获得相应的机会;在这一阶段,与其说是在"创业",更不如说是"做生意"。

第二阶段:稳定阶段

通过规范运营,建立稳定的系统,来增加机构效益;关键是"建立一套持续稳定的运作系统"和"被动现金流";让企业不再依赖于创业者的个人能力和背景获得发展;这需要创业者的思维从想法提升到思考的高度;而原先的"做生意"转变成为"成就事业",创办企业;创业团队也初步形成。

第三阶段:发展阶段

这一阶段依靠的是硬实力(产业化的核心竞争力),整个商业机构形成了系统平台,依靠的是一个个团队通过系统平台来完成管理,销售变成了营销,区域性渠道转变成一个个地区性的网络,从而形成了系统,思维从平面到三维。这是许多创业者梦想达到的理想状态。

第四阶段:成熟扩张阶段

这是创业者的最高境界,是一种无国界的经营。集团总部的系统平台和各子集团的运营系统形成的是一种体系。集团总部依靠的是一种可跨越行业边界的无边界核心竞争力(软实力),子集团形成的是行业核心竞争力(硬实力),这样将使集团的各行各业取得它们在单兵作战的情况下所无法取得的业绩水平和速度。思维从三维到多维,这才是企业发展所能追求和达到的最高境界。

任务3 创业时代呼唤大学生创业

1.3.1 创业嘉年华——时代的呼唤

随着高等教育从"精英教育"向"大众教育"迈进,理想主义光环褪尽,昔日的"天之骄子"风光不再,"人才过剩"导致大部分大学生遭遇"岗位瓶颈",高校毕业生就业形势日益严峻,大学毕业生数量将远远超过空缺岗位的数量。尽管教育部一再声称,大学生就业难与扩招无必然联系;尽管专家多次分析,大学生就业难的原因有多种可能,但一个可见的事实是,自20世纪末扩招以来,大学生就业市场数年来一直风声鹤唳、草木皆兵,持续增强的"就业寒流"来不及丝毫回暖,就被每年新增的数百万毕业生稀释得更加冰冷。

随着我国高校大规模扩招,接受高等教育成为普通大众的一种常见的人力资本投资行为,随之而来的是毕业生连年增多;再加上大学生就业体制由"国家分配"向"双向选择、自主择业"转变,出现了普遍的大学生就业困难现象。每年都有很多大学生找不到工作,而加入"考研"或"漂族"大军;即使找到了工作,很多学生对月薪、就业地区、行业、单位性质也是唉声叹气。

来自教育部的一组对比数据可以告诉我们一些事实:2000年,全国高校毕业生只有107万人,2001年我国高校毕业生为114万,当年6月毕业生一次就业率本科生超过80%;2002年高校毕业生为145万,年底毕业生就业率达到80%;2003年高校毕业生为212万,就业率为75%;2004年高校毕业生为280万,就业率为73%;2005年高校毕业生为338万,就业率为72.6%;2006年高校毕业生达到413万,比2005增加75万,增长率为22%,而全国对高校毕业生的需求约为166.5万,比2005年实际减少22%,这意味着将有六成应届毕业生面临岗位缺口……2009年首次突破600万人(达到611万人),就业率为68%,2010年增至630万人,就业率为72.2%,2011年为660万,2012年高校毕业生达680万人,据预测,"十二五"时期应届毕业生年平均规模将达到近700万人。因此,今后在很长时期内,大学生将面临更为严峻的就业形势。

较之冷冰冰的统计数字,一些事实更加真切地刺激了大学生们敏感的神经——

2006年,广州市市容环卫局下属事业单位首次向社会公开招聘13名环卫工,286名本科生、研究生踊跃报名。

2007年,南京市六城区拟招聘460多个中小学、幼儿园教师,4500余人报名参加竞争,其中研究生1000余名,大部分竞聘中小学教师岗位。按照报名人数来计算,录取比例将达到1:10。

2007年3月的一场校园招聘会上,新疆维吾尔自治区一家打着"大学生创业园"旗号的足疗健康公司向大学生伸出了橄榄枝,吸引许多学生驻足,该公司开具的工资单上,普通员工如文秘、收银等月薪1300元起,足疗、刮痧等技师学徒月薪2000元起,招聘当天公司就收到了不同专业大学生投递的简历300余份。

2007年4月,北京权金城集团旗下13家企业面向北京在校大学生招聘百余工种、千余个跨行业岗位,招聘搓澡工要求本科以上学历。招聘信息发出不久便收到5000多名大学生的应聘材料,其中 2000 名大学生应聘搓澡工。

2008 年 11 月,据《羊城晚报》报道,记者 25 日获悉,广东一家食品企业开出 30 个卖猪肉的岗位,不想引来 1300 多名应届研究生应聘。"太惊讶了,原来我们只计划招聘 15 个研究生,没想到报名的研究生有 1300 多人,公司高层讨论后又增加了一倍的职位。"负责招聘的这家公司有关负责人意外地表示。

大学生就业难的客观事实成为摆在我们面前、长时间挥之不去的"痛","就业难"不论是在公共话语空间还是在高校都是一个十分流行的词语。因此,创业成为了解决大学生就业的一个比较现实的选择。现代大学生创业,已经不仅仅是为了获取财富,而且融入了更多的作为社会人应承担的责任。

党的"十七大"报告明确提出了要"实施扩大就业的发展战略,促进以创业带动就业","完善支持自主创业、自谋职业政策,加强就业观念教育,使更多劳动者成为创业者",创业是解决青年就业问题、培养创新型青年人才的重要途径。和国外相比,中国高校的大学生缺乏最基本的创业教育,仅凭激情去创业,其失败率很高。以创业带动就业还要从教育入手,让大学生或有创业梦想的大学生对创业有一个相对完整的理解,在真正创业前做好各种准备,提高创业的成功率和大学生的抗风险能力。

国家为鼓励大学生自主创业出台了一系列优惠政策。1999 年年底,教育部公布了《教育部关于贯彻落实中央、国务院〈关于加强技术创新、发展高科技、实现产业化的决定〉的若干意见》,为正在涌动的大学生创业潮推波助澜。政策规定:大学生、研究生(包括硕士、博士研究生)可以休学保留学籍创办高新技术企业。国务院办公厅 2002 年就明确规定:"鼓励和支持高校毕业生自主创业,工商和税收部门要简化审批手续,积极给予支持。"2003 年 9 月,国家发展和改革委员会发布了《关于鼓励中小企业聘用高校毕业生搞好就业工作的通知》,规定"高校毕业生从事个体经营和创办企业的,任何部门不得在法律、行政法规之外设置其他审批条件。高校毕业生在各级中小企业管理部门组织的创业基地内设立企业的,除国家限制的行业外,自工商部门批准其经营之日起 1 年内免交创业基地收取的各项行政事业性收费。列入全国中小企业信用担保体系试点范围的担保机构,应当优先为高校毕业生创业活动提供小额贷款担保"。政策还规定各省、自治区、直辖市的财政、价格主管部门应当通过广播、电视、报刊等新闻媒体,在本行政区域内公布免收的各项具体收费项目,使高校毕业生及时了解和掌握有关收费优惠政策。工商、税务、卫生、民政、劳动保障、公安、烟草等部门应当督促本系统内的有关收费单位不折不扣地落实各项收费优惠政策。凡不按规定落实收费优惠政策的,要依据法律、法规规定予以严肃处理,确保有关优惠政策的贯彻落实。2005 年进一步提出,对到基层自主创业的大学生,"3 年内免交登记类、管理类和证照类的各项行政事业性收费"。同时强调,"为大学生提供有针对性的项目、咨询等信息服务,对其中有贷款需求的提供小额贷款担保或贴息补贴。"可见,国家关于大学生创业的政策有连贯性和稳定性,为大学生自主创业良好环境的形成打下了坚实的基础。财政部、国家税务总局《关于支持和促进就业有关税收政策的通知》(财税〔2010〕84 号)、教育部下发《关于大力推进高等学校创新创业教育和大学生自主创业工作的意见》(教办〔2010〕3 号)、教育部办公厅关于做好核发《高校毕业生自主创业证》有关工作的通知(教学厅函〔2010〕31 号)等相关文件的出台实施,进一步鼓励大学生自主创业。

综上所述,严峻的就业形势和优惠的国家创业政策,表明我国大学生进入了创业嘉年华——创业时代呼唤大学生创业。

1.3.2　大学生自主创业的意义

随着精英教育向大众化教育的发展,国家已迎来了高校扩招后大学生的就业高峰期,就业形势非常严峻,学生自主创业将成为重要的就业形式。"十七大"报告提出的"促进以创业带动就业"战略,具有强烈的时代感,为解决我国的就业问题与可持续发展问题提供了一种新思路。大学生具有较多的知识与技能,肩负着崇高的历史使命,应该响应时代的召唤,成为创业的主力军,奏出创业的伟大乐章。

1. 有利于落实以创业带动就业

大学的创业能力有利于解决大学生就业难的问题。一个创业能力很强的大学毕业生不但不会成为社会的就业压力,相反还能通过自主创业活动来增加就业岗位,以缓解社会的就业压力。

2. 有利于大学生自我价值的实现

大学生通过自主创业,可以把自己的兴趣与职业紧密结合,做自己最感兴趣、最愿意做和自己认为最值得做的事情。在五彩缤纷的社会舞台中大显身手,最大限度地发挥自己的才能,并获得合理的报酬。当前社会鼓励大学生创业,虽然出发点是为了化解就业难,但从大学生自身来说,其创业的主要原动力则在于谋求自我价值的实现。而只有提高大学生创业的比例,整个社会才能形成创业的风气,才能建立"价值回报"的社会新秩序。

3. 有利于大学生自身素质的提高

我国高校扩招以后,伴随着就业压力,大学生素质与我国高等教育的水平一直为人们所诟病。在提高大学教育管理水平与大学生素质的各类探索实践中,大学生创业无疑是最经济、最有效的办法之一。通过创业实践,大学生可以充分调动自己的主观能动性,改变自身就业心态,自主学习、独立思考,并学会自我调节与控制。也只有这样,大学生创业才能成功。对于一个能自我学习,懂得如何管理自己的时间与财务,善于拓展人脉关系,并能够主动调适工作心态,积极适应社会的大学生,其就业将不是难题。

4. 有利于培养大学生的创新精神和实践能力

创新是一个民族的灵魂,是一个国家兴旺发达的不竭动力。青年大学生作为中国最具活力的群体,如果失去了创造的冲动和欲望,那么中华民族最终将失去发展的不竭动力。大学生的创业活动,能够给平时"一心只读圣贤书"的大学生提供一个直接接触社会的机会,有利于培养其勇于开拓创新的精神,把就业压力转化为创业动力,培养出越来越多的各行各业的创业者。美国作为世界发达的国家,其大学生的创业比率一直在20%以上。美国前总统里根曾说:一个国家最珍贵的精神遗产就是创新,这是国家强大与繁荣的根源。

5.大学生创业能为社会创造财富和培养人才

大学生创业造就了惠普公司、英特尔公司等今天的高科技企业,也造就了硅谷神话,同时也为美国创造了巨大的社会财富。在中国,尽管大学生创业起步较晚,但由于视野开阔、知识含量较高,因此仍可为社会创造财富。不论大学生的创业成功与否,经过创业实践活动的锤炼,将能培育出一大批创新型人才,造就一支高素质的企业家队伍,并造就一批未来社会的中坚力量。

6.大学生创业有助于高校创业教育的改革和发展

创业教育的过程是通过各种可利用的教育方式来培养创业者的创业意识、创业思维、创业技能等各种创业综合素质,并最终使被教育者具有一定的创业能力。创业教育就是要使学生的观念由被动的就业观念转变为主动的创业观念,鼓励学生将创业作为自己职业的选择,并将自己的专业技能和兴趣特长相结合,创造出自己所期望的价值。

7.一定程度上减轻家庭负担,也使自己的心理负担有所减轻

2006年全国70%的人口仍在农村,农村收入增长缓慢,但大学生学习、生活的费用却在一定程度上逐步提高,这样就形成了思想负担与费用二者之间的相互矛盾,使农村家庭不堪重负。大学生高额的学费,常使整个家庭陷入困境,进而致使大学生心理不健康等问题。大学生创业无疑是经济来源之一。通过创业不仅可以在一定程度上减轻了家庭经济的困窘,也使自己在经济状况中出现的自卑等心理问题得到缓解。据统计,师范类学校有近50%的学生会以各种方式联合在一起开设补习班、推销以及开店等,以此来开创自己的事业。

案例阅读 **大学生创业:从打工仔到百万富翁**

在人才市场上,很多大学生的目光或充满了自卑,或充满了过度的自信。他们自称是"一毕业、就失业"的不幸一代。在他们中间,一种人是不知道自己能干什么,会干什么;另外一种人则认为自己什么都能干、都会干。在工作岗位前,他们挑肥拣瘦;可是在用人单位面前,他们却屡遭碰壁。从李国军的故事中,我们或许能够得到一些启发。为了学习经验,他打工时没有提工资的要求;尽管拥有数百万财产,他却依然肯拉下面子摆地摊;为了更全面发展,他一天跑数百公里推销药品,收入只有几十元……正如李国军所说:只要踏踏实实地干工作,就必然会迎来成功的一天。可是有几个大学生反思过自己,在就业和创业时,自己的心态平和吗? 自己的态度踏实吗? 再看看李国军,他是一名法律学学士,从事的却是风马牛不相及的餐饮工作。这难道不值得那些抱着"非本专业工作不干"的大学生们借鉴吗? 他面对绝望依然勇于坚持的精神,难道不值得大学生们参考吗? 抛却浮躁、脚踏实地,也许破解就业难题并非难事。

"他的精神太值得学习了,十元八元的小生意,他都能拉下脸面去做!"李国军的一位朋友如此评价他。尽管李国军目前的财富已达到了数百万元。2002年前,李国军还只是郑州大学法学院的一名在校大学生。如今,他已经拥有五家西餐连锁店和一家书店,并开始摸索着涉足其他行业。

　　"我曾倾家荡产,我极度绝望,连死的想法都有过。"3 月 15 日,在他的"实业"——莘莘小店西餐厅,李国军以这句话拉开了与记者交流的序幕。1998 年,20 岁的李国军顺利考上郑州大学,成为郑大法学院法律专业的一本学生。由于家庭窘困,出身农门的他没少吃同学的剩饭剩菜。这样的经历也使他萌生了这样一个念头:毕业后一定要努力挣钱,决不能再让家人和自己受苦。得知他的想法后,一位朋友告诉他,北京、上海的西餐厅生意很火爆,你有空可以去看看。

　　当年暑假,他便和一个朋友来到人生地不熟的上海。找来找去,他找到了一家生意红火的"红房子西餐厅"。当时,他只希望餐厅提供食宿,根本没有考虑工资的事情。这家餐厅老板欣然接受了他,并安排他在后厨打杂。在这家餐厅学到西餐制作的手艺后,他又找到以经营冷饮为主的"有意思西餐厅",免费打工,并在那里学习了冷饮制作。

　　大二那年,李国军的父亲突然逝世,家里只剩下务农的母亲。这个巨大的打击再一次激发了他的创业欲望,他发誓一定要发奋图强,摆脱困窘的现状。2000 年 5 月,他开始着手筹划开办自己的小店。经过考察,他在郑州市中原路与康复中街交叉口租了一间六七十平方米的商店,然后七拼八凑借了七八千元钱,开办了一家西餐店。由于当时还在上学,没有更多精力的他便招聘了一名同学,和他共同打理小店。装修小店时为了节省资金,他自己到处购买装修材料,装修时也只是让工人做个开始,然后自己学着做。经过两个多月的装修,小店终于开业了。此后,生意一直不错,他的学费和生活费也都有了着落。

　　2002 年从郑州大学毕业后,他一边打理小店,一边到郑州汽配大世界打工,主要负责汽配大世界房租的收取和日常法律事务。一切都根据他的设想顺利发展着。然而,一场风暴正悄悄地向他袭来。2003 年 2 月,小店的房租到期了,他想继续做。可是却被房东拒绝,原来其他人已经抄了他的后路——提前把房子定下了。由于没有思想准备,他前期几乎已经把所有收入都投进了店面的完善和小店发展。

　　无奈之下,他只好冒着雨把桌椅板凳搬出小店。初次创业就遭遇挫败,失意的李国军漫无目的地沿着郑州大学附近熟悉的街道转了一圈又一圈,一遍又一遍地反思自己的失误。

　　经过深思熟虑后,他决定重开一家西餐厅,凭自己的手艺挣钱。2003 年 4 月份,他的新店终于开业了。谁知,"非典"这时开始肆虐,大街小巷人心惶惶。开业之初的前两个月,平均每天的营业收入连 10 元钱都达不到。可是他每天却要缴纳 200 元的房租,而且要支付员工工资。此外,为经营好西餐厅,他已经向亲戚朋友借了 10 多万元。为了支持他创业,他姐姐也卖掉了家里的煤球厂,把所有的资金投给了他。

　　短短一个多月,2 万多元的西餐原料投入血本无归,再加上装修时欠下的 10 万余元,巨额的债务压在了李国军的身上。不知"非典"何时是尽头的他大哭了一场。亲戚朋友也劝他:别干了,把东西赶快处理一下算了,这样赔下去,何时是个头啊! 极度绝望的李国军甚至想到了死,可理智告诉他不能这样,如果他死了,债务怎么办? 这时,原来他打工所在的汽配大世界老板鼓励他:如果你真的不想干了,还来这里吧。经过思想斗争后,他决定继续把小店经营下去。汽配大世界的老总也对他非常支持,又借给他四五万元,鼓励他继续创业。

两个多月后,"非典"的迷雾渐渐散开,小店也逐渐有了起色,从七八十元到二三百元再到后来的上千元,营业额也日益呈现出上升趋势。至2004年年底,小店的营业收入达到了30万,他所欠下的10多万元债务也一一还清。

小有成就的李国军并没有躺在30万元人民币上睡大觉。他决定利用自己的经验和优势,再"复制"一家西餐厅。2004年8月,李国军的第二家店在河南财经学院对面开业。随后的1年多来,在鹤壁经济开发区、郑州马寨开发区、金水区黄家庵村,他又先后成功"复制"了三家同样的西餐厅。至此,他已经拥有了5家连锁店,先后吸收了50多名员工,其中大学毕业生就有10多名。

不甘寂寞的李国军又开始思考其他的问题。前不久,他又在郑州大学新校区开办了一家中型的考试书店,主要经营考研和财经类图书。同时,他还和朋友一起开始做某种药品的推销工作。"李国军是个能大能小的人。"他的一位朋友这样说。确实如此,店里忙碌的时候,李国军是一名给顾客端茶倒水的伙计;店里清闲的时候,他就跑到大学校园里摆地摊,推销他的考研和财经类图书。

采访时,李国军的手机铃声不时打断我们之间谈话。他告诉记者,郑州大学和河南农业大学的两位老师邀请他,想让他去给学校给毕业生上"思想政治课",帮助同学们更好地树立就业和创业的信心。

"创业时,我一穷二白,创业中,我屡遭挫败,可是我坚持住了,我想敬告所有的学弟学妹们,只要能抱着务实的心态,踏踏实实地干工作,就必然会迎来成功的一天。"李国军最后说。

(资料来源:大学生创业:从打工仔到百万富翁.阿里巴巴资讯)

项目小结

机遇青睐有准备之人,创业的过程,无论是成功还是暂时的失败,对人生经历而言都是一笔财富。创业是指创业者发现某种信息、资源、机会或掌握某种技术,利用或借用相应的平台或载体,将其发现的信息、资源、机会或掌握的技术,以一定的方式,转化、创造成更多的财富、价值,并实现某种追求或目标的过程。随着精英教育向大众化教育的发展,国家已迎来了高校扩招后大学生的就业高峰期,就业形势非常严峻,学生自主创业将成为重要的就业形式。"十七大"报告提出的"促进以创业带动就业"战略,具有强烈的时代感,为解决我国的就业问题与可持续发展问题提供了一种新思路。大学生具有较多的知识与技能,肩负着崇高的历史使命,应该响应时代的召唤,成为创业的主力军,奏出创业的伟大乐章。严峻的就业形势和优惠的国家创业政策,表明我国大学生进入了创业嘉年华——创业时代呼唤大学生创业。别怕苦、别怕累、别怕碰壁、别怕失败,要自信、要坚持,用实际的行动、用自己的双手,掘取属于你的"第一桶金"。

技能实训

1.结合当前实际,谈谈你对大学生创业的认识。

2.结合当前实际,谈谈全球各国大学生创业活动的基本情况。

3.面临越来越严峻的就业形势,消极的人潜意识里想逃避,积极的人则依靠自己的努力,通过创业掘到了自己的"第一桶金"。

河南省安阳大学是一所大专层次的高校。在大学毕业生就业日趋困难的今天,该校社科系保险专业的 4 名 2003 届毕业生通过自主创业,注册了安大四兄弟企业策划工作室,入驻了安阳创业服务中心,并吸收了 10 多名毕业生。

早在 2000 年 12 月,为了更好地开展社会实践活动,他们成立了"保险之光"协会,后来改为四兄弟工作室。2002 年 9 月,他们参照现代企业模式重新组合了工作室。从 2003 年 3 月,他们从第一单——300 元的生意开始,公司就逐步进入状态,开始正常运作了。

这 4 名学生有一个共同特点,就是不愿意依靠家里。创业并不是一时兴起,而是他们入学 3 年来不断积累、不断从别人看不起的小事做起的必然结果。

"回想 3 年大学生活,我做了很多事,卖书、做市场调研等,很辛苦。有很多事是其他同学不愿意做的,但我愿意做",一名同学回忆到,"大一时课少,我就琢磨着做点事。有一天,我发现本市生产的'莎米'牌洗发水质量不错,但它的销路远远赶不上飘柔、海飞丝等品牌呢,我主动和这家企业联系,提出利用课余时间为该厂进行市场调查"。于是,他们几个人白天分头逐个到超市、专卖店了解客户意见和建议,晚上碰头整理数据。两个月后,当他们将 8 页纸的调查报告交给企业时,厂领导极为震惊。

对于创业是否影响正常学习这个问题,另一名同学讲道:"我们平时搞调研、搞活动,并没有耽误学习。例如,在 2002 年河南省首次国家保险经纪人资格考试中,我考了第 2 名。我的体会是,课堂上要努力学习,但也要在实践中应用理论,这样才能获得知识、能力的双提高"。

面对当前的就业形势,他们坦言,专科生就业压力大,自主创业是一个趋势,而这也激励着我们继续努力。没有路时,为什么不闯出一条路?谁适应市场、适应环境快、早,谁就能在就业、发展上取得成功。虽然不是每个人都要自主创业,但每个人都应该加强实践,时时处处提高自己的能力。要成功只有靠自己!

问题:

(1)你了解当前的大学生就业形势吗?面对这种就业压力,你如何规划你的未来职业发展方向?

(2)这些大学生的创业动机是什么?创业成功靠的是什么?

(3)结合案例,谈谈自主创业对于应对就业压力、实现人生目标的意义?

(4)从本案例中,你得到了哪些收获?这对你当前的学习、实践和未来职业发展有哪些影响?

项目2

创业环境

知识目标

1. 掌握大学生创业的宏观环境分析；

2. 掌握大学生创业环境的 SWOT 分析；

3. 了解针对大学生的创业优惠政策；

4. 了解大学生创业服务平台。

能力目标

1. 能够运用所学知识，结合当前实际情况，对大学生创业环境进行 SWOT 分析；

2. 能够运用所学知识，结合当前实际情况，对大学生创业的宏观环境进行分析。

任务导入

小额贷款帮了大忙

大学毕业生李睿建立了一家防水建材公司。前不久，正在李睿急需资金支持批量生产自主研发的新材料时，他和一起创业的妻子欣喜地获悉，他们共同申请的 10 万元小额创业贷款已经获批。目前，李睿已经着手准备建立专门用于制造该种防水材料的工厂，并打算在配方走入市场后向国家申请该项产品的专利。他自信地说："相信随着今后公司的不断发展和成长，我的创业路将会越走越宽广。"

大学生小额创业贷款在李睿资金紧张的时候帮了大忙。然而去年像李睿一样幸运地申请到创业贷款的大学生却并不多。李睿很庆幸，自己是偶尔看报得知这项扶持政策，不然，这样的机会就错过了。

（资料来源：大学生创业小额贷款政策实施的成功案例. 法律快车网）

陈晓燕在大学城开品牌内衣店

陈晓燕是某纺织大学的本科毕业生，大学毕业后在一家台资企业打工，该企业从事纺织服装出口贸易，所以陈晓燕对纺织服装比较熟悉。

2004 年，一次偶然的机会到开发区的大学城看望她的表妹，发现离市区约有 20 公里远的大学城服装店较少，内衣店一家都没有，她随后马上上网搜索有关大学城的情况，了解大学城内有二十多所大学，还有一所中学等，现有学生人数约 12 万人，今后几年人数还将增加，大学的教职员工有 3 万多人，大学城旁边有很多企业，员工人数接近 10 万，于是陈晓燕认为这是一个巨大的市场。结合她熟悉的纺织服装，陈晓燕酝酿在大学城开设一家内衣店。

2005年，陈晓燕经过各方面的考察，选择一家刚刚起步的内衣品牌加盟，当然陈晓燕曾经与该内衣品牌有过接触，知道该品牌内衣质量不错，生产的内衣主要用于出口。为了节省费用，陈晓燕将店址选择在大学城东区某一学院的生活区，东区离市区较远，而且是后建的，商业气氛不太浓厚，店铺租金便宜。

考虑到新生和学校开学等方面因素后，陈晓燕选择在9月1日开业。开业前几天，陈晓燕的广告已经散发到各学校的每一个角落，开业一个月内满200元赠100元券，实付满300另赠VIP卡，凭VIP卡购内衣可以打8折等优惠措施。

开业当天和随后几天，光顾内衣店的学生和老师都很少。陈晓燕有点急了，但她很快找到了原因：她认为可能优惠让利幅度不够，一般的大商场优惠让利的幅度更大；新生还没有到校，新生对内衣需求量可能更大；该市的9月还相当热，绝大部分的学生和老师都穿夏装，还没有穿内衣，现在需求量没有释放出来。陈晓燕耐心地等待着，同时，她也积极地搜集附近各个大学新生入学的日子，在各个大学新生入学的当天到新生报到处散发广告单，同时优惠让利幅度更大，从9月15日到国庆节止，满200元减100元，其他优惠措施照旧。但遗憾的是，一直到国庆节到来，内衣销售额还是没有多少。10月1日到10月7日，由于学生和老师都回家了，大学城里人数寥寥，内衣店干脆关门不营业。10月8日开门重新营业，天气渐渐变冷，到了该穿内衣的季节，内衣店每天的顾客人数还是寥寥无几，大多数学生和老师经常散步进来看看，但买内衣的顾客还是很少。

陈晓燕很迷茫，她哪里做错了？

任务提示

大学生没有资金积累，除了极少数有家庭支持资金的同学外，大多数同学都将遇到资金困难的问题。"巧妇难为无米之炊"，没有资金，再好的创新技术也难以化为现实的生产力。创意是花朵，但资金是水分，吸引不到资金的创意终将老去。无疑，资金是大学生创业要翻越的第一座大山。有人说"李睿的成功是创业时赶上了当时的良好环境，现在情况不同了，如果他现在开始创业，不一定能成功"，对此你的观点是什么？

大学生创业资金存在困难怎么办？你了解针对大学生创业的各项优惠政策吗？在第二个案例中，陈晓燕在创业时缺少哪些环节？陈晓燕作为一个创业者在创业过程中应该怎么做？你创办的企业面临怎样的外部环境？你在创办企业时，具备哪些优势和劣势，面临哪些机会和威胁？

任务1 大学生创业的宏观环境分析（PEST分析）

2012年2月17日，著名天使投资人薛蛮子指出，中国的创业环境仅次于美国。他认为，对中国的创业者来说，有两个好处：第一，几乎每个创业者都能够找到比较正式的基金来审查他的项目，融资比较简单；第二，创业者失败了一两次之后还能有机会，这是在其他国家绝对没有的。

创业环境是指那些与创业活动相关联的因素的集合,包括宏观环境、行业环境和微观环境。

宏观环境又叫总体环境,是指那些给企业造成市场机会或环境威胁的主要社会力量,内容包括政治、经济、社会、技术、自然和法律等因素。

行业是指提供同一类产品(或服务)或提供具有可替代性产品(或服务)的企业群,行业环境的内容包括行业的生命周期阶段、行业的进入与退出障碍、行业的需求及竞争状况、行业主导技术的发展趋势及行业的发展前景。

微观环境是指企业的顾客、竞争者、营销渠道和有关公众等对企业营销活动有直接关系的各种因素。

宏观环境对企业的影响作用是间接的,但其影响是巨大的,因为这些因素是企业无法控制的。因此,创业者必须了解或熟悉相应的宏观环境,以适应环境、把握机遇。

2.1.1 PEST 分析方法

PEST 分析方法是指宏观环境的分析,P 是政治(Politics),E 是经济(Economy),S 是社会(Society),T 是技术(Technology)。

1. 政治环境

政治环境主要包括政治制度与体制,政局、政府的态度等。

2. 经济环境

构成经济环境的关键战略要素包括:GDP、利率水平、财政货币政策、通货膨胀、失业率水平、居民可支配收入水平、汇率、能源供给成本、市场机制、市场需求等。

3. 社会环境

社会环境包括人口环境和文化背景。人口环境主要包括人口规模、年龄结构、人口分布、种族结构以及收入分布等因素。

4. 技术环境

技术环境不仅包括发明,而且还包括与企业市场有关的新技术、新工艺、新材料的出现和发展趋势以及应用背景。

2.1.2 创业的政治、法律与政策环境

影响创业的政治环境因素包括国家的政治制度、政党和政党制度、政治团体及国家的政策方针和政治形势。影响创业的法律环境因素包括国家制定的法律、法规、法令以及国家的执法机构等因素。影响创业的政策环境因素包括国家制定的政策持续性分析、信贷政策、税收政策、财政补贴、技术创新政策等。

资金是大学生创业的第一难题,大学毕业生有的刚工作不久,有的甚至连工作都还没有,而大多数家庭又没有足够的实力来支持家中的孩子来创业。其实,不仅仅是大学生创业,这对于大多数想要创业的人来说都是很难跨过的一个难坎,甚至很多想要创业的人在创业资金这第一道槛上就被挡住了。

大学生自主创业受到关注的第二个地方在于税务方面的问题。我国属于赋税比较

高的国家,而且税收项目比较多,除了企业必须要缴纳的国税、地税和所得税以外,根据企业所从事的不同行业还会有一些其他的税需要缴纳。

国家对此出台了一系列针对大学生的创业优惠政策,另外,各地政府为了扶持当地大学生创业,也出台了相关的政策法规,主要涉及融资、开业、税收、创业培训、创业指导等诸多方面。

2.1.3 创业的经济环境

经济环境是指构成企业生存和发展的社会经济状况以及国家和地区的经济政策。影响创业的经济因素包括社会经济结构、经济体制、经济发展水平、国民收入、资本市场、宏观经济政策等要素。

市场经济的健康发展不仅给大学生创业打下了坚实的物质基础,而且给大学生创业提供了广阔的市场空间。中国经济经过 30 多年的高速赶超,综合国力和人民生活质量得到提升,"十二五"是中国经济社会发展的重要时期,是全面建设小康社会和社会主义和谐社会的目标能否实现的关键时期,在全球化浪潮中,中国经济也迅速、全面地融入了世界经济中,在国际舞台上扮演着重要角色,"十二五"期间我国的发展仍处于可以大有作为的重要战略机遇期。近几年来,我国的国内生产总值(GDP)增长率一直保持在 8% 以上,对于创业者来说,整个宏观经济因素的持续良好无疑是一个十分有力的因素。

2.1.4 创业的社会文化环境

社会文化环境主要指一个国家或地区的民族特征、人口状况、社会阶层、价值观念、生活方式、风俗习惯、宗教信仰、伦理道德、文化传统等的总和。影响创业的社会文化因素包括社会结构、生活方式、城乡差别、就业状况、道德风气、人口与地理分布、自然与生态环境、社会风俗和习惯、信仰和价值观念、教育文化水平、行为规范、生活方式、文化传统等。

市场是由那些想购买产品同时又具有购买能力的人构成的,这种人越多,市场规模也就越大。因为人口的多少直接决定市场的潜在容量,而人口的年龄结构、分布、密度、流动性等状况,又会对市场需求格局产生深刻影响。老年人会有着明显不同于年轻人的需求;同样,男性与女性、南方人与北方人在需求结构、消费习惯和方式上,都会有明显的差异;除此之外,社会成员又可按一定的社会标准划分为若干阶层,同一阶层通常有相同的价值观念、生活方式和相似的购买行为。因此,大学生在进行创业时,首先应对自己的产品消费对象或服务对象有一个清楚的定位,应当密切注意人群特征以及发展动向,不失时机地辨明和利用人口状况带来的市场机会。

2.1.5 创业的科技与教育环境

科技与教育环境是指一个国家或地区的科技发展水平、国民受教育程度、人力资源的开发程度以及教育方式等。

科学技术是第一生产力,通过技术创新和技术进步来推动经济的发展已成为世界性的潮流之一。谁能够找到和利用新的技术，满足市场新的需求，那么谁就能在市场中立于不败之地。反之，如果企业墨守成规、闭门造车，必将被市场淘汰，所以创业者必须特别注意国内外最新的科技发展变化及发展趋势。作为大学生创业者，不仅要从国内的技术环境出发，更要紧紧把握国际前沿的技术变化趋势，识别和评价技术机会与威胁。

我国大学生的创业教育兴起是伴随着创业活动的开展而逐步推开的。1998年清华大学成功举办创业计划大赛。自1999年在清华大学举办第一届"挑战杯"中国大学生创业计划竞赛以来，团中央、中国科协又于2000年和2002年分别在上海交通大学、浙江大学举办了第二届、第三届"挑战杯"中国大学生创业计划竞赛，从2002年起，教育部也成为这一赛事的主办单位之一。

进入2002年，在新的创业大潮的影响下，大学的创业教育获得了快速的发展。2003年3月教育部高教司在北京航空航天大学召开了创业教育试点学校工作会议。总结了清华大学、北京航空航天大学、中国人民大学、上海交通大学、南京经济学院、武汉大学、西安交通大学、西北工业大学、黑龙江大学等九所大学创业教育试点的经验，进一步推动了创业教育工作的深入开展。

教育部下发《关于大力推进高等学校创新创业教育和大学生自主创业工作的意见》（教办〔2010〕3号），明确提出要大力推进高等学校创新创业教育工作，对加强创新创业教育课程体系建设、加强创新创业师资队伍建设、广泛开展创新创业实践活动等方面做了部署。

案例阅读 　　**大学生选择绿色农业创业**

"现代人越来越注重生活质量了，但毒奶粉、瘦肉精、染色馒头、塑化剂等食品安全问题却一再出现，我觉得绿色生态农业会有巨大的市场。"湖北大学KAB创业俱乐部会长雷妮认为，大学生也在关注绿色农业方面的创业机会。

在雷妮看来，大学生拥挤在大城市增加了就业成本和压力，还不如到农村这个大舞台去开辟属于自己的"蓝海"。"云和泥山庄"是北京的一家绿色农业运营企业，其负责人方纳新告诉本报记者："最近，有3批学农业专业的大学生来我们山庄考察，他们都有所收获，我建议有相关专业知识的大学生可以选择在绿色农业方面创业。"

大学生选择绿色农业

"吃有机蔬菜，游平乐古寺，赏玫瑰庄园，10公斤有机蔬菜送货上门。"7月2日，李勇的公司推出有机蔬菜的团购信息，团购的顾客可以到农场免费采摘5公斤有机水果玉米，还可以享用免费有机蔬菜中餐，有45名客户团购了这个玉米节活动。除了团购，为了吸引潜在客户参观有机蔬菜生产地、了解有机蔬菜的生长过程，李勇的公司还开辟自留地，供客户租种，发布微博，及时发布时令蔬菜的销售信息。

2010年6月，大学毕业才两年的李勇及其他4名年龄相仿的大学生，与四川郫县大学生现代农业创业园区签下了41亩土地的合同。同年10月，土地规模扩大为120亩。选择绿色农业创业这条路，对李勇而言并非心血来潮。2008年，看准了养猪市场的他回到家乡郫县，借钱盘下了一个养猪场。2010年4月，李勇将圈养转变为放养，养育高端品种藏香猪。然而,建立一个种养结合的生态农场才是他的目标,2010 年 3 月,他开始计划进军绿色农业市场。

目前,李勇的农场种植区域分成三个部分:隔离带以种植经济植物为主,普通农业区以种植维护成本较低的水稻、韭菜等作物为主,有机核心园区则种植有机蔬菜,现有 16 个品种,种植面积在 26 亩左右。

刘硕到北京市房山区石楼镇夏村当大学生村官是在 2007 年。夏村是一个有着多年种植蔬菜传统、拥有丰富种植经验的大村。村里于 2008 年年底建起了 378 个温室大棚,但祖祖辈辈种大田的村民却不敢尝试这种新鲜事物。“我刚毕业,年轻人本来就没有多少资本,更不怕输了。”基于这种闯劲儿,刘硕成了“第一个吃螃蟹的人”。

做完市场调查后,刘硕与村里签订了合同,租用 6 个大棚,雇用 7 名长期员工,初始投资 5 万多元。刘硕是夏村唯一种豆角的人,自然很抢手,第一茬儿蔬菜卖完就收入 5 万多元。事实证明,在 6.5 亩种植地上,仅豆角的年产量就能达到 6 万公斤,茄子的产量更高。到目前为止,村里 378 个大棚全部租出去了,刘硕带动了六七家农户进行温室大棚种植,为他们提供技术、销售等帮助。2009 年,大棚种植的蔬菜顺利通过无公害认证。

绿色创业面临诸多困难

“我刚大学毕业不久,创业资金不够,农业技术也不足,相比于其他的创业方式,农业的长期运作门槛较低,商业氛围不算浓厚,同行竞争的压力也小一些。”李勇开始是本着这种想法创业的,但他坦言,与当初的设想相比,绿色农业方面的创业并不容易。

农业需要不断地投入,资金就是个问题,李勇初始投入了 16 万元,其中有自己的 5 万元,其余的钱是合作伙伴凑起来的。“绿色农业是大农业下的分支,它所面临的技术和资金的挑战都特别大,从我们开始做农场到现在,资金的需求从来就没少过。”李勇认真分析了当地的有机蔬菜市场,他认为投资过大的种植户没有销售市场,而投资过小的种植户又没利润。“顾客知道有机蔬菜好,但它和普通蔬菜看起来差不多,价钱却贵很多,真正购买的人并不多。”长期的资金投入遭遇市场的冷漠,李勇觉得有机蔬菜的资金回笼很漫长。

“雇用的长期员工呢,受不了大棚里的高温,要求涨工资,从每天 30 元到 40 元再到 45 元,人工成本不断提高。”刘硕也表示,资金、技术和人工成本上的限制,让扩大种植规模难度加大,“要扩大规模,需要资金二三十万元,而创业初期要拿出这部分钱不容易。”

农产品需要销路,而大学生创业者缺乏客户资源。在决定承包大棚之前,为了摸清蔬菜市场,刘硕也做了大量的调查。他跑遍了附近的各个蔬菜批发市场,“跟市场上的商家拉家常,或是扮成蔬菜销售户,打探商家需要什么蔬菜,需要多少,从哪里进菜等”。为了给自己的蔬菜打开销路,他利用市场调查的机会和本地的商家建立了长期合作关系。

经历了创业初期的艰难,刘硕告诉记者,大学生要在农业创业上有所尝试,必须具备一定的专业知识,“如果技术、知识不过硬的话,要多看、多听、多问,多向当地的农技站、村里有经验的人寻求指导”。李勇也认为,“农业种植是一个前期投入较高、利润回收期较长的行业,如果是以短期赚钱为目的来创业的话,可能会失望而归。如果没有一定的资金支持,又不了解市场的需求和空间,创业失败的几率就很大”。

可以代工起家

"发展现代农业，需要新型农民的崛起，现在大学生从事农业方面的创业是有历史责任的，而且这个群体比较容易获得国家政策的支持。"海南神农大丰种业科技股份有限公司董事长黄培劲认为，由于有机农业门槛较高，大学生选择绿色农业创业成功的几率会更高一些。他同时也提醒大学生，农业生产的周期比较长，效益相对比较低，除了人力和技术的问题，还会受到自然灾害等不可抗拒因素的影响，在这方面创业，首先要能吃苦，并且不怕失败，有足够的心理准备。

通过和有志于在农业领域创业的大学生交流，方纳新为大学生创业者提出了一些建议。首先，具备农业相关知识的大学生可以将本专业和电子商务结合起来，与更广泛的消费者建立直接的联系，更精准、更便捷地服务于消费者；其次，创业大学生最好以专业的机构来作为技术背景支持，可以通过建立的人脉寻找专业科研院所作为合作机构；再次，目前已经有很多从事绿色农业生产的企业，大学生可以寻求实习机会，学习相关知识。

方纳新坦言，实习会给创业者带来渠道资源，目前，受人力、土地等资本的限制，规模较大的企业会把一些产品外包，"大学生创业初期，可以先从这些企业拿一些外包订单开始，有订单是企业生存的基础，这样可以慢慢培养自己的客户群"。

为支持大学生返乡创业，各级政府出台了许多优惠政策，涉及融资、开业、税收、创业培训、创业指导等诸多方面，选择农业领域创业的大学生可以结合当地实际，申请相关政策支持。方纳新认为："大学生创业真正的困难是如何结合实际，要根据市场需求等情况谋求改变，并且主动地求新、求变。"

(资料来源：大学生选择绿色农业创业.大学生村官科技网)

任务2 大学生创业环境的 SWOT 分析

在今后很长时间内，大学生将面临更为严峻的就业形势，面对如此困境，大学生自主创业将成为重要的就业形式。因此，有必要利用 SWOT 方法对我国大学生创业的环境进行综合分析，找出制约创业成功的问题所在。

2.2.1 SWOT 分析方法

SWOT 分析方法是一种企业战略分析方法，即根据企业自身的既定内在条件进行分析，找出企业的优势、劣势及核心竞争力之所在。其中，S 代表 Strength(优势)，W 代表 Weakness(劣势)，O 代表 Opportunity(机会)，T 代表 Threat(威胁)，其中，S、W 是内部因素，O、T 是外部因素。按照企业竞争战略的完整概念，战略应是一个企业"能够做的"(即组织的强项和弱项)和"可能做的"(即环境的机会和威胁)之间的有机组合。

2.2.2　大学生创业的优势

1.大学生自主创业意识较强。当代大学生对创业有着浓厚的兴趣,渴望成功,精力充沛,勇于拼搏,有创业的激情和梦想,想通过创业展示自我生命的价值和才能,为社会和自己创造财富。

2.大学生具有一定的专业技术素质,有较高的理论和技术优势,"用智力换资本"是大学生创业的特色和必然之路。当代大学生往往在人际交往、协调沟通、想象空间、运动空间、团队合作、组织管理、敢想敢干等方面表现出较强的才华和活力,在非智力因素和创业心理素质方面有较大的优势。

3.深受高等教育的熏陶,大学生学习能力强,具有较强的创新精神,领悟力较强,接受新鲜事物快,甚至是潮流的引领者。

4.大学生思维活跃,不受拘束,想象力比较丰富,运用 IT 技术能力强,能够在互联网络上搜寻到许多信息。

2.2.3　大学生创业的劣势

1.社会经验不足。生活在象牙塔内的大学生,对社会缺乏了解,他们在与合作伙伴交往方面往往会遇到困难,而创业过程中所涉及的一系列繁琐手续更易令他们失去信息。

2.当代大学生对自己的创业能力缺乏客观的评价,创业心理不成熟,自我定位不准确,在心理上对创业的难度准备不足,很多学生都带有急功近利的思想,总是希望自己能通过创业快速发财,往往出现盲从的现象,缺乏长期创业心理准备,对在创业过程中要遇到的市场风险认识不足,判断不准确,而且抗风险能力比较差,一旦遇到冲击,很容易导致失败。

3.学生创业者对公司运作的认识过于简单。不少学生创业者根本没有考虑过以后会遇到什么样的风险,没有市场预测的经验,无法把握市场走向。许多学生创业者都是做底层技术的,不清楚如何融资,如何做商务活动等,甚至他们连根本的财务、管理方面的常识都是一片空白。

4.学生创业仍然脱离不了校园。创业者没有勇气彻底摆脱校园,一方面迫切希望成功创业,另一方面又不愿真正脱离校园投入到社会去,甚至天真地幻想校园能为他们提供创业的一切条件,不敢接受挑战。

5.大学生创业是一项具有很强挑战性的社会活动,不仅需要大学生的创业激情、创业意识和创新意识及创业者自身的智慧能力、气魄胆识,而且需要建立和完善创业服务体系,从体制上为大学生创业打好基础。目前高校大学开设的创业教育课程少,也缺乏对大学生创业能力的训练,造成大学生自主创业缺乏相关的氛围和环境。

6.创业竞争压力越来越大。大学生创业可能会面临同学、校友的竞争,以及传统从业者的竞争,尤其是在职场工作时间较长,积累了一定经验的创业者,具有较高的水平和能力,又拥有相应的经验,因此对大学生创业有较强的竞争力。

2.2.4 大学生创业的机会

1.党和政府的大力支持

党的十七大报告提出"以创业带动就业"的战略,各级政府相应出台了许多支持大学生自主创业的政策,各级社团组织也都积极响应,举国上下支持大学生创业活动。"十二五"时期中国经济增长将主要依靠内需来实现,"新型工业化"道路将成为我国的必然选择,同时表现出与信息化、工业化融合发展的趋势发展新兴产业,这些都为大学生创业提供有利的条件。国家倾向于发展有潜力、有核心竞争能力的新产业,这种新方向的选择有可能让大学生创业与传统产业站在同一起跑线上,给大学生创业者带来机会。

2.法律制度和政策逐步健全和完善

国家的相关法律制度和政策逐步健全和完善,为大学生创业提供了法律制度保障。国家各级政府出台许多优惠政策,涉及融资、税收、创业培训和指导等诸多方面,为大学生创业提供良好的条件。

3.高校的支持

为解决大学生就业难的问题,各高校及其就业指导部门也做了大量的工作,如开设大学生创业选修课,邀请创业成功人士谈创业经历,让大学生掌握创业的基本政策和知识;开展大学生创业策划大赛、创业论坛等活动,培养学生创业兴趣,在实践中锻炼学生的创业能力。在创业教育与培训方面,我国先后引进国际劳工组织培养大学生创业意识和创业能力的 KAB 教育项目和针对一般创业者开办中小企业的 SYB 教育项目等。2010 年,教育部出台了《关于大力推进高等学校创新创业教育和大学生自主创业工作的意见》,成立了创业教育指导委员会,将大学生创业教育逐步纳入大学教育体系中。

4.市场机会良好

目前,我国市场正处于双高时期,即较高的增长率和较高的变化率,市场变化大,产品更新快,创业企业的进入成本较低,这都是我国创业企业所拥有的优势。

5.文化和社会规范的鼓励

我国的文化和社会规范中对个人创业持积极态度,鼓励自立,鼓励创造和创新的精神。

6.有形基础设施完善

伴随着我国经济的蓬勃发展,政府不断完善我国公共基础设施,目前一些城市设施水平已赶超部分发达国家。

2.2.5 大学生创业的威胁

1.创业大学生的资金来源问题

受金融危机的影响,投资界变得相对谨慎,学生自身又缺乏启动资金。

2.经济危机的威胁

在这种全球经济衰退的大环境下,社会创业政策保障不力、创业环境不善也是一个不容忽视的原因。

3.金融支持不足

我国金融机构对中小企业的扶持与发达国家存在着很大差距,创业企业多以私人权益资本为主。

4.家庭压力

很多家长由于家庭没有创业背景,对子女创业持怀疑态度,要求自己的孩子有一份安稳的工作,如希望自己的孩子能够参加公务员、事业单位的招考,而不要一进社会就承担太大的风险。这种潜在的对创业不信任的社会心理对想创业的大学生来说无疑是一种巨大的心理压力。

5.创业教育水平较低

我国在教育与培训方面与发达国家相比处于落后水平,尤其在商业、管理教育方面的水平和创业类的课程和项目方面,我国与其他国家和地区存在明显的差距。

现在大学生创业是一种趋势,虽然有优势和机会但同时也存在劣势和威胁。面对挑战,有志创业的大学生要根据自己的特点,开展创业学习,积累创业资源,掌握创业技能,抓住机遇发挥优势,要找出不足,制订方案解决威胁与困难,变劣势为优势,从而实现自己的人生目标。

任务3 针对大学生创业的优惠政策

随着大学生就业形势的严峻和国家对大学生创业的重视,中央政府和各地方政府出台了一系列扶持大学生创业的优惠政策。

为贯彻落实党十七大提出"提高自主创新能力,建设创新型国家"和"促进以创业带动就业"的发展战略,教育部下发《关于大力推进高等学校创新创业教育和大学生自主创业工作的意见》(教办〔2010〕3号),要求各地大力推进创新创业教育,加强创业基地建设,进一步落实和完善大学生自主创业扶持政策,强化创业指导和服务,推动创新创业教育和大学生自主创业工作实现突破性进展。

为了鼓励和支持大学生创业,国家先后出台了一系列针对大学生的创业优惠政策,另外,各地政府为了扶持当地大学生创业,也出台了相关的政策法规,主要涉及融资、开业、税收、创业培训、创业指导等诸多方面。

2.3.1 创业融资扶持政策

融资服务的政策包括劳动部门、小企业服务中心等部门制定和操作的各项政策,主要有中国大学生创业基金、大学生创业贷款、中国青年创业国际计划(YBC)等,政策优惠主要涉及创业贷款、担保及贴息等。

1.中国大学生创业基金

中国大学生创业基金是由中国社会福利教育基金会发起设立的一个全新的资助型公益基金。

中国大学生创业基金，遵照党中央"拓宽就业、择业、创业渠道，以创业带动就业"的指示精神，以"关心、扶持、资助大学生(含归国留学生)自主创业、成就梦想"为宗旨，通过承办由全国工商联、教育部、团中央发起的，统战部、人力资源和社会保障部、民政部共同主办的中国大学生"创业大讲堂"公益行动等系列活动，以"中国大学生创业基金网站"为网络平台，在网上建立"大学生创业项目数据库"，与企业需求直接对接，为大学生创业就业提供更多机会。

中国大学生创业基金通过为捐资者设计企业社会责任与公益链结合的公益项目，为有创业梦想的大学生筹措资助资金，通过建立资本市场与大学生创业项目的良性互动机制，每年在各高校推选优秀创业项目的基础上，为大学生创业计划实施提供资金资助，缓解大学生创业资金匮乏的问题。

中国大学生创业基金有以下特点：

(1)创业资助资金采取"资助—扶持—成功—回报—再资助"的循环方式，是一个具有造血机能的可持续发展的资助型公益基金。

(2)创业团队及项目的筛选、评审结果、资助数额、创业成功后是否兑现承诺等，都将通过网上公布等透明方式全程跟踪，以体现公开、公平、公正的原则。

(3)以捐资方命名的专款实行专项管理，以捐资方命名的资助款项的荣誉可以世代传承。

(4)允许捐资者指定高校，参与大学生创业方案的评选，全程监督方案的落地实施。

(5)协助捐资者规划设计具有针对性的企业社会责任与公益链结合的宣传方案，包括资助项目与企业产业链的结合，企业诉求与社会效益和公益效益如何实现最大化等，从而让捐资者、受助者以及社会各方实现共赢。

2.大学生创业贷款

大学生创业贷款是国家给大学生提供的创业优惠措施，为支持大学生创业，国家各级政府出台了许多优惠政策，涉及融资、开业、税收、创业培训、创业指导等诸多方面。创业贷款是指具有一定生产经营能力或已经从事生产经营活动的个人，因创业或再创业提出资金需求申请，经银行认可有效担保后而发放的一种专项贷款。符合条件的借款人，根据个人的资源状况和偿还能力，最高可获得单笔50万元的贷款支持；对创业有一定规模或成为再就业明星的，还可提出更高额度的贷款申请。创业贷款的期限一般为1年，最长不超过3年；为了支持下岗职工创业和大学生创业，创业贷款的利率可以按照人民银行规定的同档次利率下浮20%，许多地区推出的下岗失业人员和大学生创业贷款还可以享受60%的政府贴息。

大学生创业贷款有以下优惠政策：

(1)大学毕业生在毕业后两年内自主创业，到创业实体所在地的工商部门办理营业执照，注册资金(本)在50万元以下的，允许分期到位，首期到位资金不低于注册资本的10%(出资额不低于3万元)，1年内实缴注册资本追加到50%以上，余款可在3年内分期到位。

(2)大学毕业生新办咨询业、信息业、技术服务业的企业或经营单位，经税务部门批准，免征企业所得税两年；新办从事交通运输、邮电通信的企业或经营单位，经税务部门批准，第一年免征企业所得税，第二年减半征收企业所得税；新办从事公用事业、商业、物资业、对外贸易业、旅游业、物流业、仓储业、居民服务业、饮食业、教育文化事业、卫生事业的企业或经营单位,经税务部门批准,免征企业所得税一年。

(3)各国有商业银行、股份制银行、城市商业银行和有条件的城市信用社要为自主创业的毕业生提供小额贷款,并简化程序,提供开户和结算便利,贷款额度在5万元左右。贷款期限最长为两年,到期确定需延长的,可申请延期一次。贷款利息按照中国人民银行公布的贷款利率确定,担保最高限额为担保基金的5倍,期限与贷款期限相同。

以上优惠政策是国家针对所有自主创业的大学生所制定的,各地政府为了扶持当地大学生创业,也出台了相关的政策法规,而且更加细化,更加贴近实际。例如:根据国家和上海市政府的有关规定,上海地区应届大学毕业生创业可享受免费风险评估、免费政策培训、无偿贷款担保及部分税费减免四项优惠政策。

大学生创业贷款有以下要求:

(1)大学生创业贷款申请者年满十八周岁,具有合法有效身份证明和贷款行所在地合法居住证明,有固定的住所或营业场所;

(2)大学生创业贷款申请者持有工商行政管理机关核发的营业执照及相关行业的经营许可证,从事正当的生产经营活动,有稳定的收入和还本付息的能力;

(3)大学生创业贷款申请者投资项目已有一定的自有资金;

(4)大学生创业贷款用途符合国家有关法律和银行信贷政策规定,不允许用于股本权益性投资;

(5)在银行开立结算账户,营业收入经过银行结算。

大学生申请创业贷款的途径主要有三种:直接向银行申请贷款、申请科技型中小企业贴息贷款和利用新的技术成果或知识产权、专利权进行担保贷款。但是因为银行在对个人申请贷款方面的审核非常严格,特别注重申请贷款人的偿还能力,而大学生刚刚开始创业,在银行的贷款审核部门看来几乎不具备偿还能力,所以很难得到所需的贷款,建议大学生最好不要用第一种方式申请贷款。

3. 中国青年创业国际计划(YBC)

中国青年创业国际计划(Youth Business China,简称 YBC)是一个旨在帮助青年创业的教育性公益项目,通过动员社会各界特别是工商界的资源,为创业青年提供导师辅导以及资金、技术、网络支持,帮助青年成功创业。YBC 项目的业务主管单位是共青团中央,组织实施单位是中国青少年社会教育基金会。

YBC 通过社会募集的方式建立 YBC 专项基金,用于扶持青年创业。YBC 专项资金秉承公开、透明、安全的原则,通过完整严格的审核程序和审核标准,组织专家对申请创业的青年和项目进行审核,筛选出符合要求的扶持对象,并以无利息贷款的方式扶持青年创业。YBC 在培养青年创业能力的同时,还特别注重培养青年的诚信和社会责任,帮助青年在创业过程中树立自尊和自信。

(1)YBC 项目的宗旨是:培养创业精神,提高创业能力,提倡企业社会责任,促进经济与社会协调发展。

(2)YBC 帮助的对象:18～35 岁失业、半失业或者待业的青年人,他们有很好的创业点子和创业激情,筹措不到启动资金。

（3）YBC 为创业青年提供：3～5 万元启动资金，"一对一"陪伴式创业导师辅导，传授创业知识和经商之道，引导青年进入工商网络。

（4）YBC 专项资金的特点：仅用于创业启动金，资助金额一般不高于人民币 5 万元，无息无抵押担保，三年内分期偿还，资金循环使用。

（5）YBC 导师：导师是创业青年的引路人和朋友，他们是具有公益精神的企业家或专业人士，他们眼光独到，经验鲜活，运用自己的商业经验和资源辅导青年创业，用业余时间提供志愿服务。为创业青年提供导师辅导是 YBC 项目的核心工作，也是 YBC 项目能否持续发展的关键。YBC 导师分为"一对一"导师和专业导师（比如法律、审计、财会等方面的专业人员）。

（6）YBC 创业导师需要具备的条件：须认同 YBC 的基本理念，热心公益事业；志愿加入 YBC 组织；愿意并有能力为创业青年提供每月不少于 4～5 小时的面对面创业辅导；导师应该具备敏锐的眼光和组织协调能力，具备某一领域的专业知识、政策和法规，在业界有良好声誉。YBC 要求导师必须具有 5 年以上持续的经营管理工作经历；导师辅导创业青年时，应承诺不以营利为目的。

YBC 以责任为纽带，在企业家和创业青年间建立起了一座桥梁，将企业家的经商之道和商业文明传承给下一代创业青年。对大多数人来说，参加 YBC 是带着一份爱心、一份社会责任而来，并在 YBC 大家庭里分享传递。

（7）YBC 项目的申报流程：有创业意愿、希望得到 YBC 扶持的青年，首先需要到 YBC 当地办公室填写《创业辅导申请表》和《创业基金申请表》，YBC 将组织专家对申报项目进行筛选。通过筛选的项目，进入商业计划书的填写、初审、面试等环节。表格可登录中国青年创业国际计划网站进行下载。

2.3.2 创业场地扶持政策

创业场地扶持政策主要指政府统筹安排劳动者所需的生产经营场地，并以免费或低价租赁的方式，为创业人员提供创业生产经营场地。创业场地扶持政策的重点有两个方面：一是都市型工业园区的政策，二是创业园区的政策。这两大类园区各自都有针对入园企业的房租补贴政策。

（1）对政府主办和享受政府资金扶持兴办的各类创业基地标准厂房，采取减免租金 1～3 年的方法，吸引创业者加入园区创业。

（2）对加强资源整合，开辟或扩大适合大小中企业、个体商户聚集创业的专业化市场，引导创业者进场交易，优惠出租市场摊位，免收 2 年市场管理费。

（3）对社区利用现有存量土地和出租房进行改造、再利用，打造社区创业孵化基地的，引导创业者投资经营社区卫生医疗、家政服务、养老服务等行业，可减免 1～3 年租金。

（4）对市区自建和利用社会现有资源建立的创业孵化基地，安排本市大中专毕业生、下岗失业等人员进场创业的，经验收认定授予"镇江创业孵化基地"标牌，并对新建的给予不超过 30 万元补贴，改建的给予不超过 15 万元补贴。

（5）对达到省、市级创业示范基地标准的，可享受省、市级相关的扶持政策。

2.3.3　创业税费减免政策

2003 年 5 月 29 日,国务院办公厅下发《关于做好 2003 年普通高等学校毕业生就业工作的通知》(国办发〔2003〕49 号),其中第四条规定:"鼓励高校毕业生自主创业和灵活就业。凡高校毕业生从事个体经营的,除国家限制的行业外,自工商部门批准其经营之日起 1 年内免交登记类和管理类的各项行政事业性收费。有条件的地区由地方政府确定,在现有渠道中为高校毕业生提供创业小额贷款和担保。"

2003 年 6 月,国家工商总局下发《关于 2003 年普通高等学校毕业生从事个体经营有关收费优惠政策的通知》后,上海、天津、重庆、黑龙江、辽宁、吉林、安徽、江西、福建、广东、广西、陕西、甘肃、新疆等省市自治区纷纷出台了类似政策,后来又陆续出台了优惠贷款的政策。

2003 年 6 月 26 日,财政部、国家发改委为切实落实国办发〔2003〕49 号文件精神,鼓励高校毕业生自主创业和灵活创业,下发《关于切实落实 2003 年普通高校毕业生从事个体经营有关收费优惠政策的通知》,凡高校毕业生从事个体经营的,除国家限制的行业(包括建筑业、娱乐业以及广告业、桑拿、按摩、网吧、氧吧等)外,自工商部门批准其经营之日起 1 年内免交登记类和管理类的各项行政事业性收费。有条件的地区由地方政府确定,在现有渠道中为高校毕业生提供创业小额贷款和担保。

财政部、国家税务总局《关于支持和促进就业有关税收政策的通知》(财税〔2010〕84号)规定:自 2011 年 1 月 1 日起,毕业年度内的高校毕业生在校期间创业,可向所在高校申领《高校毕业生自主创业证》。为鼓励高校毕业生自主创业,以创业带动就业,财政部、国家税务总局发出《关于支持和促进就业有关税收政策的通知》,明确规定毕业生从毕业年度起三年内自主创业可享受税收减免的优惠政策。其中,高校毕业生在校期间创业的,可向所在高校申领《高校毕业生自主创业证》;离校后创业的,可凭毕业证书直接向创业地县以上人社部门申请核发《就业失业登记证》,作为享受政策的凭证。

高校毕业生自主创业政策的具体内容是:对持《就业失业登记证》(注明"自主创业税收政策"或附着《高校毕业生自主创业证》)毕业生从事个体经营(除建筑业、娱乐业以及销售不动产、转让土地使用权、广告业、房屋中介、桑拿、按摩、网吧、氧吧外)的,在 3 年内按每户每年 8000 元为限额依次扣减其当年实际应缴纳的营业税、城市维护建设税、教育费附加和个人所得税。

纳税人年度应缴纳税款小于上述扣减限额的,以其实际缴纳的税款为限;大于上述扣减限额的,应以上述扣减限额为限。

本条所称持《就业失业登记证》(注明"自主创业税收政策"或附着《高校毕业生自主创业证》)人员是指:

1. 在人力资源和社会保障部门公共就业服务机构登记失业半年以上的人员;

2. 零就业家庭、享受城市居民最低生活保障家庭劳动年龄内的登记失业人员;

3. 毕业年度内高校毕业生。高校毕业生是指实施高等学历教育的普通高等学校、成人高等学校毕业的学生;毕业年度是指毕业所在自然年,即 1 月 1 日至 12 月 31 日。

《高校毕业生自主创业证》申领流程如图 2-1 所示。

```
┌─────────────────────────┐          ┌─────────────────────────────┐
│      学生网上申请        │          │   学生申领《就业失业登记证》 │
│ 注册登录教育部大学生创业 │          │ 毕业生凭毕业证直接向创业地县 │
│ 服务网,按要求在网上提交  │          │ 以上人力资源社会保障部门提出 │
│《高校毕业生自主创业证》  │          │ 申请,县以上人力资源社会保障 │
│ 申请                     │          │ 部门在对提交申请相关情况审核 │
└────────────┬────────────┘          │ 认定后,对符合条件的毕业生相 │
             │                       │ 应核发《就业失业登记证》,并 │
┌────────────▼────────────┐          │ 注明"自主创业税收政策"      │
│      高校网上初审        │          └──────────────┬──────────────┘
│ 所在高校对毕业生提交的相 │                         │
│ 关信息进行审核,通过后注 │                         │
│ 明已审核,并在网上提交学校│                        │
│ 所在地省级教育行政部门    │                        │
└────────────┬────────────┘                         │
             │                                      │
┌────────────▼────────────┐                         │
│    省级教育行政部门复核  │                         │
│ 省级教育行政部门对毕业生 │                         │
│ 提交的相关信息进行复核并 │                         │
│ 确认                     │                         │
└────────────┬────────────┘                         │
             │                                      │
┌────────────▼────────────┐                         │
│高校发放《高校毕业生自主创│                         │
│      业证》              │                         │
│ 复核通过后,由所在高校打 │                         │
│ 印并发放《高校毕业生自主 │                         │
│ 创业证》,相关部门和学生 │                         │
│ 本人可随时查询           │                         │
└────────────┬────────────┘                         │
             │                                      │
┌────────────▼────────────┐                         │
│ 学生申请《就业失业登记证》│                        │
│ 毕业生持《高校毕业生自主 │                         │
│ 创业证》向就业地县以上人 │                         │
│ 力资源社会保障部门提出   │                         │
│《就业失业登记证》认定申请 │                        │
│ ,由创业地人力资源社会保 │                         │
│ 障部门核发《就业失业登记 │                         │
│ 证》,一并作为当年及后续 │                         │
│ 年度享受税收扶持政策的管 │                         │
│ 理凭证                   │                         │
└────────────┬────────────┘                         │
             └──────────────┬───────────────────────┘
          ┌─────────────────▼──────────────────┐
          │      学生享受创业税收优惠政策       │
          │ 毕业生持《就业失业登记证》(注明"自 │
          │ 主创业创收政策"或附《高校毕业生自主│
          │ 创业证》)、减免税申请及税务机关所需│
          │ 提供的其他相关材料,向创业所在地县 │
          │ 以上主管税务机关申请减免税,通过审 │
          │ 核后,享受相关创业税收优惠政策     │
          └────────────────────────────────────┘
```

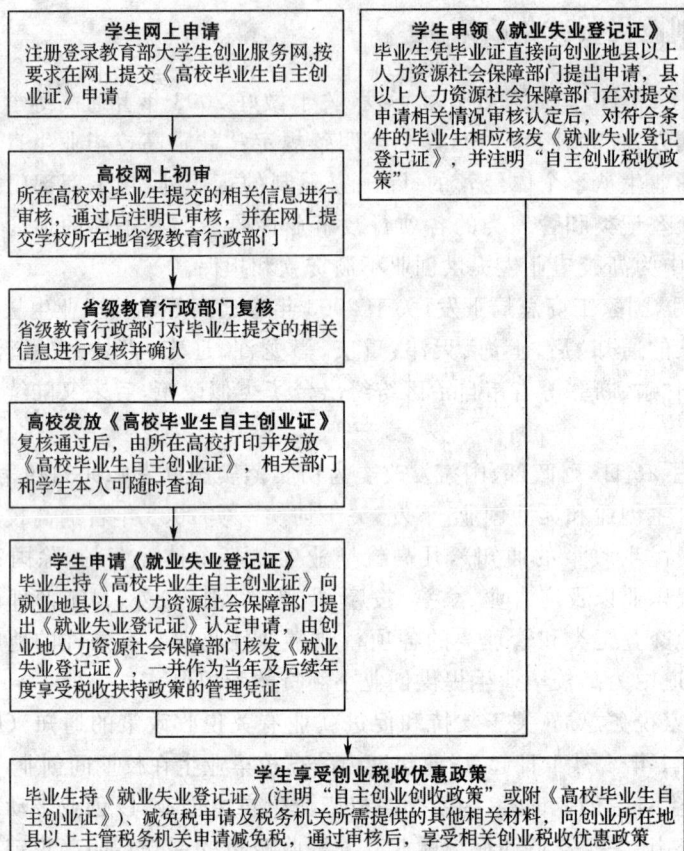

图 2-1 《高校毕业生自主创业证》申领流程

2.3.4 创业咨询与培训政策

教育部下发《关于大力推进高等学校创新创业教育和大学生自主创业工作的意见》(教办〔2010〕3号)要求,高等学校创新创业教育要面向全体学生,融入人才培养全过程。要在专业教育基础上,以转变教育思想、更新教育观念为先导,以提升学生的社会责任感、创新精神、创业意识和创业能力为核心,以改革人才培养模式和课程体系为重点,大力推进高等学校创新创业教育工作,不断提高人才培养质量。创业咨询与培训政策主要包括:一是加强创新创业教育课程体系建设。把创新创业教育有效纳入专业教育和文化素质教育教学计划和学分体系,建立多层次、立体化的创新创业教育课程体系;二是加强创新创业师资队伍建设。引导各专业教师、就业指导教师积极开展创新创业教育方面的理论和案例研究,积极从社会各界聘请企业家、创业成功人士、专家学者等作为兼职教师,建立一支专兼结合的高素质创新创业教育教师队伍;三是把创新创业实践作为创新创业教育的重要延伸,通过举办创新创业大赛、讲座、论坛、模拟实践等方式,丰富学生的创新创业知识和体验,提升学生的创新精神和创业能力;四是建立创新创业教育教学质量监控系统;五是加强理论研究和经验交流。教育部已成立高校创业教育指导委员会,重点开展高校创新创业教育的研究、咨询、指导和服务。

省级教育行政部门积极配合有关部门,对有创业愿望并具备一定创业条件的高校学生,普遍开展创业培训。积极整合各方面资源,把成熟的创业培训项目引入高校,并探索、开发适合我国大学生创业的培训项目。同时,高等学校要加强对在校生的创业风险意识教育,帮助学生了解创业过程中可能遇到的困难和问题,不断提高防范和规避风险的意识和能力。

省级教育行政部门和高等学校加大服务力度,拓展服务内涵,充分利用现有就业指导服务平台,特别是就业信息服务平台,广泛收集创业项目和创业信息,开展创业测评、创业模拟、咨询帮扶,有条件的要抓紧设立创业咨询室,开展"一对一"的创业指导和咨询,增强创业服务的针对性和有效性。

为改变目前创业教育缺乏的现状,由共青团中央、全国学联部署,中国青年高级人才培训中心组织实施"创业中国——全国大学生创业服务工程",其宗旨是帮助大学生转变就业观念、培养创业精神、参与创业实践、提高创业本领。该工程将在全国各地陆续展开,大学生们可以通过该项目结识创业专家与成功企业家,接受更多创业方面的培训。该项目先后在北京、江苏和西安等地全面启动,旨在鼓励、支持和帮助大学生就业、创业。

2.3.5 创业孵化基地政策

教育部下发《关于大力推进高等学校创新创业教育和大学生自主创业工作的意见》(教办〔2010〕3 号)的文件要求,各地要全面加强创业基地建设,为大学生打造全方位创业支撑平台。教育部会同科技部,以国家大学科技园为主要依托,重点建设一批"高校学生科技创业实习基地",并制定出台相关认定办法。省级教育行政部门要结合本地实际,通过多种形式建立省级大学生创业实习和孵化基地;同时要积极争取有关部门支持,推动本地区有关地市、高等学校、大学科技园建立大学生创业实习或孵化基地,并按其类别、规模和孵化效果,给予大力支持,充分发挥基地的辐射示范作用。这些基地将结合实际,为大学生创业开辟较为集中的专用场地,配备必要的公共设备和设施,为大学生创业企业提供至少 12 个月的房租减免。

2.3.6 其他创业优惠政策

1. 创业专家指导的政策

目前上海有一支由 600 多位各行业专家组成的公益性专家志愿团,可以为创业者提供个性化的指导服务,包括"一对一"的咨询服务,也可以由多名专家组成"专家团"为创业者提供"会诊"。另外,每隔两周会定期举行开业讲座服务、网上咨询指导服务等。

2. 创业能力提升的政策

这一板块的政策可以关注三个方面:一是创业培训的政策,二是职业经理人培训的政策,三是创业专家讲座方面的信息。其中创业培训政策为个人提供创业理论、个性化辅导和创业实训三段式的培训。这一政策的适用范围是上海市户籍的所有意向创业者、上海市的失业人员以及农村富余劳动力,他们可以享受全额的培训费用补贴。

3.非正规就业孵化器的政策

非正规就业是一种小企业的孵化器,个人在创业过程暂时不具备申办小企业的条件或是担心申办小企业成本太高,特别是有意向从事一些劳动密集型、有利于吸纳就业的社区服务业,可申办非正规就业劳动组织,享受有关扶持政策。比如,非正规就业组织能够享受到创业政策包括无须办理工商登记、3年内减免地方税费、社会保险缴纳优惠、免费技能培训,还能享受从业风险的综合保险等优惠政策。

此外,各地政府为了扶持当地大学生创业,也出台了相关的政策法规,而且因为更有针对性,所以更加细化,更贴近实际。对打算创业的大学生来说,在创业前可具体了解当地政府的政策,走好创业的第一步。

❋ 资源链接　**关于支持和促进就业有关税收政策的通知**
财税〔2010〕84号

各省、自治区、直辖市、计划单列市财政厅(局)、国家税务局、地方税务局、新疆生产建设兵团财务局:

为扩大就业,鼓励以创业带动就业,经国务院批准,现将支持和促进就业有关税收政策通知如下:

一、对持《就业失业登记证》(注明"自主创业税收政策"或附着《高校毕业生自主创业证》)人员从事个体经营(除建筑业、娱乐业以及销售不动产、转让土地使用权、广告业、房屋中介、桑拿、按摩、网吧、氧吧外)的,在3年内按每户每年8000元为限额依次扣减其当年实际应缴纳的营业税、城市维护建设税、教育费附加和个人所得税。

纳税人年度应缴纳税款小于上述扣减限额的,以其实际缴纳的税款为限;大于上述扣减限额的,应以上述扣减限额为限。

本条所称持《就业失业登记证》(注明"自主创业税收政策"或附着《高校毕业生自主创业证》)人员是指:1.在人力资源和社会保障部门公共就业服务机构登记失业半年以上的人员;2.零就业家庭、享受城市居民最低生活保障家庭劳动年龄内的登记失业人员;3.毕业年度内高校毕业生。高校毕业生是指实施高等学历教育的普通高等学校、成人高等学校毕业的学生;毕业年度是指毕业所在自然年,即1月1日至12月31日。

二、对商贸企业、服务型企业(除广告业、房屋中介、典当、桑拿、按摩、氧吧外)、劳动就业服务企业中的加工型企业和街道社区具有加工性质的小型企业实体,在新增加的岗位中,当年新招用持《就业失业登记证》(注明"企业吸纳税收政策")人员,与其签订1年以上期限劳动合同并依法缴纳社会保险费的,在3年内按实际招用人数予以定额依次扣减营业税、城市维护建设税、教育费附加和企业所得税优惠。定额标准为每人每年4000元,可上下浮动20%,由各省、自治区、直辖市人民政府根据本地区实际情况在此幅度内确定具体定额标准,并报财政部和国家税务总局备案。

按上述标准计算的税收扣减额应在企业当年实际应缴纳的营业税、城市维护建设税、教育费附加和企业所得税税额中扣减,当年扣减不足的,不得结转下年使用。

本条所称持《就业失业登记证》(注明"企业吸纳税收政策")人员是指:1.国有企业下

岗失业人员;2.国有企业关闭破产需要安置的人员;3.国有企业所办集体企业(即厂办大集体企业)下岗职工;4.享受最低生活保障且失业 1 年以上的城镇其他登记失业人员。以上所称的国有企业所办集体企业(即厂办大集体企业)是指二十世纪七八十年代,由国有企业批准或资助兴办的,以安置回城知识青年和国有企业职工子女就业为目的,主要向主办国有企业提供配套产品或劳务服务,在工商行政机关登记注册为集体所有制的企业。厂办大集体企业下岗职工包括在国有企业混岗工作的集体企业下岗职工。

本条所称服务型企业是指从事现行营业税"服务业"税目规定经营活动的企业。

三、享受本通知第一条、第二条优惠政策的人员按以下规定申领《就业失业登记证》、《高校毕业生自主创业证》等凭证:

(一)按照《就业服务与就业管理规定》(中华人民共和国劳动和社会保障部令第 28 号)第六十三条的规定,在法定劳动年龄内,有劳动能力,有就业要求,处于无业状态的城镇常住人员,在公共就业服务机构进行失业登记,申领《就业失业登记证》。其中,农村进城务工人员和其他非本地户籍人员在常住地稳定就业满 6 个月的,失业后可以在常住地登记。

(二)零就业家庭凭社区出具的证明,城镇低保家庭凭低保证明,在公共就业服务机构登记失业,申领《就业失业登记证》。

(三)毕业年度内高校毕业生在校期间凭学校出具的相关证明,经学校所在地省级教育行政部门核实认定,取得《高校毕业生自主创业证》(仅在毕业年度适用),并向创业地公共就业服务机构申请取得《就业失业登记证》;高校毕业生离校后直接向创业地公共就业服务机构申领《就业失业登记证》。

(四)本通知第二条规定的人员,在公共就业服务机构申领《就业失业登记证》。

(五)《再就业优惠证》不再发放,原持证人员应到公共就业服务机构换发《就业失业登记证》。正在享受下岗失业人员再就业税收优惠政策的原持证人员,继续享受原税收优惠政策至期满为止;未享受税收优惠政策的原持证人员,申请享受下岗失业人员再就业税收优惠政策的期限截至 2010 年 12 月 31 日。

(六)上述人员申领相关凭证后,由就业和创业地人力资源和社会保障部门对人员范围、就业失业状态、已享受政策情况审核认定,在《就业失业登记证》上注明"自主创业税收政策"或"企业吸纳税收政策"字样,同时符合自主创业和企业吸纳税收政策条件的,可同时加注;主管税务机关在《就业失业登记证》上加盖戳记,注明减免税所属时间。

四、本通知规定的税收优惠政策的审批期限为 2011 年 1 月 1 日至 2013 年 12 月 31 日,以纳税人到税务机关办理减免税手续之日起作为优惠政策起始时间。税收优惠政策在 2013 年 12 月 31 日未执行到期的,可继续享受至 3 年期满为止。下岗失业人员再就业税收优惠政策在 2010 年 12 月 31 日未执行到期的,可继续享受至 3 年期满为止。

五、本通知第三条第(五)项、第四条所称下岗失业人员再就业税收优惠政策是指《财政部国家税务总局关于下岗失业人员再就业有关税收政策问题的通知》(财税〔2005〕186 号)、《财政部国家税务总局关于延长下岗失业人员再就业有关税收政策的通知》(财税〔2009〕23 号)和《财政部国家税务总局关于延长下岗失业人员再就业有关税收政策审批期限的通知》(财税〔2010〕10 号)所规定的税收优惠政策。

本通知所述人员不得重复享受税收优惠政策,以前年度已享受各项就业再就业税收优惠政策的人员不得再享受本通知规定的税收优惠政策。如果企业的就业人员既适用本通知规定的税收优惠政策,又适用其他扶持就业的税收优惠政策,企业可选择适用最优惠的政策,但不能重复享受。

六、上述税收政策的具体实施办法由国家税务总局会同财政部、人力资源和社会保障部、教育部另行制定。

各地财政、税务部门要加强领导、周密部署,把大力支持和促进就业工作作为一项重要任务,贯彻落实好相关税收优惠政策。同时,要密切关注税收政策的执行情况,对发现的问题及时逐级向财政部、国家税务总局反映。

财政部 国家税务总局
二〇一〇年十月二十二日

任务4 大学生创业服务平台

"两耳不闻窗外事,一心只读圣贤书",这是以前高校作为研究型单位的真实写照,在那个年代,大学校园被形容成为"象牙塔"。在大学校园里生活的莘莘学子无法沾染社会的气息,每日只需在一排排的学术著作中去追寻生命中的启迪。

而现在高校的教育目标逐渐走向应用型——也就是说,我们不需要只会口头上滔滔不绝却只是纸上谈兵的将军,而需要智行兼备的新型人才。为进一步增强学生对企业及社会的感知和体验,使学生具备创业意识,发散创新思维,创造更多就业机会,越来越多的高校在学生培养方案中开设实训课程,将社会的环境模拟到课程上,甚至开展让学生"真刀真枪"实行的各项创业大赛。

下面将重点介绍几个创业大赛。

2.4.1 "挑战杯"中国大学生创业计划竞赛

挑战杯是"挑战杯"全国大学生系列科技学术竞赛的简称,是由共青团中央、中国科协、教育部和全国学联共同主办的全国性的大学生课外学术实践竞赛。挑战杯在中国共有两个并列项目,一个是"挑战杯"中国大学生创业计划竞赛(简称"小挑");另一个则是"挑战杯"全国大学生课外学术科技作品竞赛(简称"大挑")。这两个项目的全国竞赛交叉轮流开展,每个项目每两年举办一届。

创业计划竞赛起源于美国,又称商业计划竞赛,是风靡全球高校的重要赛事。它借用风险投资的运作模式,要求参赛者组成优势互补的竞赛小组,提出一项具有市场前景的技术、产品或者服务,并围绕这一技术、产品或者服务,以获得风险投资为目的,完成一份完整、具体、深入的创业计划。

竞赛采取学校、省(自治区、直辖市)和全国三级赛制,分预赛、复赛、决赛三个赛段进行。

大力实施"科教兴国"战略,努力培养广大青年的创新创业意识,造就一代符合未来挑战要求的高素质人才,已经成为实现中华民族伟大复兴的时代要求。作为学生科技活动的新载体,创业计划竞赛在培养复合型、创新型人才,促进高校产学研结合,推动国内风险投资体系建立方面发挥出越来越积极的作用。

2.4.2　中国科学院青年创业大赛

中国科学院青年创业大赛(CAS Youth Venture Competition,CAS-YVC)是中国科学院举办的面向全国高校青年的创业比赛。大赛依托中国科学院雄厚的技术实力和良好的声誉,旨在培养青年创新创业意识和能力,丰富科学创新和创业行动的社会价值和意义,最终促进科学发展、推动社会经济进步。

优秀的青年创业团队可以通过大赛展示自己的技术创新和商业计划;投资者和企业家可以通过大赛接触和了解最新的科研成果和技术进步,寻找和孵化有价值的项目;社会学者及评委可以通过大赛考察和帮助青年创业者,引导和促使他们的创业行动聚焦社会需求和实现社会价值。

首届中国科学院青年创业大赛于 2005 年举办,至今已成功举办三届。大赛得到了全国人大常委会副委员长、中国科学院院长路甬祥院士的肯定和指导。通过建立全国优秀青年与投资者、企业家和社会学者之间合作的平台,促进青年形成创新创业意识,同时为每一项优秀的创业方案找到资金,促进科技成果转化为应有的经济价值和社会意义。

大赛以中国科学院(分布在 20 多个省(市)的 12 个分院、113 个科研院所、研究机构、事业单位)为核心,并与中国著名高校(包括清华大学、北京大学、人民大学、中国政法大学、中国传媒大学、复旦大学、南开大学等 20 余所)展开合作,面向社会开放,接纳上述各方的青年创业团队及青年个人报名参赛。同时主办方将在清华大学、北京大学、中国政法大学等著名高校举办相关品牌活动。大赛还将与科学时报、中国青年报、新京报等知名报刊媒体,与团中央网站、新浪网、人人网、优酷网等主流网络媒体,以及 CCTV、BTV 等电视媒体建立合作关系,共同推动大赛及相关活动的开展,展现优秀青年人才的风采,展示大赛成果,使更多的人从中获益。

2.4.3　中国科技创业计划大赛

中国科技创业计划大赛由宁波市人民政府、科技部火炬高技术产业开发中心、国家科技风险开发事业中心主办,始于 2002 年,面向海内外科技型企业、科技创业人员(专利技术、科技成果持有者)以及进入创业实施阶段的科技项目,从创业计划书入手,进行创业理念和实践的培训,进而以创业计划大赛为载体,整合国内孵化器的创业资源,打造中国最有影响力的早期科技创业投融资技术服务平台。

大赛在各主办单位、支持单位和承办单位的共同努力下,前七届大赛共有来自美国、澳大利亚、德国、法国、英国、日本等 10 余个国家的华人华侨、留学人员,以及来自国内近 30 个省市的博士、硕士、科技人员、高新技术企业家等 7079 个创业团队报名参赛。据不完全统计,已有近 200 个项目成功创业,注册资本超过 3 亿元。

大赛通过广泛宣传,向海内外征集参赛项目。通过专家辅导、评审,评选出获奖创业计划书 66 份,共设立奖金 50 万元,其中最佳奖 1 份,奖金 10 万元。大赛经宣传发动、报名培训、初稿编写、修改辅导、颁奖推荐等阶段,组委会邀请创业风险投资专家对参赛项目给予辅导和帮助。通过举办大赛,培育创业理念,在全社会营造尊重创业、服务创业的良好氛围,同时通过项目与资本的有效对接,推动创业实践活动。

项目小结

创业环境是指那些与创业活动相关联的因素的集合,包括宏观环境、行业环境和微观环境。PEST 分析方法是指宏观环境的分析,P 是政治(Politics),E 是经济(Economy),S 是社会(Society),T 是技术(Technology)。SWOT 分析方法是一种企业战略分析方法,即根据企业自身的既定内在条件进行分析,找出企业的优势、劣势及核心竞争力之所在。其中,S 代表 Strength(优势),W 代表 Weakness(劣势),O 代表 Opportunity(机会),T 代表 Threat(威胁),其中,S、W 是内部因素,O、T 是外部因素。为了鼓励和支持大学生创业,国家先后出台了一系列针对大学生的创业优惠政策,另外,各地政府为了扶持当地大学生创业,也出台了相关的政策法规,主要涉及融资、开业、税收、创业培训、创业指导等诸多方面。为进一步增强学生对企业及社会的感知和体验,使学生具备创业意识,发散创新思维,创造更多就业机会,各项大学生创业大赛也在高校中如火如荼地开展起来。

技能实训

1.运用所学知识,结合当前实际情况,对大学生创业的宏观环境进行分析。

2.请查找并总结你所在地区政府出台的为鼓励和支持大学生创业的各项涉及融资、开业、税收、创业培训、创业指导等诸多方面的相关的政策法规。

3.随着我国就业形势的日趋严峻,国家及各级政府提出了鼓励和支持大学生创业的各项政策,结合自己的具体情况,谈一谈你从中看到了怎样的创业机会?

4.赵威大学毕业后,没有去政府分配的工作单位上班,而在省城里的一家肯德基快餐店当上了副经理,他第一次将自己的决定告诉家里,没想到他当乡镇企业经理的父亲得知这个消息后非常支持他。一年后他升为经理,再后来又升为地区督导等职。最近,他发现省城商业街有一家店面要出售,这个地点位于商业闹市区附近的主要街道,交通流量大,写字楼也很多,赵威认为这是一个很难得的快餐店地点,于是他决心自己创业。这是他由来已久的事业生涯规划,他与父亲商量请求财务支持,并声明是借贷的,日后一定归还。家里表示支持他,但要求他认真规划,不要盲目蛮干,有备无患。赵威觉得自己创业的愿景是建立一个属于自己独立经营的快餐连锁机构,不愿成为肯德基、麦当劳或其他快餐店的加盟连锁店。他很顺利地办好注册,资金也很快到位,房子的产权也办理了过户。不久,赵威发现自己的店和他在肯德基看到的加盟连锁店有很大的不同。他必须自己动手,从无到有办理任何事情。比如,要亲自参与店面装潢设计及摆设布置、自己设计菜单与口味、寻找供应商、面试挑选员工、自己开发作业流程，以及操作系统管理。他觉得有必要找来在商管专业学习的同学好友帮忙一起创业，假如赵威选择的人就是你，请你运用 SWOT 分析法帮他做一个创业的分析，请试试看。

5. 小王今年马上大学毕业了，他认为自身的性格和条件适合创业，并为创业的事筹划了很长时间。一次偶然的机会，他看到国家对大学生创业的一些支持措施，于是就到学校的职业发展中心咨询，咨询中心的老师向他进行了详细介绍：

(1)大学毕业生在毕业后两年内自主创业，到创业实体所在地的工商部门办理营业执照，注册资金(本)在 50 万元以下的，允许分期到位，首期到位资金不低于注册资本的 10%(出资额不低于 3 万元)，一年内实缴注册资本追加到 50% 以上，余款可在 3 年内分期到位。

(2)大学毕业生新办咨询业、信息业、技术服务业的企业或经营单位，经税务部门批准，免征企业所得税两年；新办从事交通运输、邮电通信的企业或经营单位，经税务部门批准，第一年免征企业所得税，第二年减半征收企业所得税；新办从事公用事业、商业、物资业、对外贸易业、旅游业、物流业、仓储业、居民服务业、饮食业、教育文化事业、卫生事业的企业或经营单位，经税务部门批准，免征企业所得税一年。

(3)各国有商业银行、股份制银行、城市商业银行和有条件的城市信用社要为自主创业的毕业生提供小额贷款，并简化程序，提供开户和结算便利，贷款额度在 2 万元左右。贷款期限最长为两年，到期确定需延长的，可申请延期一次。贷款利息按照中国人民银行公布的贷款利率确定，担保期限与贷款期限相同。

(4)政府人事行政部门所属的人才中介服务机构，免费为自主创业毕业生保管人事档案(包括代办社保、职称及档案工资等有关手续)2 年；提供免费查询人才、劳动力供求信息，免费发布招聘广告等服务；适当减免参加人才市场或人才劳务交流活动收费；优惠为创办企业的员工提供一次培训、测评服务。

(5)各地政府为了扶持当地大学生创业，也出台了相关的政策法规，而且更加细化，更贴近实际。

在系统地了解有关大学生创业的政策之后，小王对自己大学毕业后的创业前途更加有信心。

问题：

(1)为什么国家和各级政府要出台针对大学生创业的优惠政策？

(2)如果你要创立一个新的企业，将从哪几个方面来运用国家和政府的优惠措施？

(3)大学生在新创企业的融资方面如何运用政府的优惠政策？

(4)从本案例中你获得的最大体会是什么？

项目3
打造创业基本功

📋 **知识目标**

1. 掌握职业生涯规划的前提；

2. 熟悉创业规划的主要内容；

3. 熟悉创业者必备的各项知识；

4. 熟悉创业者心理素质的内容；

5. 掌握创业者必备的综合能力以及经营管理能力。

📋 **能力目标**

1. 能够结合自己的具体情况，做好职业生涯规划；

2. 能够在日常学习、生活中不断培养和提高自己的创业素质和能力。

🔄 **任务导入**　　　　**几把锁锁死创业路**

四位梦想创业的大学生，每人凑齐4000元，准备在校园附近开一间精品店。当他们与房屋转租者签好转让协议，并对店面进行装修时，房东突然出现并进行阻挠。16000元创业资金已经花光，门店却无法开张。

小王是中南大学铁道校区大三学生，大二时他就忙着在学校里做市场调查，他认为定位中高档的男士精品店会很受学生欢迎。于是这学期开学不久，他和另外三位有创业想法的同学一拍即合，每人投资4000元准备开店。

孙老板在校园附近有三间紧挨着的店面，其中一个门面闲置着。孙老板同意以12000元转让这个门店两年的使用权。小王告诉记者，当时孙老板说她有这个门面三年的使用权，但不要让房东知道房子已经转租给他们，就说几个大学生是帮她打工的，以此避免房东找麻烦。"我们虽然知道孙老板不是房东，只是租用了房东的房子，但我们不知道一定要经过房东的同意才能租房。"9月10日，涉世未深的几名大学生与孙老板签下了门面转让协议书，并支付了7000元钱。

当他们开始对门店进行装修时，房东闻讯赶来。房东表示，他与孙老板签订的合同上明确写了该房子只允许做理发店，并且不允许转租。房东阻止他们装修，并与孙老板发生了冲突。

现在门上已经挂了三把锁。9月份房东将第一把锁挂了上去，接着孙老板也挂了一把锁。小王等人的玻璃货架等物品都被锁在里面，无奈之下他们也挂了一把锁。现在要进入这个门面,要过三道关。

几把锁锁死了他们的创业之路。孙老板从 9 月 20 日起就无影无踪,手机也不开机,不作任何解释。房东也不愿意和他们协商,反正房租已经收到了年底。这可苦了几个大学生,交给孙老板的 7000 元房租,加上门面装修的 5000 多元,以及进货花去的钱,四人凑的 16000 元已经所剩无几。近日,孙老板终于出现,她提出,几个大学生将剩下的 5000元交上,她想办法和房东协商。如果要退还 7000 元的房租,必须把已经装修的门面恢复原状并补偿她两个月的误工费。

这些钱来之不易,其中两个家庭条件并不是很好的学生拿出的是自己的学费,他们希望通过创业缓解家庭的经济压力。黄同学告诉记者,他的 4000 元钱是软磨硬泡才从父亲那里"借"来的。

(资料来源:几把锁锁死创业路.腾讯网.2007 年 11 月 01 日)

任务提示

在知识经济的时代背景下,越来越多的有识之士投身于创业的浪潮,面对知识经济提供的发展机会,大学生们荡漾起实现自己梦想的激情:和他们一样创业!

然而,创业是否仅凭激情就可行呢?创业意味着什么,创业怎样才能成功,创业需要哪些准备?你觉得创业者应该培养和锻炼的素质、能力有哪些,其中哪些是最重要的因素。

创业者比创业项目更重要,这是很多成功创业者认同的观点。"今天很残酷,明天更残酷,后天很美好,但是绝大多数人都死在明天晚上看不到后天的太阳。"马云常对青年创业者这样的忠告:大学生创业必须具备扎实的知识基础和综合运用这些知识必备的素质、能力和良好的心态。看看自己是否具备创业者素质,然后再决定是否选择创业。

任务 1   职业生涯与创业规划

创业是一种职业活动,更是一种复杂的职业行为,不仅需要经验和资源,更需要做好规划。

当前,大学生就业难现象日益突出,并成为社会焦点问题之一。而为解决大学生就业难问题,有关部门出台了一系列政策措施,力图创造更多的就业岗位以满足大学生就业需求。鼓励以创业带动就业无疑是一种值得大力提倡和扶持的就业方式和创新之路。当今社会处在变革的时代,到处充满着激烈的竞争,就业者面对着就业市场的竞争和风险,而且进入就业市场的程序越来越复杂,"职业生涯规划"也就成为我国近年来出现频率较高的一个词汇。

职业生涯规划,简称生涯规划,又称职业生涯设计,是指个人与组织相结合,在对一个人职业生涯的主客观条件进行测定、分析、总结的基础上,对自己的兴趣、爱好、能力、特点进行综合分析与权衡,结合时代特点,根据自己的职业倾向,确定其最佳的职业奋斗目标,并为实现这一目标做出行之有效的安排。

在现代社会,一个人只有尽早做好职业生涯规划,认清自我,不断探索开发自身潜能的有效途径或方式,才能准确地把握人生方向,塑造成功的人生。实践证明,在职业生涯中能够取得成功的人,往往是那些有着清晰的职业生涯规划的人。职业生涯规划的重要性,在个人层面上主要表现为以下方面:有助于使个人认清自己发展的进程和事业目标,作为选择职业与承担任务的依据,把相关的工作经验积累起来,准确地充分利用有关机会与资源,指引自我不断进步与完善。

3.1.1 职业生涯规划的准备

关于职业生涯规划的制定,正日益变成一个专业化的领域,现在很多专业的职业咨询机构和有关专家在进行职业咨询、指导时,通常采用 5 个"What"的思考模式,它构成了制定职业规划的前提性步骤:

第一,What are you? 要求一个人对自己做一个深刻反思与认识,通过科学认知的方法和手段,对自己的职业兴趣、气质、性格、能力等进行全面认识,对自己的优势与特长、劣势与不足加以深入细致的剖析。

第二,What do you want? 要求一个人对自己未来职业发展的目标和前景,做出一种愿望定位、心理预期和取向审视。

第三,What can you do? 要求一个人对自己的素质,尤其对自身的潜能和实力进行全面的测试和把握。

第四,What can you support you? 要求一个人对自己所处的环境状况和所拥有的各种资源状况有一个客观、准确的认识和把握。

第五,What can you be in the end? 要求一个人对自己所提出的职业目标以及实现方案做出一个具体明确的说明。

一般而言,清晰、全面地回答了以上 5 个问题,就为能够系统地制定出一份个人职业生涯规划准备了一个重要前提。

3.1.2 创业规划的主要内容

对于一个立志创业的人来说,职业生涯规划与其创业规划在一定程度上是同样的。要制定一份好的创业规划,从原则上说,应该把握三个主要内容:自己能够做什么,社会需求什么,自己拥有什么资源。因此,就有必要进行自我分析、环境分析和关键成就因素分析。

首先,自己能够做什么。作为一个创业者来说,只是知道自己想做什么,这是不够的,更重要的是,应该知道自己能够做什么。当然,这也是相对而言的,因为一个人的潜能发挥是一个逐渐展现的过程。但是,一个人对自己的兴趣、潜能有一个基本的认识,仍然是一项具有前提性的工作。

其次,社会需求什么。一个人在明确自己想做什么、能做什么的同时,还应考虑社会的需求是什么这一重要因素。如果一个人所选择的创业领域既符合自己的兴趣又与自己的能力相一致,但却不符合社会的需求,那么,这种创业的前景无疑会变得暗淡。由于分析社会需求及其发展态势并非一件易事,因此,在选择创业目标时,应该进行多方面的探索,以求得出客观而正确的判断。

第三,自己拥有什么资源。要创业,就必然依赖各种各样的资源。创业者应该清晰地审视自己所拥有或能够使用的一切资源的情况。这里所说的资源,不仅指经济上的资金,还包括社会关系,即通过自己已有的人际关系以及人际关系的进一步扩展所可能带来的各种具有支持性的东西。

总之,一份创业规划必须将个人理想与社会实际有机地结合,创业规划同样能够帮助一个人真正地了解自己,并且进一步评估内外环境的优势、限制,从而设计出既合理又可行的职业事业发展方向。只有使自身因素和社会条件达到最大程度的契合,才能在现实中发挥优势、避开劣势,使创业规划更具有可操作性。

一份创业规划能够在多大程度上取得实际成功,取决于它在多大程度上对以上三个原则进行了准确把握,并进行了最完美的结合。

具体地说,一份创业规划至少应该包括以下方面的内容:

1.确立创业目标和方案

一个人要把一个创业理想变成为现实,首先就必须确立一个创业目标并制定一个总体计划。

2.制定创业原则和步骤

创业原则常常是在创业理念的指导下确立的,它会产生有效的创业实践构想,并使创业活动赢得新的资源。创业步骤把整个创业过程和有关阶段加以具体划分,但是,它在深层上仍然是创业目标、创业原则的一种体现。

3.创造创业的基本条件

要创业,从来不是等到条件成熟了之后才开始的。创造创业的基本条件,这本身就是创业的一个重要组成部分。这种条件既包括创业领域的内在条件,也包括创业领域的外在条件。

4.确定创业的期限

有必要制定一个关于创业成功的时间表,专家认为,创业期限以两年为最佳,换言之,创业者应尽量在两年内把创业的产品做成功。但是,创业环境和市场是处在发展和变化之中的,人的主观努力应尽量与环境的客观条件相符合。

5.提出好的创意

一个独到新颖的创业创意,能够较大可能地把市场的需求与产品的生产结合起来,从而形成一项新事业的生长点和扩展基础。

6.组织创业团队

要创业成功、要创成大业,需要一个团队的共同努力。在组建一个创业团队时,应该把团队精神或合作意识放在至关重要的地位上。

7.选择风险投资者

首先要选择能够同甘共苦的风险投资者,以便在创业不顺利的时候,能够继续得到支持;其次,要寻找具有较大影响力的风险投资者,他的经验和力量本身就是一种重要资源。

抓住机遇 女大学生送快餐赚了 100 万

毕业于西安交通大学的何咏仪,西安柒彩虹餐饮有限公司的开创者,立志打造"中国第一快餐中介",2004 年年底,她的公司利润突破百万。

回首几年的风雨,何咏仪笑容灿烂:求职处处碰壁时,就该及时调整就业方向。在了解自己的能力和兴趣的情况下,做个有心人,渐渐地就会柳暗花明。

终于工作,却在快餐店端盘子

2000 年,西安交通大学通信专业毕业的何咏仪踌躇满志,但半个月内,她都没找到合适的工作。她兜里只揣着不到 500 元钱,又不愿意找父母求援,怎么办?

一天,何咏仪到一家快餐店吃快餐。老板一眼看到她的求职简历,笑着搭讪。临走前,老板递给她一张名片,让她有困难时联系。回到住处,犹豫很久,何咏仪终于拨通号码,怯怯地问:"您的快餐店,还需要人吗?""你随时可以来上班!"

终于工作了,心情却是尴尬的。进来一个人,她就心跳半天,怕是熟人,魂不守舍的,还出过几次小差错。第一天就这样挨过去了,何咏仪告诫自己:做一行专一行,架子面子,免谈!

抓住机遇,打造快餐中介公司

不久,何咏仪开始给西安高新区一些写字楼的白领送餐。才去第一家公司,她就听到白领们纷纷发牢骚:"你们店做的饭太没特色,再不改,我们就另外订餐。"

送餐出来,何咏仪看见另一间快餐店的女孩在抹眼泪,于是关切地问她原因,原来她的客户一打开饭盒就骂,说又搁辣椒了,每次叮嘱都白费力气……女孩委屈地说:"我每次转告客户意见,老板都不理会,还说今后不给他们送快餐了。"

何咏仪眼前一亮,这不是一个绝好的商机吗?有的快餐店认为白领们难伺候,要求高,主动放弃了送餐业务。我为什么不把这笔业务接过来,按着白领们的要求走呢?

从此,何咏仪每次送快餐,都会详细记下对方的电话、用餐口味和个人禁忌。自己收集的信息不够,她还会问其他同行,一一记下来。

快过春节了,店里放假,何咏仪决定留在西安作快餐市场调查。冒着严寒,何咏仪去西安高新区附近调查各家快餐店,她用冻得红肿的手记下名称、电话、餐饮风格和快餐价位。

几天考察下来,何咏仪心里更有谱了,酝酿着新的快餐运作模式:"我可以做一个快餐中转站,收集各种风味快餐,提供给公司的白领,从中赚取差价。既帮快餐店拓宽了业务,又让白领有更多的选择,何乐而不为?"

说干就干。春节期间需求旺盛,很多快餐店放假,就抓住这个机会!

何咏仪在东桃园村租到一间 20 平方米的门面房,月租 400 元,然后找了两个工作人员,包吃包住工资 500 元,任务就是送餐。

何咏仪做了三套送餐服装。接下来,她开始打电话给各个写字楼,寻找业务。很多都是老客户,加之很多快餐店还没上班,很快她就拿到 100 份订单。挂掉电话,何咏仪高兴得跳了起来。

梦想迢迢,誓做中国连锁

因为事先做过调查,所以何咏仪根据订单的要求,很快找到了需要的快餐店。老板一听何咏仪要订 50 份,答应给个优惠价格,何咏仪当即交了订金。随后,她又去另一家饭馆,预订了 50 份特色菜。饭菜送到,何咏仪穿上工作服,和两名员工一起外送。

当天,除去各种费用,何咏仪净赚 150 元钱。初战告捷,何咏仪信心十足。第二天,她多预订了 50 份,很快又送完了。

春节过后,快餐店的竞争日益激烈,何咏仪的订单不如以往多了。她干脆亲自上门,到公司推销。面对质疑的目光,她从容地拿出自己记录的快餐店手册,说,"你们想吃任何口味,我都可以满足。送餐及时,保证营养,还能经常变换花样!"

不少公司抱着怀疑的态度,但一试下来,果然不错,纷纷取消原来的订餐。一个月下来,何咏仪外送的盒饭达到 3600 多份,利润达到 2000 多元。

第二个月,何咏仪又招聘了两位员工,自己则主动出击,到更多的公司联系送餐业务。同时,她不断想出各种办法吸引白领。

一方面,她寻找到更多各具风味、干净又便宜的小饭馆,让快餐店手册日益丰富,白领有更多的选择;另一方面,她到各公司发放调查问卷,统计白领最爱吃和最想吃的饭菜,然后自己设计新菜单,交给饭馆去做。

何咏仪渐渐被写字楼的白领们熟悉。到 2004 年年底,年利润已经突破 100 万元,并从小店面升级为"西安柒彩虹餐饮有限公司"。

现在,工作步入正轨,为了不荒废专业,何咏仪又应聘到某知名电信公司上班,身兼两职。每天早上 9 点,她准时打电话给各个快餐店,预订特色菜,11 点整,公司的工作人员统一着装往各个公司送饭。

打造西安第一快餐中介,何咏仪的梦想更大:"将来时机成熟,我想把快餐中介做成中国连锁! 没有不可能,就看你敢不敢想!"

(资料来源:抓住机遇 女大学生送快餐赚了 100 万.河北搜才网.2006 年 4 月 10 日)

任务 2　创业知识准备

机遇只垂青那些有准备的人。如果你怀着创业的梦想,又是一个适合开拓的人,那么不要流逝了这份激情,为实现你的梦想开始准备吧。

在竞争日益激烈的今天,单凭热情、勇气、经验或只有单一的专业知识,要想成功创业是很困难的。创业者需要有创造性思维,要作出正确决策,还必须掌握广博的知识,具有一专多能的复合型知识结构。

3.2.1　创业者必备知识

创业者应具备多方面、全方位的知识结构,具体来说,可以概括为以下几个方面:

1. 商业知识

创业活动实质上是一种商业行为,创业者通过自己的投资行为,将某种商业理念付诸实现,取得一定的经济收益,但同时也承担相应的商业风险。如何提高资本的利用率,降低商业风险,从而取得资本的最大效益,这是每个投资者必须深思和认真研究的问题。

大学生在创业之初,首先想到的往往是缺乏资金,而不是缺乏知识。其实,对于大学生来说,最需要的是相关商业知识,如合法的开业知识、企业战略知识、企业文化知识、公司成立后的基本权利和义务、营销知识、资金及财务知识、服务行业知识以及创办企业的常用名词与重要文案(章程或协议),此外还要具备经商的经验和技巧,这是创业所必备的商业知识。

2. 专业知识

专业知识指的是与创业目标和创业领域有着直接关联和影响的知识。我们说创业要选择自己擅长的行业,因为在这个行业,创业者往往具有丰富的专业知识。创业者一旦进入一个行业,就必须尽可能多地掌握这个行业的专业知识。专业知识对于创业成功与否具有直接而重要的影响作用,因为要在某一个专门领域内进行创业活动,只有对本行业的供需状况、市场前景以及从事本行业的专业知识和技能了然于胸,深入了解这个领域的活动及其规律,对这个领域的"游戏规则"了解得越多,才能避免盲目性和投机性,创业活动的成功率才越大。在一个自己完全不了解的行业创业或者不具备所从事行业的专业知识,要想获得成功是不可想象的。

3. 市场分析知识

在现代市场经济条件下,如何充分掌握市场、把握市场的最新发展动态,及时调整经营的方向和策略,对于创业活动有着至为重要的影响。这要求创业者必须具有相应的市场分析知识,一般应考虑产品、竞争、市场、销售、生产以及供应等知识。

4. 管理知识

企业管理且成功创业的一个重要因素。企业组织结构是一个庞大、复杂的系统工程,管理绝对不能掉以轻心,没有好的管理就不可能取得创业成功。企业管理的最终目标是实现组织机构的科学化,以整体提高企业效益,取得利润的最大化。创业管理主要包括人力资源管理和财务管理。

5. 法律、政策知识

市场经济的基础是契约和信用,任何投资行为和活动都是建立在投资各方的契约妥协基础上的。要进行创业活动,法律知识是必不可少的。创业过程中难免会遇到一些法律问题,需要创业者运用法律知识予以解决。在现实生活里,由于缺乏相关的法律知识而导致创业失败的例子有很多,因此,创业者必须了解一些基本的法律知识,尤其是与创业密切相关的基本法律常识。

创业者在了解相关政策知识时应注意以下几点:

首先,理性地看待创业政策。创业政策是个人创业的助推剂,但不是个人创业的"万能药",任何人都不能仅仅依靠政策来创业,任何人也不是为了享受政策而创业,这是执行创业政策必须树立的理念。

其次,对症下药,选择合适的政策。每个人的创业方向、创业特点各不相同,每项创业政策的适用范围和对象也不同,个人在享用创业政策时,选择适合自己的政策,即要适合自身的创业条件、适合自身的创业行业、适合自身的创业类型、适合自身的创业过程。

最后,发挥政策实际效用。在选择了适合自身的创业政策后,要切实发挥好政策的实际效应,使政策的运用能真正降低经营成本,改善经营状况,提升经营能力,对实现企业的发展壮大有实际作用,使企业走上长期发展的道路。

3.2.2 大学生学习创业知识的途径

大学生不能盲目创业,要进行充分准备,才能提高创业的成功率。对于打算创业的大学生来说,学习相关的创业知识是非常必要的。获得创业知识有以下几种途径:

1. 大学社团活动

大学社团活动能锻炼各种综合能力,这是创业者积累经验必不可少的实践过程。

2. 媒体资讯

媒体资讯主要包括两大类:一是纸质媒体,人才类、经济类媒体是首要选择。例如《21 世纪人才报》《21 世纪经济报道》《IT 经理人世界》等;二是网络媒体,管理类、人才类、专业创业类网站是必要选择,例如中国营销传播网、中华英才网、中华创业网等。此外,各地创业中心、创新服务中心、大学生科技园、科技信息中心、先导民营企业的网站等都可以学到创业知识。

3. 与商界人士广泛交流

大学生可以与有创业经验的亲戚、朋友、同学、老师交流,获取最直接的创业技巧与经验。大学生甚至可以通过 E-mail 和电话拜访你崇拜的商界人士,或咨询与你的创业项目有密切联系的商业团体,争取得到他们的支持。

4. 曲线创业

曲线创业即先就业、再创业。由于大学生刚毕业,各方面阅历和经验都不够,到实体单位锻炼几年,积累一定的知识和经验后再创业更有助于创业成功。先就业再创业的学生的创业项目通常与过去的工作密切相关。在准备创业的过程中,大学生可以利用与老板交流的机会获得更多的来自市场的创业知识。

5. 创业实践

大学生的创业实践是学习创业知识的最好途径。间接的创业实践学习主要可以借助学校举办的某些课程的角色性、情景性模拟参与来完成。例如,积极参加校内外举办的各类大学生创业大赛、创业计划书大赛、发明专利展赛等,对先导企业家成长经历、对先导企业经营案例开展系统研究等也属间接学习范畴。直接的创业实践学习主要可以通过课余或假期的兼职打工、求职、参与策划、参与市调、试办公司、试申请专利(知识产权局)、试办著作权登记(版权局)、试办商标申请(工商局)、参加某些职业知识与证书班培训等事项来完成;也可以通过举办创意项目活动、参加或参观展览会、创建电子商务网站、计划书刊出版事宜、尝试做自由撰稿人等多种方式来完成。

总之,创业知识广泛存在于大学生的学习、生活的视野之中,只要善于学习,总能找到施展才华的途径。但在信息泛滥的社会里,"去粗取精,去伪存真"也是很重要的。善于学习和总结永远是赢者的座右铭。

案例阅读　　出师未捷债务缠身,大学生创业路怎么走?

还没有毕业就负债近百万?日前,上海市第二中级人民法院对上海某高校学生秦坚民(化名)下达了一纸判决书,秦坚民将赔偿95万元。近百万的债务就这样铁板钉钉地摆在他的面前。据悉,这是近年来学生创业遭遇的最严重的挫折之一。学生创业,居然"创"下近百万的负债。高校学生创业原本就很难,而秦同学百万债务的遭遇,无疑给上海高校学生的创业热泼了一大盆冷水。学生创业之路该怎么走?

两年多前,秦坚民还是一名大四的学生。他想为就业积累经验,便四处寻找实践机会。当时恰逢联通公司的CDMA处于扩张时期,联通公司与上海美天通信工程设备公司签订了销售代理协议,以直销方式在校园发展用户。每台手机700元的补贴款和不菲的酬金让秦坚民动心了。获取这一信息的秦坚民,决定要尝试一下。根据要求,他找到了上海想云科技咨询有限公司与美天公司签协议,在高校师生中发展CDMA客户。

高校的就业指导中心虽然力图为学生创业搭建起良好的平台,但目前学生仍将其视作为就业介绍所。为尽快拓展校园市场,秦坚民还邀请了同学做他的助手,开始了他第一次的创业经历。吸引他成为校园代理的重要原因,就是联通公司提供的优厚条件。根据双方签订的《CDMA校园卡集团用户销售协议书》,秦坚民可以以优惠的价格向大学校园内的客户销售CDMA手机,要求客户购买联通公司UIM卡入CDMA网,并至少使用两年。而作为报酬,秦坚民每发展一个客户,根据不同的业务种类,可以获得手机补贴费、业务酬金等,收入不菲。

被高回报吸引,也急于求成,他忽略了合同中一个细节的重要性。合同规定,所发展的用户必须凭学生证、教师证原件和复印件才能购买CDMA的手机套餐业务,而外地生源的学生必须有学校的担保。也就是说,严格的身份认证是联通公司这笔业务成功的关键,一旦发现有恶意登记的"黑户"存在,秦坚民就需要负责任。

学生们似乎对这个问题并不在意。秦坚民和他的助手们在自己的学校里以直销形式发展客户,生意出奇的好。一开始,他们还像模像样地查看、登记学生证和教师证,但是后来这道程序就成了摆设。很多校外人员得知校园里卖便宜手机,便都来购买。他们中的一部分人别有用心地带来各种假的身份证件,秦坚民和助手们无暇审查身份证件,于是就埋下了祸根。

仅仅两个月的时间里,秦坚民就发展了4196个客户,而其中有1000多户是冒牌"校园客户",他们中有无主户、不良用户和虚假用户440多户,他们大肆恶意拖欠话费。上海联通公司无法通过身份登记寻找到这些客户,损失百万余元,最后联通公司将秦坚民告上了法庭。

秦坚民的委托律师张伟民表示,一方面秦坚民赚钱心切,一方面没有自我保护意识,才导致了事情的发生。"从他的经济状况来看,法院的判决几乎无法执行。不过,大学毕业前夕发生这样的事情,对他未来的成长影响很大。"

(资料来源:出师未捷欠债百万　大学生创业路怎么走?新华网上海频道)

任务 3　创业者心理素质

对于大学生来说,虽然创业不是唯一的选择,然而创业却可能是一次化平凡为神奇的机会。以创业来替代择业的大学生,在创业之门面前,是否已经准备好了呢? 也许此时的你可以十分确定地给予这个问题一个肯定的答案:我已经具备了扎实的基础知识,并且拥有公认的能力,带着一份经过充分论证的企划书,与创业团体一起准备将伟大的梦想化作自己愿意为之奋斗一生的事业。但是,这些并不是能够奔向成功的充分条件。在这里,我们还要讨论在整个创业过程中起着基础作用的创业者必备心理素质。

3.3.1　创业者必备的心理素质

从成就动机理论出发,对成功创业者特征进行分析可以发现,那些拥有创业者心理特征的人员比不具备创业心理特征的人员具有更高的实施创业行为的倾向。具体而言,一个成功的创业者必备的心理素质包括:独立思考、判断、选择、行动;善于交流、合作;敢于行动、敢冒风险、敢于拼搏、勇于承担行为后果;克服盲目冲动和私利欲望;坚持不懈、不屈不挠、顽强努力;善于进行自我调节、适应性强。而成功地面对持续的压力,成功地克服必定出现的挫折,成功地把握住忽然出现的机遇才是成就一个成功创业人士的"必备"。创业者的心理素质主要有以下几方面:

1. 热爱所从事的行业

自主创业者只有对自己的事业具有浓厚的兴趣,才会在创业的过程中保持长久的工作热情和创业激情,才会树立不达到目标永不放弃的决心和克服困难一往无前的勇气,这些往往是创业成功的先决条件。

美国苹果电脑公司创始人之一史蒂夫·贾伯在回忆自己的成功之路时有过这样一段阐述——很多人这样问:"我想开一家公司,我该做什么?"而我提出的第一个问题是:"你所热爱的是什么? 你开的公司想要做什么?"他们大都笑道:"不知道"。我给他们的建议是:"去找份工作让自己忙碌起来,直到你找到答案为止。你必须对你自己的想法充满热情,强烈感到愿意为它冒险的心情,如果你只想拥有一家小公司的话,那就算了吧。"

比尔·盖茨说过:"每天早晨醒来,一想到所从事的工作和所开发的技术将会给人类生活带来巨大的影响和变化,我就会无比兴奋和激动。"正是这种激情和热爱激励他创立了世界上最著名的公司之一,使个人电脑在世界上得以普及。

2. 与众不同的创新精神

创新是创业的灵魂,是公司兴旺发达的不竭动力。

创业是一项创新活动,很多未知的或不可预料的不确定性因素掺杂其间,没有创新能力的自主创业者要想取得创业的成功,是一件很困难的事情。迈克·戴尔曾说过"创业没有准则";欧·肯迪曾说:"一般的通论都是不对的,所以创业就是要开创一项事业,没有一种可以复制的模式让我们一劳永逸"。

3. 敢于冒险的精神与搏击风浪的勇气

大部分学生认为自主创业压力大，创业的信心明显不足，但是创业实践中如果具备敢于冒险的精神与搏击风浪的勇气就可能把握机会，付诸行动才能取得成功。爱略特曾说："世上没有一个伟大的业绩是由事事都求稳操胜券的犹豫不决者创造的。"

4. 切合实际的理性精神

大学生创业充满着未知和变数，需要对市场冷静的观察和分析以及对形势清醒全面的认识，得出一个清晰的创业思路，选择一种可行的创业模式和一个合适的创业项目，踏踏实实做事、认认真真工作才有可能取得成功。

有一个故事是这样的：一个人问一个哲学家，什么叫冒险，什么叫冒进？哲学家说：比如有一个山洞，山洞里有一桶金子，你要进去把金子拿出来。假如那山洞是一个狼洞，你这是冒险；假如那山洞是一个老虎洞，你这就是冒进。这个人表示懂了。哲学家又说：假如在那山洞里的只是一捆柴火，那么，即使那是一个狗洞，你也是冒进。

不少大学生具有创业的激情，但仅有激情是远远不够的，创业是一项复杂艰苦的工程。在这个过程中，创业者事先要有充分的准备，在观察分析的基础上得出一个清晰的创业思路，选择一种可行的创业模式和一个合适的创业项目，踏踏实实做事、认认真真工作才更有可能取得成功，如果仅凭一时激情，好高骛远，不切实际，那么最终的结果往往只能是败走麦城。

5. 坚定的毅力和百折不挠的执著信念

大学生自主创业的风险较大，由于缺少资金和经验，往往在初次创业过程中，会遇到很多挫折和坎坷，只有具备坚强意志品质的学生才能最后获得成功。

据说珍珠的形成过程是这样的：湖海里的珠蚌，当它开启蚌壳，砂石等异物会侵入，这个过程使它感到非常痛苦，为减轻痛苦，它的腺液必须分泌出一种碳酸钙化合物，将砂石等异物层层包裹，全身机能调动起来对付给它带来极大痛苦的侵入者，这样经过3年、5年或更长的时间，这层胶汁层越积越厚，长期的极度痛苦之后，一颗晶莹剔透的珍珠就呼之欲出。痛苦的时间越长，珍珠的价值越大。

珍珠的形成过程告诉我们，走向成功的过程代表成功前夜必不可少的痛苦涅槃，璀璨的珍珠就是成功之后一枚甜蜜的果子。

6. 善于分享的性格特质

优秀的领导者，只要懂得信任、懂得放权、懂得珍惜，就能团结比自己更强的力量，从而提升自己的身价。创业活动往往不是个人的英雄行为，而是核心创业人带领团队共同努力的一个过程。自主创业者需要和团队其他成员分享目标、愿望、理念以及利益，只有这样，才能在团队中建立一种支持性的机制，有利于困难的克服和目标的达成。

7. 良好的商业道德

诚信、诚实、诚恳是一个企业生存和发展的根基。没有良好的品德，时刻只为自己的个人利益，肯定不会创立起企业；即使能够建起企业，最终也难免昙花一现，生命力不会长久。只有企业对顾客、对社会、对员工诚信，顾客、社会和员工才会为企业的发展锦上添花，企业的发展才有土壤。诚信、诚实、诚恳是创业团队的道德要求。

3.3.2 大学生创业心理素质的培养

当今社会为大学生自主创业提供了有利的条件和大好机遇,在此基础上,大学生创业还要进行大胆艰苦的尝试,勇于在实践中磨炼自己,提高竞争力。

1. 有意识地培养创业的意志品质

大学生创业必须具备投身创业的理想和志向,否则,就会被创业中的困难、挫折吓倒。有创业志向的大学生在校期间应树立崇高的理想和志向,有意识地培养创业的意志品质。大学生在树立崇高理想的基础上,应结合实际的学习目标,在学习过程中不怕困难和挫折,严于律己,出色地完成学业。同时,大学生应积极参加各种实践活动,在确立目的、制订计划、选择方法、执行决定和开始行动的整个实践活动中,加强意志的自我锻炼,注意培养提高自我认识、自我检查、自我监督、自我评价、自我命令、自我鼓励的能力,能力的提高会使自己有信心,有了信心就能够较好地适应社会的需要,实现意志目的,并锻炼意志品质。

2. 掌握创业过程中创业者心理的变化

一个人抵抗挫折的能力越高,成功的机会才会越大,只有坚持,才能够等到最后的阳光。在整个创业过程中大学生创业者一般会经历如下历程:首先,不甘学习、生活和发展现状——建立创业发展规划目标——组织创业团队——为目标实现奋斗;接下来,不考虑任何物质利益的尝试——挫败——失败——再尝试——挫折——局部成功;最后,成功点逐步增多——成功量累积到阶段性的飞跃——走向成功。伴随这样的进展过程,大学生创业者心态也会发生变化:由起初的兴趣、特长和爱好——目标和热情——团队工作的乐趣——梦想和理想化的前景;接下来是挫折、怀疑和信心的反复摧残和重建;最后是重新评估和对目标和自身的再认识——责任——新的乐趣和兴奋点。

案例阅读

调查显示:大学生恐惧创业源于创业心理素质缺失

上海中医药大学团委书记陶思亮和他的同事林磊、习静正在做一项题为《大学生创业心理素质培养模式研究》的课题,其中一部分研究内容就是关于大学生创业心理素质及教育的研究。日前,中国青年报记者拿到了这份阶段性研究成果。调查显示,多数大学生对创业有过打算,但心存疑虑,而且很大一部分学生缺乏对创业学习的自主性行为,如参加学校开设的创业课程、参加创业实践、关注身边的创业案例,以及对国家在大学生创业支持政策方面的自觉关注。陶思亮认为,大学生对创业的恐惧心理,最直接的原因源于创业心理素质的缺失。

据了解,这项研究包括了对高校大学生创业管理人员、讲授创业学课程的教师、成功创业者的深度访谈,以及向大学生随机发放有关创业心理素质的开放式调查问卷,课题组在全国50所高校发放了700份问卷,回收有效问卷692份,涵盖创业教育试点高校和非试点高校,包括专科生、本科生和研究生,其中以本科生居多,占样本量的92.6%。

调查结果显示,对于大学生是否应该创业这一议题,大部分学生持认同和积极支持的态度,数量占据样本的 93.78%,其中有 38.87% 的学生表示积极支持。对于自己是否考虑过创业,73.27% 的学生考虑过,10.11% 的学生正在创业或者已经成功创业。对于大学生创业前景的预测,过半数的学生表示还不错,但存在一定难度,而 20.38% 的学生认为难度很大,只有 12.43% 的学生对大学生创业充满信心。

陶思亮表示,从大学生对于创业的基本态度来看,大学生对于创业的难度有较为客观的认知,对于创业过程中的困难具有较为理性的认识。但创业的困难和创业前景的不确定性并没有影响大学生对于创业的认同和支持,甚至选择进行创业的实践。

陶思亮认为,大学生是否会进行创业实践,同在大学期间是否自觉地关注创业,并进行相关知识的学习有着紧密的联系。而大学生是否自觉地关注并参与到学校所提供的创业教育和实践中去,也是衡量当前高校创业教育普及与否、成功与否的重要因素。

调查显示,对大学生创业相关课程的选修情况,近半数的学生表示曾参加过,其他的则表示兴趣一般或不太喜欢参加。对大学生创业实践活动(创业计划大赛、创业比拼赛等)的参与情况,少数学生(6.36%)积极参加,另有 29.05% 的学生表示偶尔参加。除了创业课程外,对于通过其他途径来学习创业知识,近三成的学生表示非常主动或比较主动,其余七成持被动态度。陶思亮表示,从大学生参与创业学习的行为取向来看,大学生对于自身参与创业方面的学习缺乏自主性和自觉性。

对于大学生创业心理能力的调查,主要涵盖了抗挫能力、合作能力、沟通能力、应变能力和学习能力。通过对调查结果进行分析,结果显示,不同创业倾向的学生的创业心理能力存在显著性差异,创业倾向性越强者,其创业心理能力越高。而参加创业课程的学生的创业心理意识(自主性、冒险性、创新性、自我效能感和成就动机等)、创业心理能力(抗挫能力、合作能力、沟通能力、应变能力和学习能力)均明显高于未参加过创业课程的学生。

陶思亮表示,从调查的结果来看,一方面,大多数学生对大学生创业持支持态度,这充分表明了大学生对于通过创业实现自身价值的认同。另一方面,大多数大学生对创业所面临的困难有较为客观的认识,对自己毕业后是否进行创业持保留态度。

(资料来源:调查显示:大学生恐惧创业源于创业心理素质缺失. 中国青年报. 2011 年 11 月 07 日)

任务 4　创业者能力培养

创业就像学游泳,需要专业的训练,从不会到会需要具备一些素质和能力。否则,即使我们暂时会了,如果技术不过硬,浪头来了,一样会使我们陷入生死危机。知识需要积累,能力需要锤炼,所谓冰冻三尺非一日之寒。创业往往需要通过长期艰苦的探索和磨炼,而非一朝一夕之功。亨利·福特曾说:"任何人只要做一点有用的事,总会有一点报酬,这种报酬是经验,是世界上最有价值的东西,也是他人抢不去的东西。"创业者想要获得理想的回报,就必须培养自身的能力水平。当今社会为大学生自主创业提供了有利条件和大好机遇,大学生应在此基础上大胆艰苦地尝试,勇于在实践中磨炼,努力成为新的创业者。

3.4.1 创业者必备的综合能力

1.学习能力

创业者具备的学习能力,即获取知识的能力,包括对知识的接受、转化与应用。与创业进程心态变化相对应的学习过程:起初,被动盲目学习和积累——专注目标直接相关的内容——扩大目标外延——理解目标的社会背景和真实必要条件;接下来在尝试、失败、总结、调整的循环中发现缺陷(包括知识、能力甚至目标本身)并改进——领悟隐藏在市场、技术、商业背后的秘密即规律性——有的放矢地学习;最后,形成自己的观点和思维体系——有选择地补充和提升知识水平。因此,创业者应做到:一是能以最快的速度、利用最短时间从内外资源中学到新知识,获得新信息;二是企业员工尤其是领导层不断提高学习能力;三是加强"组织整体学习",集思广益,取得最大成效;四是以最快的速度、在最短时间内把学习到的新知识、新信息应用于企业变革与创新,以适应市场和客户的需要,能够把在创业过程中遇到的实际问题转化成为自身的工作经验。

2.领导能力

创业者具备的组织领导能力,即要有出色的领导水平,具备统帅和用人的能力。作为企业的领导者,创业者最重要的一项行动就是树立榜样,即以自己的言行树立一个期望其他人学习的榜样,对自己员工的指挥、调动、协调以及对非人力资源的集中分配、调度、使用能力。一位好的领导会运用其创造力的魅力,特别是在需要自我牺牲时。领导的魅力包括自信、远见、清楚表述目标的能力、对目标的坚定信念、作为变革的代言人、环境敏感性等。

3.团队协作能力

创业者应具备协作能力,协作是创业者事业成功的重要支持力量。协作性是一种能设身处地为他人着想,善于理解对方、体谅对方,善于合作共事的心理品质,它与创业者独立思考、自主行动并不矛盾。培养协作能力是创业者获得他人支持的重要前提条件。

创业如同拔河比赛,人心齐,泰山移;创业如同赛龙舟,步调一致,不偏不倚,才能独占鳌头。创业浪潮中"项目秀""个人秀"的时代已结束,团队的力量正被越来越多的人所看好。尤其在创业起步阶段,如果没有一个成功的团队,再完美的创业计划也会"胎死腹中"。一个优势互补的创业团队对于高科技企业来说举足轻重,研发、技术、市场、融资等各方面一流人才组成的合作伙伴是创业成功的法宝。

一些成功创业者总结了提高团队效率的五个关键:

(1)团队要有碰撞后形成一致的创业思路;

(2)团队要有自己的行动纲领和行为准则;

(3)加强工作绩效评估;

(4)及时调整团队组成;

(5)提供持续的奖励,使团队成员看到未来的前景与利益。

4.创新能力

创新是创业的关键,是企业的生命之源,是企业兴旺发达的必由之路。创新深刻地影响着企业的发展,一个企业唯有不断地创新变革,才能获得更大的发展,才能增强企业的核心竞争力。创业者本身也必须具备创新能力,不为陈规旧见所约束,不故步自封,做到与时俱进,根据具体情况随时灵活变通。

5. 社会能力

社会能力是指创业过程中所需要的行为能力,与情商的内涵有许多共同之处,是创业成功的主要保证,是创业的核心能力。创业者具备的社会能力主要体现在人际交往能力、谈判能力、企业形象策划能力、合作协调能力、自我约束能力以及适应变化和承受挫折能力等方面。

3.4.2 创业者必备的经营管理能力

经营管理能力是指对人员、资金的管理能力,它涉及人员的选择、利用、组合和优化,也涉及资金的聚集、核算、分配、使用、流动。经营管理能力是一种较高层次的综合能力,是运筹性能力。经营管理能力的形成要从学会经营、学会管理、学会用人、学会理财、讲诚信等五个方面去努力。

1. 学会经营

创业者一旦确定了创业目标,就要组织实施。为了在激烈的市场竞争中取得优势,必须学会经营。

2. 学会管理

创业者要学会质量管理,要始终坚持质量第一的原则。质量不仅是生产物质产品的生命,也是从事服务业和其他工作的生命,创业者必须严格树立牢固的质量观。创业者要学会效益管理,要始终坚持效益最佳原则,因为效益最佳是创业的终极目标。可以说,无效益的管理是失败的管理,无效益的创业是失败的创业。做到效益最佳要求在创业活动中人、物、资金、场地、时间的使用,都要选择最佳方案加以运作。创业者做到不闲置人员和资金、不空设备和场地、不浪费原料和材料,使创业活动有条不紊地运转。学会管理还要敢于负责,创业者要对本企业、员工、消费者、顾客以及整个社会都抱有高度的责任感。

3. 学会用人

市场经济的竞争是人才的竞争,谁拥有人才,谁就拥有市场、拥有顾客、拥有发展。一个学校没有品学兼优的教师,这个学校必然办不好;一个企业没有优秀的管理人才、技术人才,这个企业就不会有好的经济效益和社会效益;一个创业者不吸纳德才兼备、志同道合的人共创事业,创业就难以成功。因此,必须学会用人。创业者要善于吸纳比自己强或有某种专长的人共同创业。

4. 学会理财

学会理财首先要学会开源节流。开源就是培植财源,在创业过程中除了抓好主要项目创收外,还要注意广辟资金来源。节流就是节省不必要的开支,树立节约每一滴水、每一度电的思想。大凡百万富翁、亿万富翁都是从几百元、几千元起家的,都经历了聚少成多、勤俭节约的历程。其次,要学会管理资金:一是要把握好资金的预决算,做到心中有数;二是要把握好资金的进出和周转,每笔资金的来源和支出都要记账,做到有账可查;三是把握好资金投入的论证,每投入一笔资金都要进行可行性论证,有利可图才投入,大利大投入,小利小投入,保证利用好每一笔资金。总之,创业者心中要时刻装有一把算盘,每做一件事,每用一笔钱,都要掂量一下是否有利于事业的发展,有没有效益,会不会使资金增值,这样才能理好财。

5.讲诚信

就创业者个人而言,诚信乃立身之本,"言而无信,不知其可也。"创业者在创业过程中,如不讲诚信,就无法开创自己的事业;失去诚信,就会寸步难行。诚信,一是要言出即从;二是要讲质量;三是要以诚信动人。

案例阅读　　**成都"第一研究生面馆"开张**

自古君子远庖厨。遥想那是 2004 年的圣诞节,成都市一所高校食品科学系 6 名研究生声称自筹资金 20 万元,在成都著名景观——"琴台故径"边上开起了"六味面馆"。

就在大才子司马相如和美女实业家卓文君当垆沽酒的琴台故径旁,6 名研究生的面馆横空出世,这个开头,石破天惊。放眼成都,一时之间恐怕找不出第二家比这更牛的面馆了,人家连跑腿的小二哥都是清一色硕士呢。

自称秘诀:南北结合天下无敌。店长讲"北方的面讲究筋口好,有嚼头;南方的面在汤底上追求独特口味。我们要是把这些特点结合起来,就是天下无敌了。"看来,这"六味面馆"的秘诀就是"南北结合"!

壮志雄心:5 年后开 20 家连锁店。第一家店还未开张,6 位股东已经把目光放到了 5 年之后,一说到今后的打算,他们 6 位异口同声地说:当然是开分店啦! 今年先把第一家店搞好,积累经验,再谈发展。我们准备 5 年内在成都开 20 家连锁店,到时候跟肯德基、麦当劳较量较量。

情伤钱损:无人管理,草草收场。不久后,由于面馆长时间处于无人管理和经营欠佳的状况,投资人已准备公开转让。这家当初在成都号称"第一研究生面馆"的餐馆仅仅经营了 4 个多月,就不得不草草收场。内中滋味:研究生面馆关门有内幕?

原本想以"研究生"之名来制造广告轰动效应,但事情的发展却出人预料:"研究生面馆"开业不久,6 名研究生就一个个被学校领导找去谈话,要他们在学业和面馆之间做出选择:要么退出,要么退学。

创业失败——原因分析

其一,生意不红火,管理上也出现混乱,6 名研究生称功课繁忙,店堂内经常无人管理。其二,面馆本身:"味道不好,分量不足,吃不饱。"面馆所在街道非繁华商业市区。其三,每月支出庞大,入不敷出。当时就有人评论道:6 名硕士准股东已经在考虑 5 年后的宏图伟业了,老实说,让人有点担忧。我们都是饮食男女,用最直白的话讲,我们不看你的文凭,只看你的口味。所以,别拿 5 年后的美景来说事。罗马不是一天就建成的。在这个凡事讲求实用的年代,一个九眼桥请来的师傅都可以做出一碗香气腾腾的臊子面来,请给我一个心无旁骛直奔你们面馆的理由! 如果非得要为这个前途未卜的面馆占一卦的话,我只能虚头巴脑地套用一句王家卫式的台词:一个传奇,我看到了开头,我猜不到的,是它的结尾。

(资料来源:杨锐. 大学生创业指南)

从大学时代的创新思维到世界500强——联邦快递创业之路

联邦快递(Federal Express)公司成立于1973年,全球总部设在美国的田纳西州孟菲斯,另在中国香港、加拿大安大略、多伦多和比利时布鲁塞尔设有区域总部。

目前,联邦快递公司在全球拥有148 000名员工,拥有大约1 200个服务中心,超过7 800个授权寄件中心,435 000个投递地点,45 000辆货车,662架货机,服务覆盖全球365座大小机场,服务范围遍及全世界210多个国家,日平均处理的货件量多达330万件。

联邦快递公司以其无可比拟的航空路线权以及强固的信息技术基础设施,在小件包裹速递、普通递送、非整车运输、集成化调运系统等领域占据了大量的市场份额,成为全球快递运输业泰斗,并跃入世界500强企业。

联邦快递公司的创立者兼总裁弗雷德·史密斯的父亲是位企业家,创立了一家经营得很好的巴士公司。20世纪60年代,弗雷德在耶鲁大学读书,他撰写过一篇论文,提出一个超越传统的通过轮船和定期的客运航班运送包裹,建立一个纯粹的货运航班,用以从事全国范围内的包裹邮递的设想。这是一个开创性的创业设想。

弗雷德在论文中提出,在小件包裹运输上采纳"轴心概念"理念,并利用寂静的夜晚通过飞机运送包裹和邮件。

可是老师并未认可这个创新理念,这篇论文只得了个C。

毕业后弗雷德曾在越战中当过飞行员。回国后他在可行性研究的基础上,把从父亲那里继承的1 000万美元和自己筹措的7 200万美元作为资本金,建立了联邦快递公司。

实践证明:弗雷德的"轴心概念"的确能为小件包裹运输提供独一无二的、有效的、辐射状配送系统。

弗雷德的出奇之处不仅在于小件包裹运输采纳"轴心概念"的营销模式创新,更在于他能够把人们忽略的时间运用起来,把本来是低谷的时段变成一种生意的高峰期。

田纳西州的孟菲斯之所以被选择作为公司的运输中央轴心所在地,首先,孟菲斯为联邦快递公司提供了一个不拥挤、快速畅通的机场,它坐落在美国中部地区;其次,孟菲斯气候条件优越,机场很少关闭。正是由于摆脱了气候对于飞行的限制,联邦快递的竞争潜力才得以充分发挥。

每到夜晚,就有330万件包裹从世界各地的210多个国家和地区起运,飞往田纳西州的孟菲斯。

成功的选址也许对其安全记录有着重大贡献。在过去的30多年里,联邦快递公司从来没有发生过空中事故。联邦快递公司的飞机每天晚上将世界各地的包裹运往孟菲斯,然后再运往联邦快递公司没有直接国际航班的各大城市。虽然这个"中央轴心"的位置只能容纳少量飞机,但它能够为之服务的航空网点要比传统的A城到B城的航空系统多得多。另外,这种轴心安排使得联邦快递公司每天晚上飞机航次与包裹一致,并且可以应航线容量的要求而随时改道飞行,这就节省了一笔巨大的费用。此外,联邦快递公司相信："中央轴心"系统也有助于减少运输上的误导或延误,因为从起点开始,包裹在整个运输过程中都有一个总体控制的配送系统。

弗雷德专门用于包裹邮递的货运航班,为全国以及后来为全世界客户提供了方便、快捷、准时、可靠的服务;创新的营销模式为其提供了低成本、高效、安全和全天候的物流系统,因而联邦快递公司迅速发展,从创业到成长为世界 500 强企业只用了短短 20 多年时间。

❖ 项目小结 ❖

在现代社会,一个人只有尽早做好职业生涯规划,认清自我,不断探索开发自身潜能的有效途径和方式,才能准确地把握人生方向,塑造成功的人生。实践证明,在职业生涯中能够取得成功的人,往往是那些有着清晰的职业生涯规划的人。在制定职业生涯规划时,通常采用五个"What"的思考模式,它构成了制订职业生涯规划的前提性步骤。要制订一份好的规划,从原则上说,应该把握三个主要内容:自己能够做什么,社会需要什么,自己拥有什么资源。在竞争日益激烈的今天,单凭热情、勇气、经验或只有单一的专业知识,要想成功创业是很困难的。创业者需要有创造性思维,要做出正确决策,还必须掌握广博的知识,具有一专多能的复合型知识结构。但是,这些并不是能够奔向成功的充分条件。创业者的心理素质在整个创业过程中起着基础作用。知识需要积累,能力需要锤炼,所谓冰冻三尺非一日之寒。创业往往需要通过长期艰苦的探索和磨炼,非一朝一夕之功能所成。

✦ 技能实训

1. 去年初,眼看着大学生活即将结束,而工作仍无着落,小于和同寝室的两个朋友一合计,决定携手创业开酒店。三人盘下学校附近的一家酒店,转让费和一年的房租近 4 万元,装修近 3 万元,添置冰箱、锅碗瓢盆等基础设施 2 万元,两名厨师和 7 名杂工、服务员的工资每月就达到 1 万多元,加上万余元的流动资金,三人前后共投入 11 万元。

开业之初,店里就推出了全场八折的优惠活动,男士就餐送一瓶啤酒,再加上"干锅手撕鸡""火焰排骨"等特色可口菜,酒店经营迅速走上正轨。连续两个多月,小店每天的毛利近 3 000 元。看着酒店生意日渐红火,朋友们纷纷前来祝贺,免费招待的客餐几乎天天都有。虽然大家都知道此举会增加成本,但依然碍于面子硬撑。此外,酒店每天的原料都由大厨按实际需求,就近到酒店旁的菜场购买。这样做的缺陷是,菜市场的价格比大市场的批发价高很多,加上厨房的配菜工是新手,配菜、洗菜时"丢头"也很大。这样一来,成本很难降下来。

随着客流量的加大,两个炉灶明显不够用,但厨房空间有限,要增加炉灶就必须对厨房进行较大改造。对此,三个合伙人意见不同,有人认为不加炉灶会影响服务质量,等待的客人会因此而流失;有人认为上菜稍慢没关系,来客爆满排队反而更能吸引客人。最后,考虑到工程较大,没有增加炉灶。渐渐地,由于不满上菜速度,就餐客人越来越少。

眼看生意渐差，三人开始相互抱怨，争吵日渐频繁。员工们见此，工作也日渐涣散，服务态度变差。酒店勉强维持到7月份学校开始放暑假时，已没多少生意。无奈之下，三人决定将门面转让。

原先在门面上的投资近9万元，经过几个月与下家的交涉，最终仅以5万元低价转让出去，光这一笔就损失惨重。

试分析：小于及朋友创业失败的原因是什么？在处理创业风险时当事人有哪些失误？

2.刚毕业于温州大学的小捷（化名）郁闷至极。其在校期间创办的一家免费电影网站被杭州某影视公司以"版权侵权"起诉，对方索赔60万元。

今年5月，临近毕业的小捷和几名低年级同学共同投资2万元创办了一家免费电影网站。然而，他怎么也没想到等待他的竟是一场官司。"我们网站上的电影都是通过迅雷下载下来的，但并不知道其中几部电影是杭州那家公司代理的，60万的赔偿对我们刚创业的大学生来说是一个沉重的打击。"小捷说，目前他们已收到温州市中级人民法院的传票，下月初开庭。小捷说，大学生创业既缺乏经验又缺少创业资本，无意中触碰到法律高压线往往也难以避免，但这样的索赔数额对于他们来说无疑是个天价。

试分析：小捷办电影网站为什么遭60万索赔？大学生在创业过程中遭遇法律风险的事例时有发生，大学生创业过程中应该如何规避法律风险？

3.在没有任何背景的情况下，梁亮胜只用了短短12年时间，把一个名不见经传的小企业发展成为拥有十几家分公司、上万职工、年产值22个亿、纳税1.9个亿的丝宝大集团公司。2008年，他荣登2008年福布斯中国富豪榜前100名，梁亮胜经常说起对自己有重要影响的三个方面：吃苦、学习和沟通、永不满足现状的天性。

1951年，梁亮胜出生于广东省。梁亮胜的祖父母都是印尼华侨，但父母一直是国内国有企业的基层干部。从梁亮胜上学时起，母亲就叮嘱他：一定要好好学习，要争气。梁亮胜在学校好学上进，没有辜负母亲的期望，并成为优秀的学生干部。

作为老三届学生，1968年梁亮胜被下放到广东省梅县山区。在两年的时间里，梁亮胜靠着一盏煤油灯自学了一些大学课程。1970年，梁亮胜被招工到广东省的一个国营矿山采矿，19岁的梁亮胜成为矿山的一名小矿工，每天下井采矿。采矿是很辛苦的活儿，没有人照顾他，梁亮胜的身体也不如别人强壮，一天到晚累得直不起腰来。梁亮胜供职的是一个用来提炼硫黄的硫铁矿，硫性热，采矿工人一进到矿井就必须把衣服脱光，只能穿着短裤和水鞋工作。一个班做下来，梁亮胜差不多要流半鞋汗水，走路时整个水鞋直响。梁亮胜毅力惊人，从不叫苦，而且天天抢着干重活。由于表现出色，1年以后，梁亮胜当上了矿团委副书记，又成为文化局的摄影师。梁亮胜一直认为，早期生活在精神上对自己后来的成功起了巨大的激励作用。

1982年，梁亮胜带着太太来到香港，一家人住在一处小得难以想象的房子里。即使这样艰苦，梁亮胜还是每天晚上坚持去上学，因为自己到香港的目的是为了寻求更大的发展。3年时间，梁亮胜在香港系统学习了航运、英语、国际贸易和经济管理等课程。梁亮胜开始思考个人创业。

　　1985年,梁亮胜从广交会上得知国内急需檀香木材,通过木材的进出口贸易,梁亮胜一下子赚了大约200万美元。这是梁亮胜淘到的第一桶金。有了这200万美元做本钱后,梁亮胜决定大展拳脚。他瞄上了化妆品。这显示了他作为一个优秀企业家对市场特有的敏感性。从那时开始到现在的近20年间,是中国由温饱型生活转向精致生活的时期,高品质洗涤用品和卫生用品市场迅猛扩张。1989年3月,丝宝公司在香港注册成立。但是,丝宝公司发展的主体却是在武汉市。

　　很多朋友劝梁亮胜把基地选在广东省,但他认为,丝宝要做成一个全国性的品牌,要选就应该选辐射力强的地方。武汉市是一个很好的集散地,周围几个省都从此地批发商品。他后来说:"我学过的经济学,使我很看重地理环境和商业辐射环境,我觉得这是一个创业者必须慎重考虑的。"

　　梁亮胜的公司发展顺利,如今已在全国投资兴办13家合资、独资企业,在广东、湖北等地建立了3个现代化生产基地,并拥有覆盖全国的营销网络。丝宝公司向市场推出的第一批化妆品产品是丽花丝宝,却不幸巧遇行业巨无霸美国宝洁公司进入中国。于是梁亮胜试图在洗发水市场寻求新的突破点,"焗油护发"的舒蕾就这样横空出世了。

　　梁亮胜后来回忆说:"外国大企业有它的资金,我觉得眼光比资金更重要。"他的眼光就是从细分洗发水市场寻求空白点,集中有限资源打开突破口。这条特殊的路,就是被丝宝人运用娴熟的终端营销策略。因为洗发水的主要消费群体在城市,而这一领域正是宝洁的重兵所陈。丝宝没有像一般的品牌推广那样从高端广告做起,他们选择了地面战,从卖场做起。这就绕开了当时宝洁重兵把守的"关口"。

　　在终端促销上,舒蕾的策略第一点是确定最佳卖场——流量大、气势大。同时,丝宝在卖场上的工夫也下得可谓到了家。在很多商场里,如果你注意一下就会发现,舒蕾洗发水总是占据着最好的位置:与顾客身高差不多的那一层货架,顾客先看到的就是舒蕾。

问题:

　　(1)你认为梁亮胜创业成功的关键因素有哪些?

　　(2)应该如何看待创业过程中的艰辛?

　　4. 孟炎创业7个月

　　孟炎在大学是学习企业管理的,毕业后曾经在一家销售轴承的香港公司工作了一年。因为一直在跑市场,与客户打交道,孟炎很快就认为自己在这方面的知识和技巧已经全部掌握了,他渴望能够自己创业。

　　一个偶然的机会,他得知同学小谢的家人中有人做过机械轴承的销售,而且收入颇丰,并且,小谢也称自己以前曾经有过相关的工作经历,有一些老客户可以联系。孟炎心动了,很快就开始规划起创业的具体细节。

　　孟炎一直认为他们的创业目的很明确:一来给将来打基础,二来多赚点钱。但是,具体如何运作,目前的市场前景如何,这个行业的特点以及具体产品的性能等,两个人没有一个是内行。

　　2002年4月,孟炎在北京城东的一座小写字楼租到一个70平方米左右的办公间,每月租金 5000 多元,加上电费、电话费和日常开支,月支出在 1 万元左右(原来没必要租这么贵的写字间,但两个人都觉得做轴承销售,面积、装修都要体现一定的实力)。因此孟炎拿出了借来的 5 万元钱,小谢也借来了 3 万多元。之后的两个多月时间里,孟炎没有回过家,也没有回过自己的住处,和小谢搬到了公司去住。白天,他们带着请来的两个员工一起打印各种资料、报价单等,晚上将这些资料装入发给各个企业的信封中。上万封信发出去后,如石沉大海,他们没有等来一个业务咨询的电话,却等来了天天从邮局退回的信件。两个人并没有灰心。8 月份,他们开始分头到各个机械设备展览会现场、轴承展览会现场,向往来客商递送资料,与厂商联络,没想到这种方法竟然让他们一下子收集了几百张中间商的名片,有国内的,也有海外的订货商。两个人兴奋到了极点,他们觉得自己的前景越来越光明。

一个月后,他们认为自己慢慢进入了状态。两个人每天忙忙碌碌,把收集到的名片输入电脑,做成数据库。借着展会的后续效应,每天都有十几个客户打电话或上门找他们谈业务。但是,匆匆忙忙地过了一个多月后,孟炎察觉到事情有些不对劲。"每天都有客户来咨询,要求提供样品或报价。但他们拿了我们的资料和报价后就绝少再有回音了。"孟炎着急起来。他们专门找了一些业内的人士请教,业内人士给他们分析了原因:机械轴承这个行业情况很复杂,发展到现在,国内外厂商和供应商之间的关系已相对稳定。因此,产品质量好、价格低未必能争取到客户。

孟炎也想过变被动等人上门为主动上门洽谈,以增加跟客户的直接沟通。他甚至动员了所有的同学、朋友、家人,帮助他寻找相关企业的熟人。然而,隔行如隔山,能够帮上忙的人一个都没有。此时,孟炎决定招几个只拿底薪的业务员,并且草拟了一份销售计划,然而,这就等于每月至少增加 2000～3000 元的支出。孟炎越来越感觉到自己就像陷入了一场赌博中一样,已经根本不可能罢手了。

业务员招来了,每月孟炎给他们开出保底的 500 元工资,然而两个多月一晃就过去了,公司仍然粒"米"未进,孟炎更加心急火燎。"十一"前夕,孟炎总算吃到了创业后的第一只螃蟹,合同金额 7 万多元,孟炎将自己的利润降到了最低点,一单生意下来只赚了4000 元出头。紧接着,又陆续签了几笔业务,都是小单子,赚了不到 1 万元。

随后,业务终于有了起色,几次生意过后,孟炎创下了不错的口碑,上门的客户越来越多,虽然都是很小的订单,但是所赚的利润也勉强够他们每月的开支。孟炎再次看到了希望。

但是,暂时的成功并不能掩盖公司在制度方面,以及孟炎作为一名创业者在素质方面的欠缺。组织不健全、构架不合理的问题原本就非常突出,加上账目混乱,员工工作秩序混乱,很快麻烦就又出来了。业务员为了争一个客户明争暗斗,互相拆台。孟炎起初以为这是业务员竞争过程中的必然现象,并未加以重视,没想到事态逐渐恶化:一个业务员为了抢到订单,竟然与厂家做起了私下交易。然而,当供货出现问题时,厂家却找到孟炎要求赔偿,因为,那个业务员早就走了。为了保证公司的声誉,孟炎做出了一定的赔偿,两个月刚刚赚到的钱就这样再次被断送了。更加可怕的是,对于公司业务员之间的你争我夺,业内很快就尽人皆知,厂家对孟炎的公司产生了疑虑,很快,业务再次陷入僵局。

11 月,小谢终于绝望,提出散伙,不再与孟炎合作,并且带走了仅有的几个客户资料。孟炎的生意彻底陷入绝境。

刚起航的船,没行多久就这样触礁搁浅了。事后,孟炎说,如果能在同类的外贸公司做两三年,积累一定的经验和客户资源,他工作起来绝不至于那么被动。

问题:

(1)你从孟炎的短暂创业中看到了他具有哪些适合创业的优点?

(2)你认为孟炎创业失败的原因有哪些?最主要的原因是什么?

(3)结合案例,谈谈假如你是孟炎,你从这次失败的创业中学到了什么?

项目4
● 谨慎选择创业模式

📎 知识目标

熟悉各种创业模式。

📎 能力目标

能够运用所学知识,选择适合自己的创业模式。

🔘 任务导入　　　　　青岛探索大学生创业孵化模式

青岛市以创业孵化基地建设为重点和突破口,积极探索创业孵化模式,全力实施大学生创业引领工程。2009年以来,全市有6 639名大学生自主创业,带动就业33 205人。2010年高校毕业生就业率达到92.6%。

2010年,青岛市投资1 600万元,采用整体租赁商务写字楼的形式,创建了"青岛市大学生创业孵化中心",提供"场地、资金、商机、培训、导师、人才"等全方位服务。至2011年8月,全市已建立44家大学生创业孵化基地,共入驻企业近2 000家,包含创业业态20多种。

场地优惠。青岛市对于入驻孵化中心的大学生创业企业,实行第一年100%、第二年50%、第三年30%的房租补贴,资金由政府负担。

资金扶持。青岛市财政安排5亿元创业引导基金,设立了大学生创业扶持资金。各区市每年用于扶持创业资金不少于100万元,并从政策层面为大学生创业开辟了融资绿色通道。与社会专业投资公司合作,设立了首期4000万元的"大学生创业投资基金",目前已发放基金1 500万元。

商机对接。在大学生创业孵化中心,采取企业运作的模式建立了商务洽谈区,首创"商机PARTY(对接)"创业服务品牌,定期举办商机对接活动。

免费培训。实行免费创业培训制度,将创业培训补贴范围由失业人员扩大到高校毕业生,补贴标准由每人800元提高到2 000元,建立政府购买创业培训成果机制。

同时,孵化中心还为企业提供人才网络配置、远程视频招聘、见习培训、人事代理、档案管理等一系列免费服务。迄今为止,共为大学生创业企业开办专场视频招聘会50余场次,提供岗位11 770个,成功对接大学生人才3 800人次。

(资料来源:青岛探索大学生创业孵化模式.中国新闻网.2011年09月29日)

任务提示

创业的方式有哪些模式,哪种模式最适合自己,这是我们首要考虑的。根据以往种种创业案例的分析,创业者都是从自身的细节出发,发现自己的优势,从而利用这个优势确定自己创业的发展目标。许多创业者在出发之前,都有点胆怯,资金少、经验少、社会关系匮乏经常困扰着他们,实际上大家都忽略了一个问题:每个创业者都有自己的弱势,但同时也都有自己的优势,没有哪一种创业模式放诸四海皆可行,只要从自己的实际出发,找到适合自己的创业模式,就可以化解自己的不利因素,选择适合自己的创业模式是创业成功的关键。

任务 1　白手起家,从小做起——积累演进模式

4.1.1　积累演进模式

积累演进模式是指大学生为了实现就业的同时积累资金和经验,由个人和团队组成的完全独立的创业,属于典型的个人创业。创业行业主要集中于人们日常生活中所接触的行业,如商业零售、餐饮、化妆品、服装、家具、眼镜、乐器等的经营。

积累演进模式的资金需求量相对而言比较少,创业者可以通过自己的积蓄或者找亲朋好友筹集,又或者在国家扶持中小企业的政策出台后,获得小额贷款或其他优惠贷款来筹集。在管理形式上主要采用自我雇用的业主组织形式,产权关系以个人独资或合伙投资经营为主,在经营取得成功并发展到一定规模的时候,就成立有法人地位的股份制小型公司。这种创业模式投资小,面临的不确定性程度低,稳扎稳打,逐渐累积,成功率比较高。

4.1.2　积累演进模式的创业秘诀

1. 有预见性

对于白手起家的创业者而言,因为资金的问题,所以在选择行业或者项目时,选择面并不是非常大。所以如何选择一个合适的项目就成为重中之重了。良好的预见性可以把握市场的趋势,从而找到一个细分市场。一般来说可以从三个方面加以考虑:一是要顺应市场发展的潮流,二是要与众不同,三是不需要或者只需要很少的市场启动资金。

2. 广泛的社会关系

因为白手起家,所以前期的资金一般以自筹为主,再加上在经营过程当中由于没有预料到而出现的应急资金的需求,所以需要有广泛的社会关系来保障你的个人金融需要。

另一方面,也正是因为资金的不足,在创业前期没有太多的钱用于广告或者市场推广,所以生意绝大部分来自于社会关系,通过社会关系的口碑效益熬过试水期,才能够形

成一定的知名度和美誉度。

3.良好的信誉和人品

这种模式的创业者不可能去靠高薪招募合适的人才,只能通过人格魅力来吸引志同道合的合作伙伴,并同时保障自身的个人资金渠道的顺畅。

4.吃苦耐劳的精神

创业者面对激烈的市场竞争,尤其当存在实力强劲的竞争对手时,只能靠比他人更多的付出来感动客户,赢得市场。

案例阅读　　贫困大学生在校创业开宝马

贴海报发现校园商机

胡启立于1982年出生在红安县华河镇石咀村一个普通农家。胡启立3岁那年,父亲在矿上出事了,腿部严重骨折瘫痪在床,为给父亲看病,家里几乎家徒四壁。

2002年,胡启立读高三,正在读高一的弟弟辍学外出打工,给哥哥赚学费。

2002年9月,胡启立带着对大学生活的憧憬和从姑姑那里借来的4000元学费,到武汉科技学院报到。

2003年春季一开学,胡启立开始给一所中介机构贴招生海报,这是他找到的第一份兼职工作,并且交了10元会费钱。3天后,胡启立按规定将海报贴在了各个校园,结账获得25元报酬。

一次,他在中国地质大学附近贴海报时,看到一家更大的中介公司,在那里遇到了一位姓王的年轻人。王某是附近一所大学的大四学生,在学校网络中心做勤工俭学工作。他还和网络中心商量面向大学生做电脑培训。网络中心同意了,但要求王某自己去招生。

"只要你能招到生,我们就把整个网络中心的招生代理权交给你。"王某给了胡启立1800元活动经费。

尽管只花了600元海报费,但招生效果还不错,一下子就招到了几十个人。然而,这些学生去学电脑时却遇到了麻烦,学校叫停了网络中心的这个电脑培训班。

胡启立随后将这几十名学生转给了另一家电脑培训班,获得的报酬是每个人提成200元。

办培训学校圆老板梦

2005年,"胡启立会招生"的传闻在业内传开。一家大型电脑培训机构的负责人找胡启立商谈后,当即将整个招生权交给他。

随着这家培训机构一步步壮大,胡启立被吸纳成为公司股东。但胡启立并不满足,他注册成立了自己的第一家公司——一家专门做校园商务的公司。

同时,胡启立发现很多大学生通过中介公司找兼职,上当受骗的较多,就成立了一家勤工俭学中心,为大学生会员提供实实在在的岗位。他的勤工俭学中心影响越来越大,后来发展到7家连锁店的规模。"高峰时,每个中心每月能有1万元左右的纯收入。"

2005 年下半年,由于业务越做越大,胡启立花 20 多万元买了一辆丰田轿车,第二年 9 月,他又将丰田车换成 30 多万元的宝马车,"谈生意,好车有时候是一种身份证明吧。"

如今,胡启立已涉足其他类型办学,为自己创业先后投入 200 万元左右。

（资料来源:贫困大学生在校创业开宝马. 重庆晨报. 2007 年 7 月 14 日）

任务 2　借力打力,无限拓展——分化拓展模式

4.2.1　分化拓展模式

分化拓展模式是指大学生首先加入某高新技术或商品流通的企业,成为该企业的骨干员工,然后利用企业内部创业的机会来实现自己创业理想的行为。

例如,一些大学生发挥自己的专业特长,迅速成为公司的骨干,而这时公司恰好准备变更或重塑公司的主要方向,由公司投资委托骨干员工来负责新业务或新项目。作为骨干员工,在资本、经验、人力资源发展到适当的程度时就脱离原有的公司集团,以自己积累的资金为主来创建新的法人企业。创业者在参照原公司集团经营管理模式的基础上根据自己的实际情况做进一步的改进。这种创业模式可以依托原公司的客户关系网扩大业务,创业风险较小,成功率较高。

4.2.2　分化拓展模式的创业秘诀

1. 选择合适的企业

在高新技术或商品流通领域选择企业,并且选择发展型的企业,这样创业者才可能有机会在企业内部创业。

2. 与母公司的关系

如果母公司参与子公司的部分经营,股份、分红、事务分配等各方面都要有清晰的确定。

3. 自我改进

不能照搬母公司的一切,要合理地修正母公司的模式为我所用。另外,要充分利用母公司原有的客户资源,但在利用时要注意不要损害母公司的利益,毕竟在创业过程中,人品也是非常重要的资源,要好好保护。

案例阅读　大树底下好乘凉

1995 年 9 月,梁钢等 3 名员工获得富士通公司 100 万美元的内部创业基金,与公司合资创立通力(日本)公司,研制数码相机软件产品。由于富士通公司的大力支持,加上产品研制方向对路,通力公司的软件产品很快打入市场,至今已连续 8 年赢利。2001 年,梁钢再次获得富士通公司 100 万美元的创业投资,创建通力(亚洲)公司。目前,梁钢已

成为通力(亚洲)公司旗下子公司——通力(上海)公司最大的股东。

梁钢创业时未投资分文,但如今却成为通力(上海)公司最大的股东,身价超过500万美元,这就是内部创业的魅力。

梁钢告诉记者:"富士通公司的内部创业机制非常灵活,任何员工(不限国籍)只要工作满3年,且表现出色,都可申请公司的创业基金;员工的创业计划书一旦通过公司的审核,即可获得100万美元的创业基金,并给予资源、技术上的各项支持。对我们这些有创业意向的人来说,这些支持无疑是雪中送炭。企业员工都是拿薪水的,即便是高薪,与创业所需的资金要求仍相去甚远。而通过银行贷款或其他融资渠道,申请难度大,而且会有诸多的限制。可以说,如果当初没有富士通公司100万美元的启动资金以及丰富的内部资源,我的创业之路要艰辛许多,甚至有可能迈不出第一步。"

梁钢认为,与传统的自力更生型创业方式相比,内部创业由于背靠企业这棵大树,在融资、研发、销售等方面有着近水楼台先得月的优势。创业者可从企业那里获得诸多支持,包括资金支持、管理方面的指导、综合资源的共享、业务资源的利用、品牌形象的借助等。而且,创业者只需用智力和技术入股,与企业共享收益,同时也共同承担风险,因此创业风险相对减少,从而更有利于创业者轻装上阵。

(资料来源:大树底下好乘凉.深圳创业辅导网.2006年6月10日)

任务3 合理选择,巧妙复制——连锁复制模式

4.3.1 连锁复制模式

连锁复制模式是指大学生以加盟直营、区域代理或购买特许经营权的方式来销售某种商品或服务的创业活动。一般适合技术含量不高而用工较多的行业。

连锁复制模式在资金筹集上由个人独资或者几个人合伙出资,组织管理上实行总部统一模式,并且能够分享经营诀窍和资源的支持,长期得到专业的指导和配套服务。这种模式由于采用直接的经营管理模式,可充分利用特许企业的品牌效应,享受规模经济的利益。

4.3.2 连锁复制模式的创业秘诀

1. 事前准备
无论创业者选择什么样的项目,一定要通过详细的可行性分析来判断项目能否被自己所掌握并带来利润。

2. 经营准备
(1)凡事要亲力亲为、全心投入。
(2)小心选址,不能急于开业而妄下决定。
(3)需要具备独立处理人际关系的能力,尤其是零售业。

3.合同准备

合同最重要的部分是该系统在经营与组织方面的长远策略,包括竞争、组织发展、市场开拓、原材料、市场预测、员工培训、技术支援及发展计划等诸多问题,专业律师的参与必不可少。

案例阅读 从代理业务起航

每月代理快递寄件600单,管理一个6个人的团队,学校几乎所有的英语四六级、研究生入学考试等业务代理均由其负责,这就是浙江大学宁波理工学院信息学院大三学生吴庄超。

见到吴庄超时,他刚刚获得学院优秀奖学金。吴庄超不但供自己读书,而且还时不时接济家里。眼下,雄心勃勃的他正准备开办自己的业务咨询代理公司呢。

创业只为交学费

吴庄超的校园创业源于家庭缘故。他老家在浙西的一个小村庄,由于收入微薄难以支付他大学的学费。如何找些工作,减轻家庭负担,成了吴庄超经常思考的问题。

吴庄超注意到,周边许多师兄师姐都在忙着毕业前的考证,而这些考证族感觉各种手续的办理很麻烦。这不就是很好的商机吗?

当时,吴庄超是学院学生会的外联干事,在外联活动中结识了很多培训机构。他想,发挥自身独特的优势,一定会成功的。

就这样吴庄超走上了代理考证业务的创业之路。吴庄超首先与万博网络工程师学校建立了业务,为这个机构推荐想要培训的学生,代理导游证、会计上岗证等业务,后来又为宁波永正教育学校代理研究生考试、普通话考试、教师资格证等业务。

而每成功一单业务,吴庄超都可以拿到代理费,几个月下来,竟攒下了一年的学费。

尝到甜头的吴庄超,决定拓展业务。

代理申通快递

代理考证有周期性,每个学期初或学期末,生意红火,但其余的日子就很闲了。在代理证件的淡季,做点啥呢?

说起代理申通快递,还真有点偶然性。2008年9月,经常到他宿舍串门的一同学无意间提起,申通快递正在理工学院寻找代理人,负责申通快递在该校的所有业务。吴庄超意识到,这是一个没有周期性限制的行当。于是吴庄超马上把申通快递在全校的代理业务接了下来。

第一个月,吴庄超只做了200单业务,除去各种成本,还亏了点,但他没有放弃。

由于不能随便进入宿舍楼,而把快递物件放在传达室里,吴庄超觉得不太安全,只好用电话联系收件人,约好时间、地点见面。有时,收件人迟到了,要催好几次才行。最长的一次,足足等了半个钟头,上课差点迟到。"觉得自己像是革命年代的地下工作者。"吴庄超笑着说道。

很快,第二个月,收支平衡,这也让吴庄超看到了希望。

团队作战

一个人跑业务,又要上课,吴庄超明显感到人手不够。在他的邀请下,有 4 名同学加盟了他的团队。

为了争取更多业务,吴庄超把 4 名同学分别安排在理工学院的 3 个宿舍区,实行分区负责制。这样,想要快递物件的同学只要一个电话,1 到 2 分钟就会有人到宿舍楼下等候。

由于 5 个人的课程相互之间没有重叠,这就保证了随时有人处于待命的状态。当有人打电话需要寄快递时,就由待命同学作为接线员,以最快的速度收单。一天当中,最忙碌的时候是中午 12 时到下午 2 时。这个时候,正是学生吃午饭和休息的时间,快件也基本上是在这个时间寄出去的。吴庄超就在特定地点设点收单,免去了上门收单的奔波之苦。

平均下来,每天有近 20 单生意。在江浙沪范围内,一单快递收费 5 元,除去支付申通 2 元,再除去包装费用,一单生意可以赚 2 元。如果遇到大宗的快递物件,或者快递范围超出了江浙沪,利润会更高。

快递业务不能休假,在毕业生离校期间或者假期,吴庄超就在每个宿舍区的楼下都设立了一个固定点,每天从上午 9 时到下午 4 时,他一直在各宿舍区之间忙碌。

更高的梦想

在校园,快递也有旺季和淡季。一般来说,每年 10 月份之后一直到来年的 2、3 月份都是淡季,只有 4 月份到 10 月份的生意才好做一些。

暑假来了,快递少了很多。吴庄超只安排一个人在学校里,处理零星的快递业务,其他人都放假回家了。而这时,吴庄超就会把更多精力投入到代理业务上,如计算机考试、公务员培训代理等。

目前,吴庄超正准备租下校园的一间店面,作为一个固定的代理点,免得打游击战。有了固定的地点,如果有人想寄快递,把物件直接送到这里就可以了,而且宣传起来也比较方便。

吴庄超还想把申通快递整个南高教园区的业务承包下来,然后再转包给各个学校的代理点,实现区域代理。吴庄超还瞄准了物流行业,准备将物流与快递统筹起来,实现自己更高的梦想。

(资料来源:从代理业务起航.镇海新闻网.2009 年 9 月)

大学生创业加盟连锁小心受骗

5 月 8 日至 10 日,中国连锁经营协会在北京举办国内最大特许加盟展。展览旨在积极响应国家鼓励大学生创业的政策方针,唱响"以创业促就业"的口号。

不可否认,加盟连锁这种方式,为目前大学生创业带来了便利条件。现实中,也确实有不少大学生通过加盟连锁找到了适合自己生存和发展的创业之路。但是,加盟连锁也极易被一些"骗子公司"所利用,因此,有必要提醒大学生们,创业时谨防掉入陷阱。

警惕高回报诱惑

最近,郑州即将毕业的大学生朱某在创业过程中,就被"高回报"忽悠了一把。

2008 年冬天,她按网上地址找到北京一家销售木纤维毛巾的加盟连锁公司,听了招商部经理对这种成本低、利润高且风险小的产品的推介,她心动了,把从亲戚那里借来的钱全换成毛巾,并取得了该公司河南省的独家代理权。

第一个月,她兴冲冲地跑遍了周边所有学校,没卖出一条毛巾。然后她又去居民小区推销,效果还是不好。2011 年 3 月她开始通过网络推销。如今两个月过去了,仍没卖出一件产品。

记者调查发现,有朱某这样遭遇的大学生不在少数。不少高校毕业生选择加盟连锁的创业方式。他们从电视和网络等媒体了解到加盟连锁项目的丰厚条件,比如,企业总部提供免费指导,不收取任何加盟费用,进货达到一定额度就能获得额外奖金,低风险甚至无风险等,于是,就开始创业了。朱某说:"我们一无资金,二无经验,加盟连锁会使自己开店的风险降低很多",可结果却事与愿违。"朋友同学打电话问我现在生意怎么样,我不敢也不想跟他们说生意不好。"朱某很沮丧。

目前,在大学生创业过程中以加盟连锁方式出现的骗局和陷阱值得关注。

据中央电视台经济频道报道,"某竹碳加盟公司"最红火时,曾发展到 600 多家加盟店。但自始至终,真正能盈利的只有极少数。等到"跟风"的同行出现后,各加盟店生意更是一落千丈。这样的加盟连锁企业,往往只"富到总部",而富不到加盟商。

甚至,还有传销组织鼓吹"加盟连锁快速致富",利用高回报诱惑大学生。

据业内资深人士透露,一些所谓加盟连锁企业深谙大学生创业心理,已为他们准备好"连环套":品牌在国外已有十几年甚至几十年成功运营史,实际已死无对证。生产基地在某发达省市,可是路途遥远不便去看。加盟利润很高,这只有天知道。经营好了返还奖金和装修费,前提是经营好,这基本没希望。还举出许多成功范例,带你去看其他加盟店,实际就是托。更重要的是,投资成本仅两三万元,还有优厚的换货条件,风险很小……

这么多"好处"怎能不让大学生创业者心动,心甘情愿汇钱加盟,不由自主上钩呢?但是,钱汇走后,加盟者很快发现一切都变了:货物不如样品好,价格偏高,卖不出去;回总部换货,却换到其他加盟商退回的积压品。

披着合法外衣敛财

调查发现,不少推出加盟项目的公司,本身还只是刚起步的企业,尚不具备特许加盟必需的品牌知名度和市场认可度。其中相当一些企业不过是拿特许加盟做幌子,以便迅速吸纳资金,扩大自己,根本谈不上带动加盟商共同致富,更谈不上品牌效应带来的好处。

金融危机下的就业形势和大学生缺乏社会经验,成为一些骗局得逞的重要原因。这些"加盟连锁"的骗子和传销头目在被捕后供述,大学生是他们的主要目标,"大学生没啥社会经验。现在很多大学生急于创业,很容易上钩。"

法律法规不完善和部分媒体的"纵容"也为这种诈骗盛行起到了"推波助澜"的效果。某服装加盟连锁品牌高级招商主管坦言,商业骗局中的加盟连锁是非常可怕的,"因为它具有得天独厚的保护伞——合法!"

为什么"合法"?"因为我给你货了,双方权利义务在合同中写得很清楚,只是你自己由于经营不善没能盈利而已。这种诈骗与正规的加盟连锁行为从表面上几乎看不出什么区别,可能只是产品价格和质量略有差异。"由于诈骗者事前事后"准备充分",创业者即使诉诸法律,也常面临举证难的问题。

对于像朱某这些刚接触社会的大学生而言,要学习的加盟连锁的学问还有很多。阿里巴巴资深观察家裘某认为,真正的品牌公司,在授权前肯定会做周密的考察工作,只有真正有经营能力,也有经济实力的人,才会获得他们的品牌授权。"试着想一想,假如你没有把市场做好,是不是等于浪费了他们开拓市场的时间,也损害了他们的品牌?"

也就是说,凡是行业进入门槛低,产品易被仿制,经营模式易被参考,而总部又是成立不久的新企业,那么,对其所推出的加盟项目就要慎重考虑了。

量力而行不盲从

加盟连锁的诈骗问题不是短期能够解决的。律师建议,作为大学生创业者,加盟前应对相关企业深入了解,仔细对比各种经营风险,考虑受骗可能性,同时注意收集相关证据以备不时之需,这样一来,才能更好地保护自己。

专家们建议,虽然加盟品牌连锁店可以省去研发产品、打造品牌等诸多环节,花费资金和精力较少,但大学生选择这种方式创业,还应对自己的能力进行认真考量,包括市场营销、社会交往等方面是否胜任,即"量力而行",切勿盲目跟风。

(资料来源:大学生创业加盟连锁小心受骗.阿里巴巴网.2012年2月08日)

任务4 模拟实训,一举多得——模拟孵化模式

4.4.1 模拟孵化模式

模拟孵化模式是大学生受各种创业大赛的驱动和高校创业园创业环境的熏陶、资助、催化而进行的创业活动。

许多高校举办各种各样的创业大赛。参加大赛的大学生在比赛中能够熟悉创业的程序,储备创业知识,接触和了解社会,是对创业的模拟实验。同时,高校纷纷建立科技园区或创业园区,园区中的科技创业基金中心或大学生创业投资公司对经过严格评估的优秀参赛项目进行股权形式的投资建立股份制公司,并且定期对投资项目进行评估,实行优胜劣汰方式,对项目进行创业催化。

创业者可以得到政策支持和创业园区的各项帮助,包括专家的培训和指导,免费提供办公场所,公共文秘、财务、人事服务、咨询、辅导、评估和项目管理服务,办理证照、落实优惠政策、推荐申报、市场营销等服务。这种创业模式集中于高科技行业。

4.4.2 模拟孵化模式的创业秘诀

这种模式主要要注意两个方面:一是在长时间的比赛和项目评估中要保持其持久性,不能半途而废;二是即便在创业大赛中取胜,也不等同于在社会中也能取胜,要注意两者之间的差异并及时调整。

案例阅读 坚持也是一种执行力

人物简介

钟翠珠,毕业于中山市职业技术学院,2010 年与合伙人王淼进驻中山市大学生创业孵化基地,成为进驻该基地的第一批青年创业者,共同创建了中山市讯华软件有限公司,主营射频手持终端的研发和应用软件的开发,目前主攻的便携式采集器是该公司的一个亮点产品。

创业历程

说起钟翠珠和王淼的创业历程,几乎可以用"半路出家"来形容。在创业之前,钟翠珠和王淼曾任职于一家大型软件公司,过着"朝九晚五"的生活。

基于专业关系,钟翠珠和王淼在为公司开发软件的过程中,渐渐了解到便携式数据采集器的生产和研发在国内具有不可估量的市场潜力。"当时我们发现经销商进口这个产品的价格都在 6000~7000 元,市场价则还要高出许多。"如果在国内可以自主生产该产品,那么价格优势是不言而喻的。在看好市场前景之后,两人决定辞职创业,主攻便携式采集器的研发和生产。

"从 2005 年开始,软件的价格开始下滑,竞争越来越激烈,掌上电脑以及相关产品其实就是这个行业的一个增值产品。"在王淼看来,掌上电脑其实是竞争日益激烈的软件行业中的一个自我增值的必然趋势。2010 年 3 月,钟翠珠和王淼通过一个偶然的机会得知中山市大学生创业孵化基地成立的消息,了解到该基地为创业青年提供一系列的免租(两年)和相关扶持政策后,两人决定将工作室设在骏贤居。"刚开始打拼,每一分钱都要想着怎么花,免房租可以给我们减轻一部分压力。"在钟、王二人创业之初,他们所研发生产的便携式数据采集器在全国仅有不到十家企业在生产。

然而,虽然前景诱人,但技术和资金始终是"白手起家"的创业者所面临的最严峻的考验。目前,讯华软件有限公司已经推出第二代便携式数据采集器,改善了第一代的一些缺陷和不足,也获得了良好的市场反映。然而在产品的大规模市场化方面,其生产和推广始终受到资金的限制。为解决资金周转问题,钟翠珠和王淼同时还经营了研发企业管理软件的业务,通过其他收入来维持基本的业务运转。

"我们提供行业 ERP 软件,目前已经涉及家具行业、制衣行业、灯饰行业、五金行业、餐饮行业、商超行业等。2011 年计划涉足物流行业,推出整套物流解决方案,主要是采用射频技术实现智能物流。"虽然资金周转期长,然而经过一年多的坚持和努力,讯华软件有限公司推出的便携式数据采集器还是迎来了较好的市场反映。他们坚信,凭借其技术实力和价格优势,其所研发的便携式数据采集器最终将赢得国内市场的认可。目前,他们所生产的产品已经销至山东、湖南、河南等地,甚至远销巴西、蒙古等国。据了解,该产品今年将有 400 万左右的销售额。

创业感言

无论是技术上的困境还是资金上的瓶颈,经历了那么多的困难,我们发现,坚持对于投入产出周期性长的创业道路来说尤为重要。我们的观点是,如果选择好的市场定位,并对前景有一个规划和把握,那么就应该尽最大努力去整合各方面的资源渡过难关。

(资料来源:坚持也是一种执行力.南方日报.2011年7月14日)

任务5 头脑风暴,知识资本——概念创新模式

4.5.1 概念创新模式

概念创新模式刚刚兴起,是大学生根据自己的新颖构想、创意、点子、想法进行的创业活动。概念创新模式主要集中于网络、艺术、装饰、教育培训、家政服务等新兴行业,创业者的设想能够标新立异,在行业或领域内是个创举,并迅速抢占市场先机。

创业资金需求量不是很大,一般创业者向亲朋好友借款,或在政策范围内小额贷款,特别有创造性的,吸引商家眼球的也可以引来大公司的股权形式的资金注入,组织管理上个人独资、合伙、股份公司均可。这种创业需要具有独特的个性特征和旺盛的创业欲望,善于洞察商业机会,创业难度高,不确定性大,但成功后的收益也很大,是一种开创性价值创造型创业。

4.5.2 概念创新模式的创业秘诀

这种创业模式对创业者本身的要求比较高,它属于一种头脑创业的方式,所以创业者对于市场的敏感性和前瞻性决定了是否能够创业成功。还有一点就是,这种头脑风暴的创业一直持续,如果"江郎才尽",那创业者也就无法保持它的先进性和新颖性了。

从市场的角度而言,当创业者利用新颖的想法抢占市场先机之后,一定要注意如何避免大家的模仿,只有这样,这个与众不同才属于你,否则市场就会大同,从而失去特色。

案例阅读 **从大学的创新思维到世界500强**

联邦快递公司成立于1973年,全球总部设在美国的田纳西州孟菲斯,另在中国香港、加拿大安大略、多伦多和比利时布鲁塞尔设有区域总部。目前,联邦快递公司在全球拥有148 000名员工,拥有大约1 200个服务中心,超过7 800个授权寄件中心,435 000个投递地点,45 000辆货车,662架货机,服务覆盖全球365座大小机场,服务范围遍及全世界210多个国家,日平均处理的货件量多达330万份。联邦快递以其无可比拟的航空路线权以及强固的信息技术基础设施,在小件包裹速递、普通递送、非整车运输、集成化调运系统等领域占据了大量的市场份额,成为全球快递运输业泰斗,并跃入世界500强企业。

联邦快递公司的创立者、总裁弗雷德·史密斯的父亲是位企业家,创立了一家经营得很好的巴士公司。20世纪60年代,弗雷德在耶鲁大学读书,他撰写过一篇论文,提出一个超越传统上通过轮船和定期的客运航班运送包裹,建立一个纯粹的货运航班,用以

从事全国范围内的包裹邮递的设想。这是一个开创性的创业设想。弗雷德在论文中提出,在小件包裹运输上采纳"轴心概念"理念,并利用寂静的夜晚通过飞机运送包裹和邮件。可是老师并未认可这个创新理念,这篇论文只得了个 C。

毕业后弗雷德曾在越战中当过飞行员。回国后他在可行性研究基础上,把从父亲那里继承的 1 000 万美元和自己筹措的 7 200 万美元作为资本金,建立了联邦快递公司。

实践证明:弗雷德的"轴心概念"的确能为小件包裹运输提供独一无二、有效的、辐射状配送系统。弗雷德的出奇之处不仅在于小件包裹运输采纳"轴心概念"的营销模式创新,更在于他能够把人们忽略的时间运用起来,把本来是低谷的时段变成一种生意的高峰期。

田纳西州的孟菲斯之所以被选择作为公司的运输中央轴心所在地,首先,孟菲斯为联邦快递公司提供了一个不拥挤、快速畅通的机场,它坐落在美国中部地区;其次,孟菲斯气候条件优越,机场很少关闭。正是由于摆脱了气候对于飞行的限制,联邦的快递竞争潜力才得以充分发挥。每到夜晚,就有 330 万包裹从世界各地的 210 多个国家和地区起运,飞往田纳西州的孟菲斯。成功的选址也许对其安全记录有着重大贡献,在过去的 30 多年里,联邦快递从来没有发生过空中事故。联邦快递的飞机每天晚上将世界各地的包裹运往孟菲斯,然后再运往联邦快递没有直接国际航班的各大城市。虽然这个"中央轴心"的位置只能容纳少量飞机,但它能够为之服务的航空网点要比传统的 A 城到 B 城的航空系统多得多。另外,这种轴心安排使得联邦快递每天晚上飞机航次与包裹一致,并且可以应航线容量的要求而随时改道飞行,这就节省了一笔巨大的费用。此外,联邦快递相信:"中央轴心"系统也有助于减少运输上的误导或延误,因为从起点开始,包裹在整个运输过程都有一个总体控制的配送系统。

弗雷德专门用于包裹邮递的货运航班,为全美国直至后来为全世界客户提供了方便、快捷、准时、可靠的服务,创新的营销模式为其提供了低成本、高效、安全和全天候的物流系统,因而联邦快递迅速发展,从创业到成长为世界 500 强企业只用了短短 20 多年时间。

(资料来源:从大学的创新思维到世界 500 强.新闻晨报)

任务 6　技术创新,风险投资——技术风险模式

4.6.1　技术风险模式

技术风险模式是大学生将自己拥有的专长或技术发明通过"知本雇用资本"的方式发展成企业。

创业的大学生具备某一专业、技术特长,或成功研制一项新产品、工艺,但要创建成企业需要高额资本,而学生往往由于缺乏信用保证难以通过信用机制从外部筹措大量需求的资金。于是大学生就用技术、专利、其他智力成果做资产评估,吸引有关公司提供风险投资基金来创建企业。

技术风险模式主要集中于电子信息、生物技术、高科技产业等技术含量高、知识密集型的行业,经营形式上采取股份法人公司制,管理上十分强调企业家精神和团队精神。这种模式是技术与风险资金的结合,不确定程度高,风险大。

4.6.2 技术风险模式的创业秘诀

这种创业模式对于创业的专业技术能力有相当高的要求,当技术转为市场化运作的时候要注意两个方面的细节:一方面是要评估这项技术或产品的市场化程度,也就是说市场中是不是有足够的消费者需要这项技术或产品,从而能够抵消成本甚至盈利;另一方面,要注意知识产权的保护,从法律的角度提升企业市场的竞争力,保障市场地位。

案例阅读 **就业明星:80后大学生的技术创业故事**

1985年出生的张宇看上去要比实际年龄小一些,很多人甚至对他的年龄有过质疑。而正是这个还带着些许稚气的年轻人,大学毕业后参加过IT职业培训,做过IT主管,现在已经走上了IT技术创业的道路。

初试啼声:从青涩大学生到IT主管

大学毕业后,张宇并没有像他的同学一样留在长春工作,而是选择了一座较为陌生的城市。用他的话说,那里有他所向往的东西。原来早在大二的时候,张宇就已经决定毕业后要到那里寻找自己的未来,那里是软件人的天堂,是IT人放飞梦想的高地,它就是被誉为软件之都的大连。

来到大连后,经过一段时间的求职,张宇发现自己的专业知识和企业的实际应用需求之间还存在一定差距。经过认真思考和多方考察,张宇来到一家培训中心参加网络工程师培训,强化自己的专业技能。在这里,全新的知识体系,注重实际操作能力的教学模式,让张宇对计算机技术有了新的体验和认识。由于目标明确,加上老师们的认真辅导,张宇顺利走上了理想的工作岗位,踏上了他的职业生涯之路。短短两年时间,张宇已经从一个青涩的大学毕业生成长为某知名公司的IT部门主管。

创业起步:每个人都有属于自己的梦想

尽管事业发展顺利,但这并没有让张宇感到那种应有的满足,挑战的梦想和激情在召唤他,他觉得只有创业才能真正展现自我、磨炼自我。经过与培训中心指导老师的交流,加上朋友的支持和帮助,张宇更加坚定了创业的信心。通过自己在技术和业务等方面积累的经验,带着通过其长期研究、摸索总结出来的一套软件系统,张宇充满信心地开始了他的创业之路。

张宇说,新公司的名字是在"宜家"取的,这也是这个新公司的第一次"股东会"。大家给公司起的名字叫"易维立方",含义是希望能够简单容易并且坚固持久,同时它也有一个很好听的英文名字"EwayLife"——信息生活。

探索发展:从一片凌乱到步入正轨

中国有句古话叫"万事开头难",因为缺乏经验,在公司成立后张宇才发现一切与当初的设想相差甚远:首先是资金问题,尽管办公电脑都是创业伙伴原有的旧电脑。但因为创业项目特殊的需要,在展示与人员开支等费用方面花费了大笔的资金,这笔花销的数额远远超出了他的预料。"感觉到处都要花钱,一个月精打细算下来这些支出也要一万多。"其次,由于创业团队都是专业的技术人员,缺乏与客户洽谈的经验,加之项目较新,经常会使客户感到无法理解,失去与客户进一步谈判的宝贵机会。

由于问题较多,加上前期投入大,公司成立的前几个月一直处于亏损状态,朋友和家人都纷纷劝张宇放弃,或是选择一些较为传统的行业来经营。这个时候张宇真正感觉到创业的艰难与自己身上莫大的压力。就在他一筹莫展的时候,培训中心的老师不断激励他,多次对公司发展中遇到的问题提出有效的解决方案,这使张宇坚定了继续下去的信心。

张宇带领的创业团队不断在困难中摸索经验,公司运营渐渐步入了正轨,到第四个月时,公司已经基本实现了收支平衡。这个进步给了团队很大的信心,更让他们明白公司的目标不是在短时间内赚多少钱,重要的是能够生存下来,只要能活下来就有希望。

坚持下去就会走向成功

不经历风雨怎能见彩虹? 没有付出艰辛,小公司就不可能长大。虽然创业过程中困难重重,但张宇相信,只要怀揣梦想,并坚持不懈朝着梦想的方向去努力,那么面对所有的困难都将无所畏惧,这些困难会成为成功的筹码。

"大学生创业是真正从无到有的过程,困难是不可避免的,但乐趣也有很多。看到自己的营业执照,第一次将桌椅搬进办公室,接到第一笔订单,第一次给员工发工资……那个时候,心里的满足感和幸福感是在外面挣多少钱都得不到的。"张宇一直希望有机会能对计划创业的学生说出他的感受:"珍惜你身边的每一个机会,并且用你最大的力气抓住它。"

(资料来源:就业明星:80 后大学生的技术创业故事.中国新闻网.2010 年 9 月 27 日)

任务 7　时代脉搏,剑走偏锋——网络创业模式

4.7.1　网络创业模式

互联网改变了人们的生活,同时也提供了全新的创业形式。网络创业不同于传统创业,无需白手起家,而是利用现有的网络资源。

目前网络创业主要有两种形式:网上开店,在网上注册成立网络商店;网上加盟,以某个电子商务网站门店的形式经营,利用母体网站的货源和销售渠道。

4.7.2　网络创业模式的注意事项

网络创业在我国还是一个新兴事物,在这种创业模式之下,我们要注意它将来的发展趋势。比如,以往国家对于网络经营的监管属于空白,随着国家监管力度的加强,某些网络经营的优势将减弱甚至消失,如何寻找新的优势点是网络创业者要思考的问题。

80后开网店:30岁不到就坐拥百万掌柜称号

对于很多60后、70后的人来说,放弃稳定的生活简直是一种疯狂的行径。"80后开网店"对于社会的中流砥柱们来说,就是谜一样的存在,他们可能会略带鄙夷地质问:"在网上能卖什么? 能赚大钱吗?"

不得不承认的一点是,很多80后开网店是从好玩开始的。因为喜欢自拍,喜欢秀自己而开起网店,为了展示、交流自己满仓的收藏品,为了赚点小钱过日子,为了脱离朝九晚五的生活……很多80后开网店的初衷看起来都是轻佻而缺乏深思熟虑的。

可以看到,身边的10个80后中,几乎有5个在开网店、曾经开过网店或者有过开网店念头之列。在他们成长的这个年代,网络给他们提供了一个与父辈、长辈那个时代不同的平台。网络使得他们能够低门槛创业,渴望自由、打破陈规的思维也使他们更有勇气去尝试未知生活。有勇气去实践,他们迈出了令人敬佩的第一步。

大学生三人组闯荡电子商务

淘宝掌柜:peterlql(主创人物刘庆林、孙世凤、何耀樵)

淘宝店铺:B.B.S男装商城

主营业务:男装

规模效益:月销售50万~100万元,网店旗下共有13名员工

在刘庆林的淘宝店里,售前客服的"小二"分别名为"刘德华""周星驰""梁朝伟",而售后服务是"成龙大哥"——充满80后的幽默感。跟很多有勇气走"开网店"这条路的80后一样,刘庆林是一个积极活泼的外向型人物。喜欢兼职、喜欢思考、喜欢自己琢磨出个为什么,他的网店生涯就是从这一个个"喜欢"中诞生的。

大二花一个暑假开淘宝

送外卖、做服务生、发传单、贴宣传纸、摆地摊……几乎所有大学生兼职的种类刘庆林都尝试过。没有接触过的新鲜事物总是让他满怀好奇,却又不止于好奇。例如在手机充值业界里,刘庆林也可以称得上是一号人物。"充值时想到,自己也能做,于是就摸索起来。"从大一开始经营的充值业务最大规模时做到广州的几大充值巨头之一。

与网店的结缘也是出于这种好奇心。"做完一份(兼职)就真的完了,没有什么积累,于是就想到开网店试试。"

在大二的暑假,刘庆林与女朋友孙世凤、好友何耀樵一起摸索如何开淘宝店。"一开始非常辛苦。"靠自己的尝试摸索开店、拿货、拍照、上传、快递等,让他们走了不少弯路。那段时间,经常一天除了睡觉的六七个小时外,其他时间,3个人都对着电脑搜索开店资料。

对于网店的定位也经过了几番尝试。一开始选择做最容易拿货、销路最旺的女装,但后来发现女装市场竞争大、低价女装质量不佳,加上本身不熟悉,就放弃了。随后的女鞋生意虽然不错,但因为供应商经常断货、质量不好把关等问题,最终也不得不停止经营。经过几番尝试,最后才选择男装为突破口。但由于课业、考试等,大学期间网店也只是断断续续地维持着。

"做自己的事业好,更自由"

忙碌的生活让时间过得飞快,大四一下子就到来了。刘庆林与一般的大学生一样,开始忙着投简历、面试、找工作。社会经验丰富的他早在大四上学期就找到了一份不错的工作,但不安分的性格驱使他不断尝试新的东西。

大四下学期,刘庆林和孙世凤开始帮别人做网店培训,帮其他公司开网店。"培训了一段时间,发现开网店还是不错的。"抱着"与其为他人作嫁衣,不如自己操刀实干"的心情,以及对自由职业的向往,他们毅然放弃已有的工作,重回到开网店的行列。

在原来网店的基础上,淘宝店"BBS男装商城"正式开张。通过不断累积经验教训,摸索淘宝店的营销手法,不到一年,3个人的网店就发展到了13人的强大队伍;一个网店也发展出5个"马甲"("马甲"即"所谓渠道为王,撒的网多,有更多的鱼吃"这位淘宝掌柜如是说)。主店从最初的几颗红心,到如今也步入皇冠行列,月销售额也达到50万元以上,年底旺季时更是达到100万元。而做出这个成绩,离这几个80后毕业,还不到一年时间。

(资料来源:80后开网店:30岁不到就坐拥百万掌柜称号.新京报.2011年5月16日)

◆◆◆ **项目小结** ◆◆◆

选择合适的创业模式是创业成功的关键,只要从自己的实际出发,找到适合自己的创业模式,就可以化解不利因素。积累演进模式是指大学生为了实现就业的同时积累资金和经验,由个人和团队组成的完全独立的创业,属于典型的个人创业;分化拓展模式是指大学生首先加入某高新技术或商品流通的企业,成为该企业的骨干员工,然后利用企业内部创业的机会来实现自己创业的理想;连锁复制模式是指大学生以加盟直营、区域代理或购买特许经营权的方式来销售某种商品或服务的创业活动,一般适合技术含量不高而用工较多的行业;模拟孵化模式是大学生受各种创业大赛的驱动和高校创业园创业环境的熏陶、资助、催化而进行的创业活动;概念创新模式是大学生根据自己的新颖构思、创意、点子、想法进行的创业活动;技术风险模式是大学生将自己拥有的专长或技术发明通过"知本雇用资本"的方式发展成企业;网络创业模式不同于传统创业,无需白手起家,而是利用现有的网络资源。

· 技能实训

两位年轻妈妈的创业之路

2002年7月,姜霞辞去南京某行政机关的工作,带着两岁多的女儿,来到江苏常州的丈夫身边。她决定自己做一些事情。恰好邻居中也有一位年轻妈妈,叫余健,与她想法一样。于是,两位年轻妈妈决定一起创业,姜霞主管经营,余健则主管财务。但两人都没有经商经历。想了又想之后,她们准备采取加盟的方式创业。

2002年10月,在一次玩具展会上,她们了解到以"12生肖卡通动物"为主题的复旦开圆卡通乐园公司,提供卡通产品连锁加盟店业务。加盟后,经营资金约需5万元,包括商标使用费、保证金、经营店装修费用、货物购置款、房租和办公费用等。预计投资回收期为11个月。

姜霞与余健到上海跟开圆卡通乐园公司谈过之后,认为加盟卡通店这种形式投资不太大,也比较稳妥,于是就定了下来。

回到常州,她们开始选址。加盟总部告诉她们:这种店一般应该选在A级商业区(城市中人流量最大的商圈)。但同时也应注意,人流量大未必代表人流层次就一定较高。比如,如果你在消费层次较低的集贸地区开卡通店,许多父母可能会带着孩子来看,但面对价格偏高的卡通产品,他们大多会选择带着孩子离开。

所以,姜霞她们把眼光放在了常州的中心商圈延陵路的两家大商场的其中一家——新世纪商场,此商场正准备扩展少儿产品经营规模,将整个第四层楼调整为少儿产品专卖层。

于是,姜霞她们就抓住这个机会,进驻了新世纪商场4楼一个约5平方米的空置过道区域。

商场中,已有儿童玩具专柜近10家,但大多销售电动玩具、各种娃娃等。姜霞的卡通乐园,是销售卡通玩具的第一家。

2002年12月,两位年轻妈妈的卡通乐园正式营业。

第一个月下来,她们的销售额就达到1万多元。于是商场允许她们把营业面积从最初约5平方米扩展为15平方米。

初涉商海能立稳脚跟,除选对经营场所外,还与姜霞她们在选择进货时,谨慎又谨慎地选择卡通货品大有关系。

身为孩子妈妈的她们当时想:如果进电动车之类的玩具,孩子只需学会按开关,有什么教育意义呢?家长不会有强烈为孩子购买的欲望。而益智类玩具,既能满足孩子们喜欢动手、喜欢有创造空间的愿望,同时又能开发孩子们的色彩感觉和手眼协调能力。

更重要的一点是,作为商家和父母,她们自信其他父母也会做出同样的选择。

所以,她们一开始就看好加盟总店货品中的益智类玩具,并从中精挑细选,确定了五六十种为自己开始创业的主营产品。然后按照协定以3到5折的价格拿货,并享有初次进货时30%的免费换货量。

后来生意较稳定之后,姜霞也开始尝试扩展新货品。然而,设想在与当地市场的撞击中,既有失败,也有成功。

比如,她尝试过进卡通书包及卡通小医药箱等价格高、利润厚一些的产品,结果摆了很长时间也没有销售出去。

而当她结合本地特色进一些货时,却获得了成功:常州有个独特的恐龙园,于是她想到进"卡通恐龙蛋"这种货(每个恐龙蛋里装有零件,孩子可以按照图示,自己组装各种不同类型的恐龙),结果这个卡通玩具成了迄今为止店里销售最火爆的产品。

问题:

(1)姜霞创业成功的经验是什么?

(2)她选择加盟对于创业起步起到了哪些作用?

(3)请你想想,创业的模式还有哪些,各有哪些优缺点。

(4)结合案例,请你谈谈对于初涉商海、资源有限的创业者来说,选择恰当的创业模式有什么意义。

项目5
与创业机遇博弈

知识目标

1. 了解创业项目选择的影响因素；熟悉创业项目选择的基本原则；

2. 熟悉创业融资的渠道与方式；了解风险投资含义、特征、来源；

3. 理解创业计划编写的流程；熟悉创业计划书的内容。

能力目标

1. 能够依据全方位评估结果进行创业项目的选择；

2. 能够根据企业发展阶段进行创业融资；

3. 能够撰写创业计划书。

任务导入　　　　"少年恺撒"马克·扎克伯格和他的 8 亿王国

2004 年 1 月，扎克伯格向域名公司 Register.com 支付了 35 美元，注册了 Facebook.com 一年的域名使用权。同年 2 月 4 日下午，他在宿舍点击了自己在 Manage.com 的帐户链接，Facebook 从此启动。扎克伯格为自己申请了从一号到四号四个登陆帐户（前三个都是为测试使用）。五号是他在哈佛的室友克里斯·休斯（Chris Hughes），六号是室友达斯汀·莫斯科维茨（Dustin Moskovitz），七号是爱德华多·萨维林（Eduardo Saverin），他是扎克伯格在一个犹太人聚会上认识的朋友。

在 Facebook 早期的每一个办公地点，也都延续着大学男生宿舍的风格：桌子凌乱地摆着，上面高高地堆着电脑、线缆、调制解调器、相机，在它们的间隙还挤满了垃圾和日常用的瓶子、罐子和杯子。

2004 年夏天，扎克伯格带着他的伙伴们从哈佛来到美国加州帕罗奥多市，这座只有 6 万人的城市，被称为硅谷的中心，察看新工作室时就在路边碰到了正在搬家的肖恩·帕克（Sean Parker）。那时，扎克伯格满脑子想的都是如何完善网站的各项功能，尽管他们已经成立了一家公司但对于如何运营公司，却毫无概念。在见到 Napster 的创始人肖恩·帕克时，他几乎迫不及待地邀请他加入 Facebook。帕克在 2004 年全盘负责 Facebook 的重组，并正式成为网站第一任总裁。帕克精通现实世界的社交，也有和风险投资打交道的经验。他入主 Facebook 后，在扎克伯格屋前，常常可以看到豪华轿车开进街道尽头，停在掩映着房屋的大树下。驱车前来拜访的人都有意寻找投资对象。

彼得·泰尔（Peter Thiel）是 Facebook 最早的外部投资人。2004 年夏天，由肖恩·

帕克牵线,彼得·泰尔贷款给 Facebook 50 万美元,换回 10.2% 的股权,后被稀释到 3%。

2012 年 2 月 1 日,这家拥有 8 亿 5 千万用户的社交巨头于当地时间开盘后向美国证券交易委员会(SEC)正式递交了首次公开募股(IPO)申请,计划融资 50 亿美元,这是美国历史上最大的科技公司 IPO。公司估值很可能高达 1000 亿美元。

作为 Facebook 的创始人,马克·扎克伯格上周对外发布公开信,就公司 IPO 计划做出详细解析并列出公司的核心价值所在。扎克伯格说,Facebook 的创建目的并非成为一家公司。它的诞生,是为了践行一种社会使命:让世界更加开放,更加紧密相连。

"我们早晨醒来后的第一目标不是赚钱,但是我们知道,完成我们最好使命的方式是打造最强大和最有价值的公司。这也是我们启动 IPO 的原因,我们为了投资者和员工而上市。"

这个不以赚钱为目标的公司即将赚得盆满钵满。按照 28.4% 的持股比例和 Facebook 1000 亿美元的市场估值,27 岁的扎克伯格身价 284 亿美元,位列《福布斯》2011 年全球富豪榜第九位,超过了李嘉诚,排在比尔·盖茨、巴菲特等人之后。Facebook 早期的投资者和扎克伯格的创业伙伴们也纷纷跻身亿元俱乐部。

(资料来源:"少年恺撒"马克·扎克伯格和他的 8 亿王国. 腾讯教育. 2012 年 02 月 17 日)

任务提示

请阅读案例,并查询相关资料分析 Facebook 公司的创始人团队在创业初期是如何确定创业项目的?在公司发展过程中,是如何筹措资金的?

作为大学生群体,在进行创业项目选择时,应该考虑哪些因素?如果你的创业项目需要小额资金,如一笔 5 万元启动资金,可以如何筹措?如果需要超过 50 万元的资金,筹措的渠道有哪些?

任务 1　项目选择

创业是以项目为载体,通过生产和经营等方式,实现一定经济效益为目的的经济行为。在创业投资过程中,项目是基础,是主体,它直接关系着创业者的收益和前途,对投资的成败起着近乎决定性的作用。因此,选择好项目对于创业者来说,是一件十分重要的事。如何把握好项目的选择呢?

5.1.1　项目的要素

1. 项目的合法性

选择项目时,首先要考虑项目是否符合国家的产业政策。国家提倡和鼓励的生产项目,是国家在一定时期内重点扶持、优先发展的产业,必将拥有广阔的市场前景。反之,凡是国家限制发展的和明令禁止的项目,都不能考虑。因为那是没有出路的,甚至是违法的。

2. 项目的含金量

项目科技含量的高低,标志着市场竞争力的强弱,决定着项目生命周期的长短,同时直接关系着经济效益的好坏。只有把眼光瞄准高科技项目,坚持"不断发展"的思路,才能收到"一次投资,终生受益"的理想效果。任何缺少科技含量的项目都是不可取的,因为它最大限度的能量仅是"昙花一现"而已。

3. 项目的成熟度

项目的核心是技术,成熟可靠的技术才能保证项目在实施过程中得心应手,运作自如。实验室的技术处于小试阶段,与工业化生产尚有较大距离,应慎重采用。项目在中试以后,可以直接进入工业化生产的技术状态下引进,这样才能相对保证投资的安全。

4. 项目的适用性

项目的生存和发展,是依赖市场来承载的。市场对某项目的接纳程度,主宰着该项目的兴衰沉浮。因此,项目适用性的强弱,直接关系它所衍生的产品在市场中的地位和份额。一个适用性较差的项目,它面对的市场是十分狭小的,若在狭小的天地中再遇到"高手",其结果肯定是不战而败。

5.1.2　项目选择的原则

1. 规避风险

选择创业项目不要光想着如何赚钱,应该时刻想着如何不赔钱。

2. 确定最大风险承受底线

如果你现在的创业资本是 20 万元,其中的 10 万元是借来的,你的风险承受底线最大就是 10 万元,甚至要考虑设在 5 万～6 万元的范围内,因为你一旦失败还要生存。某投资人只有 2 000 万元的时候,曾经投资 2 个亿的项目,贷款 18 000 万元,但是最后银行利息吃掉了他的全部自有资本,他只好再重新从零开始创业。

3. 做熟悉的业务范围

他人能够成功的项目你未必也能够成功,他人不能成功的项目你也未必不成功;关键是你要熟悉你的投资业务,不要盲目地交学费。世界上只有一个盖茨,不要认为你一定比盖茨强百倍。另外盖茨也是在他最熟悉的业务范围里创业成功的。如果你的父亲是优秀的厨师,那你最好开酒楼,即使现学你都来得及。

高科技项目并不是投资的唯一优选。细观我们都了解的国内一些成功项目的现状,往往是一些大家并不认为是高科技的项目得到了稳定的发展。如靠一根"冰棍"起家的伊利;靠一瓶"炸酱"发展的"阿香婆";靠火腿肠创业的双汇;靠方便面耸立的康师傅;还有湖南的远大空调;四川刘家四兄弟的希望饲料。

4. 根据资本实力选择项目

投资人一般的感觉是缺少资金,当资本少的时候选择项目的方法只能是跟风;就是别人干什么你就跟着干什么,越是很多人干的事你越可以干,每个菜市场都有几家卖豆腐的,全北京市不知道有多少豆腐西施,你也去卖一般不会赔钱,尽管赚不了多少钱。

如果你是二次投资,或者可以一次性筹到比较多的投资资本,你可以不必跟风,这就要自己来创造市场,把潜在的市场开发出来,当然你可以获得超常的利润回报。

5.1.3 创业者实力的评估

要选择一个好项目,不仅仅对项目有较高的要求标准,同时还需要与创业者本身的经营能力、资金实力及经营地的资源、市场等条件综合考虑,全面评估,这样的"好马配好鞍",方能相得益彰。这些需要具备的基础既包括资金的基础,还包括其他方面的基础条件,综合考虑包括如下九个方面:

1. 经济基础

经济基础是用于投资的资本金数量,一般人们都认为如果没有钱就不能投资,其实这只是"经典"的看法而已,也可以说是"老式"的看法。现在的投资形式已经在改变,知识、技术、头脑被资本认可后也可以作为投资的经济基础。

2. 人力资源基础

有了钱还要有人,单凭一个人独打天下的成功率不大。商品市场的竞争如此残酷,人力资源在资金基础形成之后几乎成为投资成功与否的决定性因素。

3. 投资环境基础

任何一个项目的投资都不会是在桃花源里实施,都要考虑周边环境的优劣,这个环境包括硬环境和软环境,既包括天然的环境,也包括人为的环境。

除了要考虑硬环境,还要考虑软环境因素。政府的政策、政府机构的办事效率、劳动力等软环境因素都属于投资环境要考虑的问题。

某集团公司在计划对某省投资一项总额达 8 亿元的项目,前期启动资金定为 1.2 亿元,前期资金按期到位,但是由于某省在审批项目和土地的问题上拖延了接近 9 个月的时间,给集团公司造成了 1900 万元的利息损失,当时资金成本是年息 18%,加上其他的费用损失,这个项目的资金损失超过了 2000 万。通过这一次教训,集团公司认识到投资环境对投资的重要性。

4. 技术能力基础

大多数的投资项目都要涉及技术能力的问题,小到开个大排档,大到投资一座工厂,都需要有技术基础作为后盾。至于高科技的项目,技术基础几乎是一个项目的生命。

5. 市场供求基础

投资是为了资本的增值,增值是由市场的供求关系决定的。为了资本的增值,投资者必须在确定投资项目时考虑并调查市场的供求情况,并正确估计未来的走势。这个情况是确定投资项目的依据。

20 世纪 90 年代,江苏省某市审定一个投资 VC 生产工厂的项目,计划投资 5000 万元,当时的 VC 产品在国际市场销路非常好,投资后 3 年就可以收回成本,但是当专业咨询公司了解到全国各省市地区已经审批了超过几十个这种项目时,劝他们放弃,结果他们还是相信自己,在投资了 2000 多万元之后,国际市场饱和,造成了投资的失败。

投资项目要有新意、有特点、有自己特有的"卖点",是市场还没有饱和、仍有可开拓的领域。一般那些选择最新投资项目的人,都瞄准了新项目广阔的市场发展空间。

6.公共关系基础

作家柯云路说过:一个人事业的成功需要三个要素,一是忍耐;二是公共关系;三是机遇。选择投资项目同样需要这三个要素,其中公共关系就是其一,没有良好的公共关系投资人将处处执拗,不但很少得到社会的支持和帮助,甚至处处受到排斥和打击。

7.国内经济大环境及政策的基础

任何一个投资项目的实施都不可能脱离社会经济发展的大环境,与大环境相适应则会使你碰到的困难相对少些,如果与大环境不相适应,就有寸步难行的可能。

8.人文基础

人文基础包括当地的历史、古迹和民俗民风文化以及人民的商业意识。临潼的农民现在都会说几句英语,卖的是农村的手工工艺品和户县农民画。山西本有丰富的人文资源,但是山西人只会挖煤,大同的佛像上沉积了大量的煤灰,如何发展旅游?

9.国际经济发展状况基础

如果选择投资依赖出口型产品的项目,则对国际经济发展状况就要格外关注。美国今年的经济发展速度开始放慢;日本近十年来一直没有摆脱以前泡沫经济的阴影;东南亚尽管已经初步渡过了金融危机的难关,但是仍然没有有效地调整到位;非洲是地球上最后一个投资的乐园,但是原有的西方殖民经济的基础牢固;至于南极只能无偿地考察不能投资。这些都将对你的投资项目产生致命的作用,事先都不可不详察。否则项目一旦上马,你将来靠什么?

**案例
阅读**　哈佛商学院学生时尚领域创业项目盘点

把"哈佛""创业"两个词儿连在一起,人们的第一反应或许是由两位辍学青年打造的科技帝国:微软和 Facebook,也可能是那些毕业于哈佛商学院的金融界大亨们。不为人知的是,哈佛商学院的学生们有着独特的创业方式,尤其是把时尚和科技创业结合起来。

1. Acustom 成立于 2011 年,使用 3D 技术为用户量体裁衣,从而定制专属于用户的衣服。目前,该网站仅出售男装,女性牛仔产品将在未来 3～4 个月的时间内推出。Jamal Motlagh 是其联合创始人、现任 CEO,在此之前他曾经是职业水球运动员,也在微软公司工作过。对于自己能够成为这个几乎由女性占据的榜单中的一员,他表示"我喜欢成为特例的感觉"。

2. BaubleBar 旨在为用户打造"完美首饰盒,且没有任何压力"。用户可以在网站上挑选出珠宝设计师的设计,并以成本价买下它们。BaubleBar 的联合创始人 Amy Jain 和 Daniella Yacobovsky 同年毕业,也曾是银行同事,生日也在同一天。Amy 及其伙伴们的目标是把 BaubleBar 打造成为"无需经过中年大叔定价的时尚首饰基地"。

BaubleBar 获得了包括 Accel Partners、Lerer Ventures、Founder Collective 及一组天使投资人的投资,这其中包括哈佛商学院的教授 Lena Goldberg。

3. Birchbox 是一个提供高档化妆品样品订阅服务的网站,用户只需每月支付 10 美元或者每年支付 110 美金,就会收到从 Birchbox 按月寄来的一个诱人的粉红色盒子,里面装满了 4~5 种精心挑选的高档化妆品。它由哈佛商学院毕业生 Katia Beauchamp 和哈佛肄业生 Hayley Barna 共同创办。目前,它得到了包括 Accel Partners、Consigliere、First Round Capital、Forerunner Ventures 等机构的融资。

4. Gilt Groupe 公司。Alexis Maybank 和 Alexandra Wilkis Wilson 是哈佛商学院的同学,Alexis Maybank 曾在 eBay 工作。她们于 2007 年建立了 Gilt Groupe 公司,在网站上进行设计师品牌的特卖。她们每天的午间时间都会向网站将近 3 百万的用户发送邮件,告知当天的特卖商品。在 2011 年早些时候,Gilt Groupe 融资 1.38 亿美元。

5. Moda Operandi 公司。Moda Operandi 销售 T 台作品,会在服装发布会之后的几天展出发布会上的服装或者配饰。而后在网站上发起竞拍活动。欲购买的顾客先要交付 50% 的定金,4 个月之内付完剩下的金额,他们就会收到自己心仪的设计商品。预知更多,详见奢侈品电商新模式:Moda Operandi 预售设计师 T 台作品。毕业于哈佛商学院的 Aslaug Magnusdottir 是其联合创始人、CEO,曾经在知名的时尚闪购网站工作过。

6. Rent the Runway 是哈佛商学院毕业生 Jnennifer Hyman 和 Jennifer Fleiss 的创业项目。Rent the Runway 的主要业务是从顶级设计师那里买来衣服、珠宝首饰以 10% 的价格租给用户。成功相对比较早的 Rent the Runway,也成为哈佛商学院的研究案例,曾被时代周刊评为 2010 年度 50 个最佳网站。

7. Trendyol 是开在土耳其的服饰电商网站,其创始人 Demet Mutlu 也曾是哈佛商学院学生。Trendyol 一经推出,即成为土耳其成长最快的电商网站,并迅速获得 Tiger Global 的 2600 万美元投资——这也是 KPCB 第一次投资土耳其的企业。成立于 2010 年 2 月的 Trendyol,目前已经有 400 万用户,350 名雇员。

(资料来源:哈佛商学院学生时尚领域创业项目盘点.创业邦.2012 年 02 月 23 日)

任务2 启动的艺术——资金筹措

5.2.1 企业一般融资渠道与融资方式

企业筹资活动需要通过一定的渠道并采用一定的方式来完成。把两者合理地结合起来,以使公司达成最佳的资金来源结构。

1. 融资渠道

所谓融资渠道,是指筹措资金来源的方向与通道,体现了资金的源泉和流量。认清融资渠道的种类和特点,有利于充分开拓和正确选择融资渠道。目前,我国企业融资的主要渠道和特点如下:

(1)国家财政资金。国家财政资金在企业资金来源中占有相当大的比重。国家对企业的直接投资是国有企业最主要的资金来源,特别是国有独资企业。从产权关系上看,企业产权归国家所有。一般自主创业很难拿到这部分资金。

(2)银行信贷资金。银行对企业的各种贷款,是我国目前各类企业最为重要的资金来源。我国银行分为商业性银行和政策性银行两种。商业性银行是以营利为目的,从事信贷资金投放的金融机构,主要为企业提供各种商业性贷款;政策性银行是为特定企业提供政策性贷款。银行贷款方式灵活多样,可以适应各类企业的多种资金需要。但对于新创建的企业系统不太容易拿到银行贷款,成功创业后发展到一定规模时,可以成为继续发展的重要融资渠道。

(3)非银行金融机构资金。非银行金融机构主要指信托投资公司、保险公司、租赁公司、证券公司、企业集团所属的财务公司等。它们所提供的各种金融服务,既包括信贷资金投放,也包括物资的融通,还包括为企业承销证券服务,可以为一些企业直接提供部分资金或为企业融资提供服务。

(4)其他法人单位资金。其他法人单位资金主要是指企业为提高资金收益率或其他目的将生产经营过程中部分暂时闲置的资金进行投资而形成的资金,包括企业法人单位资金和社会法人单位资金。

(5)民间个人资金。我国城乡居民个人的结余资金。作为游离于银行及非银行金融机构之外的个人资金,可用于对企业进行股票、债券,甚至创业投资等。随着人们生活水平的提高和投资意识的增强,这部分资金会越来越大,也会形成创业资金的一个重要来源。

(6)境外资金。境外资金主要是指外国投资者以及我国港澳台地区投资者投入的资金,是我国外商投资企业和境内外资企业的重要资金来源。目前,境外资金也开始介入我国的创业投资领域,成为一支活跃的力量。

2.融资方式

融资方式是指企业筹集资金所采取的具体形式。研究、认识各种融资方式及其特点,有利于正确选择筹资方式和进行筹资方式的组合。目前,我国企业主要的融资方式及特点如下:

(1)吸收直接投资。这是指企业以协议等形式吸收国家、其他单位、民间或外商直接投入资金,并由此形成企业全部或部分资金的融资方式。它是非股份有限公司筹措资金的基本方式。融资规模可大可小。

(2)发行企业股票。这是股份有限公司筹措自有资金的基本方式。同吸收直接投资相比,股份有限公司可以将其所需筹集的自有资金划分为较小的计价单位,如1元、10元等面值的股票,符合上市条件的股票还可以在证券市场上流通转让,这就为社会上不同层次的投资者进行投资提供了方便。目前,成立股份有限公司并不是很难,只要符合股份有限公司登记成立的条件即可;但要运作股票上市还是有不小的难度,同时也需要较长的时间。以上两种融资方式都属于股权融资。

(3)银行贷款。这是企业根据借款合同从银行借入的资金。银行贷款分为长期贷款和短期贷款、人民币贷款和外币贷款、固定资产贷款和流动资金贷款等。它是企业取得借入资金的主要方式。一般适合大中规模的融资。

(4)发行企业债券。这是企业取得借入资金的重要方式。企业债券分为长期债券和短期债券。同银行借款相比,它可以向企业、单位、社会团体和个人发行,符合条件并可以在金融市场上流通转让。但获得发行债券的资格并不容易,需要证券监管部门的审批,适合较大规模的融资。

(5)融资租赁。这是指由租赁公司按照企业的要求购买设备,并在合同规定的较长期限内提供给企业使用的信用性业务,是企业借入资金的又一种形式,主要适用于需要购买大型设备而又缺钱的企业。

(6)商业信用。这是指企业在商品购销活动中因延期付款或预收货款所发生的借贷关系。延期付款(如应付账款和应付票据)同预收账款都是在商品交易中因发货或预付款在时间上的差异而产生的信用行为,从而为企业提供了筹集短期资金的机会。应善加利用这样的机会,筹集并扩大可不断周转的短期资金。

(7)民间借款。这是向非金融机构的民间资金取得借入资金的一种重要方式,同银行贷款相比,更加灵活快捷,但筹资成本可能较高,适合中小规模的融资。能否获得借款要看自己的社会关系及口碑信用。以上几种融资方式都属于债权融资。

3.融资的分类

融资的途径和方式是多种多样的,根据不同的途径和特点可以有不同的分类方法。

(1)债权融资与股权融资

债权融资,也称债务融资,是指通过增加企业的债务筹集资金,是一种包含了利息支付的融资方式,主要有银行贷款、民间借款、发行债券、融资租赁等。股权融资是指通过扩大企业的所有者权益,如吸引新的投资者、发行新股、追加投资等方式筹集资金,而不是出让现有的所有者权益或转让现有的股票。出让或出卖现有的股份是转让行为,没有增加权益。股权融资的后果是稀释了原有投资者对企业的控制权。

(2)内部融资和外部融资

内部融资可以来自公司内的若干渠道,如利润、出售资产收入、减少流动资本量、延期付款、应付账款等。外部融资包括吸引直接投资、家庭成员和亲朋好友借款、银行贷款、发行债券、融资租赁、民间借款等。

(3)风险投资

顾名思义,风险投资是一种投资风险较大,但投资成功后收益也较高的投资行为。一般来说,风险投资介入企业投资的阶段比较早,这是由于风险投资追逐高收益、承担高风险的特性所决定的。风险投资是一种权益资本,而不是借贷资本。对于创业风险较大,一旦成功价值也很高,即具有高成长性的高科技创新企业,风险投资是一种昂贵的资金来源,但是它也许是唯一可行的资金来源。银行贷款虽说相对比较便宜,但是银行贷款回避风险、安全第一,高科技新创企业很难拿到银行贷款。传统行业虽然风险性相对较小,但成长性也很有限,风险投资一般也很少光顾这类新创企业。因此,在风险投资的参与下,诞生了微软、思科、雅虎等著名的高科技企业。

5.2.2 创业融资渠道与方式

根据创业企业生命周期理论,可以将创业企业分为四个阶段:种子期、初创期、发展期、成熟期。在不同的阶段,融资渠道与方式有所不同。

1.创业种子期的融资

(1)自筹资金

自筹资金主要包括业主(或合伙人、股东)自有资金、向亲戚朋友借用的资金等。创业者在初创阶段通常使用自己的资金,或通过抵押自己的私人财产(如房子、汽车等)获取银行贷款,或通过信用卡借款等方式获取创业资金。向亲朋好友借钱是许多小本创业都经历过的事情,但这种借款金额一般都不会太高。善于吸纳有一定资金实力的合伙人或股东是值得重视的融资渠道和方法。

(2)种子基金

种子基金主要为在种子期的创业企业提供资金支持。种子基金由相应的政府机构和相关企业共同成立,在出资的时候要求创业者对创业项目有相应的自融资金。

2. 创业初创期的融资

(1)获取"天使投资"

所谓"天使投资",是指用自有资金投资初创企业。"天使投资"虽然是创业融资市场上的"新面孔",但由于门槛比风险投资低许多而备受创业者的青睐,甚至大有青出于蓝而胜于蓝的势头,成为创业融资的新渠道。"天使投资"往往是创业者求遍亲朋好友、转向风险投资前的一个选择。一笔典型的"天使投资"往往只是几万或几十万美元,是风险投资家随后可能投入资金的零头。

(2)小额创业贷款

目前各地正在尝试解决创业贷款难的问题,不同地区情况不同,解决办法也不同。一些地区推出小额创业贷款服务,一些地区由政府出面组建中小企业创业担保公司,为新创企业贷款进行担保等。具体要查询当地的政策。

(3)创业租赁

创业租赁兴起于 20 世纪 80 年代末,是专门针对新创企业而开展的一种特殊形式的融资租赁方式。其运作机制起源于融资租赁,但通过创业投资又对一般意义上的融资租赁进行了改造,是一种将一般融资的灵活性与创业投资的高收益性有机结合的新型融资方式。当新创企业缺乏资本无力购买所有的设备时,创业租赁便为解决这一难题提供了捷径。在创业租赁合同中,承租人可以在资产使用寿命期间获得设备的使用权;而出租人可以以租金形式收回设备成本,并获得一定的投资报酬。

与一般融资租赁相比,创业租赁有以下特点:一是创业租赁的资本来源是创业投资资本,出租方大都是创业投资公司,少数是创业租赁公司;二是承租方是新创企业;三是创业租赁风险较一般租赁融资风险高,因而租金也较高;同时,为了防范高风险,出租方通常要派一名代理进驻承租方。不仅如此,为了获得足够多的风险补偿,一般还可以获得认股权。

与典型意义的创业投资相比,两者有以下区别:一是权益,典型意义的创业投资是一种股权性质的投资,对新创企业有相当大的管理权;创业租赁不属于股权融资,虽然也可以派代理进驻企业,但通常不加入管理层,对新创企业没有管理权。二是风险,创业投资一旦失败,将可能血本无归;创业租赁则可以从设备变卖中获得部分补偿。因为设备是属于出租方的,因而风险相对较小。三是时间,创业投资的期限较长,一般为 5～7 年;而创业租赁通常为 3～5 年。

创业租赁对新创企业有以下意义:一是解决资金短缺问题,有助于尽快形成生产能力;二是租金支付的可计划性,可以与出租人协商安排租金的支付,有助于安排经营计划和财务计划,这对初创企业而言是十分重要的;三是既可以改善资本结构,又可以减少企业所得税的税负。因此,创业租赁很适合初创企业。例如,在筹备初期,可短期租赁办公设备、运输工具等,暂时解决资本不足的问题,持所需资本到位后再做购买的打算;此外,在短期租赁中,设备的维修保养工作一般由出租人承担,这样可以克服新创企业专业人员不足的困难,并能节约成本。

(4)政府扶持资金

①担保基金。担保基金主要是为初创期的企业提供流动性资金的支持。可以由相应的政府机构和金融机构共同成立(如广东省邮政储蓄银行和团省委共同发起成立这种基金,委托邮政储蓄银行管理),在创业企业遇到流动性资金需要向商业银行进行贷款时,可以由该基金进行担保,从而避免创业企业缺乏担保而不能从商业银行获得短期的流动性资金问题。

②创新基金。"科技型中小企业技术创新基金"(简称创新基金)被誉为创业企业的"奖金",它奖励给那些"品学兼优"的创业企业,使其可以得到"无偿"的资金帮助。很多创业企业以能得到创新基金的支持为莫大的荣耀,因为它的确像我们上学时获得的奖学金那样,除了取得资本的欣喜之外,还意味着对自身的肯定和褒奖,意味着企业在向他人推介自己时,可以拿出有力的证明。但金额一般不会太大,主要是其象征意义远大于资金价值。如果在获得创投资金前得到创新基金,对获得风险投资也会有一定的帮助作用。

申请创新基金的条件如下:

※属于科技型中小企业。

※具有自主创新、技术含量高、市场前景好的研究开发项目,如软件、生物、医药等。

※是科技成果的转化项目。特别是"863"计划、攻关计划的产业化项目。

※是利用高新技术改造传统产业的项目。

※具有传统优势,加入 WTO 后能带来更多市场机遇的项目。

※具有一定技术含量,在国际市场上具有较强竞争力,以出口为导向的项目。

※是科研院所转制,特别是原国务院各部门的研究院所转制为企业的项目。

※是科技人员,特别是海外留学人员回国创办的科技型中小企业的项目。

※是孵化器里的初创项目。

※有良好的、符合要求的申报材料。

3. 创业发展期的融资

风险投资一般投资于企业中期前后的阶段,金额一般较大,可达几百万甚至几千万美元,审核非常严格。

4. 创业成熟期的融资

(1)直接融资

直接融资包括发行债券和公开发行股票,两者都对企业的规模、赢利能力、管理水平等有较高的要求,监管部门审核严格,能获得通过的企业较少。一般融资数额都较大。理论上说,债券融资(发行债券)一般适合所有类型的企业,证券融资(公开发行股票)通常仅限于具有高成长性的企业。两者比较而言,债券的融资成本相对较低,证券的融资成本较高,但如果企业受欢迎,其发行溢价也很大,权益收益较大。对投资者而言,债券的风险较低,有相对稳定的利息收入,但投资收益相对较低;股票的风险较大,没有固定的收益,但潜在的收益可能很高。两者分别适合于不同风险偏好的投资者。目前,市场虽然发展很快,但对中小企业直接融资的支持仍然很弱,建立多层次的资本市场,必将为中小企业的直接融资带来更多的机遇。

(2)间接融资

间接融资主要是指银行贷款。银行贷款主要有抵押贷款、担保贷款和信用贷款等。对于初创企业几乎是不可能拿到银行贷款的,因为初创企业既无抵押物,也无人愿意担保,更无信用历史与记录;发展到创业中后期,可以先由抵押贷款开始尝试银行贷款,但也还是很难。总的来说,目前中小企业普遍存在着贷款难的问题。

为了能顺利拿到银行贷款,民营企业应未雨绸缪,提前做好以下工作:一是建立良好的信誉;二要严格依法经营;三是提高员工素质;四是建立健全财务制度;五是慎重选择所从事的行业;六是注重企业积累。需要提醒的是,贷 10 万元与贷 100 万元流程都一样,除非是小额创业贷款的"快速通道",否则只贷几万元不仅所花时间不菲,费用也不低,不如考虑其他融资渠道。如果想贷一笔大额的款,倒不妨一试。

案例阅读

茶马云南苏建益:连锁卖特产成商界新秀

拖延学费,负债 2 万元,租 7 万元的门面开店,作为一名大三学生,你敢这么做吗?但是云南小伙子苏建益做了。苏建益说,自己的创业经历和"十一五"同步。5 年时间,苏建益的身份从一个穷学生,变成了身家 500 万的商界新秀。"我正好赶上国家鼓励大学生自主创业的好时候。"苏建益说,"'十二五'马上就来了,我计划在全国开 500 家店。"苏建益坐在自己的办公室里,信心满满地说。

苏建益家在云南乡村,父母靠种地和养奶牛供他读书。2002 年,考取长春师范大学政法学院后,他便开始了在长春的求学生涯。初来长春,南北的地域差异让他既新奇又有点不适应,但正是这种地域差异,让他抓到了商机。

大一寒假结束后,苏建益从家乡带回一些饰品,没想到,引起了班上不小的热潮,很多人对这些东西感兴趣。苏建益尝试搞起了小生意,他把饰品做成海报贴出,留下寝室电话,竟不断有人来询问。后来,苏建益干脆在学校的书屋租下一角,不定期从家乡进货。

懒散的午后,书屋一角,半壁墙面挂满了云南饰品,墙下摆放着一张圆桌,三两好友稀疏围坐,品酒、吹牛、畅想未来。苏建益说,那时候,每个月能净赚 1000 元左右,这对于每月生活费只有 500 元的苏建益来说,是一笔不小的收入。

"借鸡生蛋"　掘第一桶金

2005 年,大三下学期,苏建益为了保证资金链的完整,已经拖欠了两年学费。而此时,由于赚不到钱或不敢铺入更大成本,校园内一起创业的同伴越来越少,可就在这时,这个云南小伙子做了一个惊人的决定——借钱到桂林路开店,店名就叫"茶马云南"。苏建益说,大学生创业一直受到国家支持,他看好了这个方向,另外,光提"云南"两个字就已经让无数人神往,在东北地区销售云南饰品,他看好了这个市场。

店面的启动资金就要10万元,除从亲戚处借来2万元和自己1万多元的积蓄外,钱远远不够。苏建益想到了"借鸡生蛋"的办法,他拉来了自己的一位老师和同学入股,凑够了剩下的6万元投入资金。苏建益说,那时,他从没见过2万元,却已负债2万元。后来,拿着7万元去交房租的时候,他手都在抖。

2005年,苏建益通过这家店,挖到了人生第一桶金。他说,当时长春还没有云南方面的饰品出售,"茶马云南"开业后,营业额扶摇直上,并逐渐打出了品牌,开始有商家咨询加盟的事。

5年拼搏　创富500万

经过5年的发展,"茶马云南"已覆盖吉、黑两省,知音店和加盟店共计80多家。在苏建益公司走廊的行程表上,还有多家店面即将开业,店面总数在年底将达到100家。苏建益说,2005年是一个起步,现在公司迈上了一个台阶,已拥有资产500万元左右。

目前,虽然长春已有20多家店面,但这并不是茶马文化传播有限公司发展的本部。在云南,他们已经建立自己的公司负责采购。苏建益说,长春是他的第二故乡,是"茶马云南"的发源地。

8年以后　酝酿公司上市

"5年以后,'茶马云南'店面将达到上千家。"提起未来,苏建益信心满满,他预计,"茶马云南"发展的大目标在中国东部和中部,四川、重庆还可以,云南、贵州、西北、新疆、西藏没有多大发展前途。他说,全国的潜力在2000家左右,他要做的是做好每一个知音店和加盟店,控制好步伐,踏实地实现品牌升级,实现精品化。

苏建益说,8年以后,他将准备融资四五千万元,运作茶马文化传播有限公司的上市,那时,"茶马云南"将实现另一个飞跃。

(资料来源:茶马云南苏建益:连锁卖特产成商界新秀.创业邦.2012年02月22日)

5.2.3　风险投资简介

风险投资作为主要针对创业企业的新型投资值得特别介绍一下。

1.风险投资的含义与特征

风险投资(Venture Capital Investment,VCI),也称为创投,是指风险投资者(投资公司、风险投资家、天使投资者等)寻找有潜力的成长型企业,投资并拥有这些被投资企业的股份,并在恰当时候取得高资本收益的一种商业投资行为。风险投资是在市场经济环境下支持科技成果转化的一种重要手段,其实质是通过投资于一个高风险、高收益的项目群,将其中成功的项目进行出售或上市,实现所有者权益的变现,这时不仅能弥补失败项目的损失,而且还可以使投资者获得高额回报。

风险资本通过购买股权、提供贷款或既购买股权又提供贷款的方式进入这些新兴公司。风险投资具有两大典型特点,即"创新+金融"和"投资+管理"。

"创新+金融":指风险投资以金融的手段帮助企业实现创新,使创新从"萌芽"阶段飞跃至"实现价值"阶段,使利润得以提前实现。

"投资＋管理":指风险投资不仅仅为项目提供资金,更提供一系列的增值服务,在管理上帮助企业克服经营或者管理瓶颈,使之得以长远发展,这也是为什么风险资本总是被称为"smart money"(指那些有经验的投资商或善于赌博的人投的资)的原因。

2. 风险资本的来源与风险投资者

风险资本的来源有很多,包括金融保险业、政府资金、企业资金、民间家庭与个人资金等;多为拿出占其资产比例不高的一部分资金,为追逐超额利润的、比较激进的投资行为。政府资金的目的主要是为了鼓励和引导高科技企业的发展,促进经济的健康快速成长。

风险投资者主要包括风险投资家、风险投资公司(创业投资公司)、产业附属投资公司和天使投资者等。

(1)风险投资家:是指向其他企业投资的企业家,与其他风险投资者一样,他们通过风险投资来获得利润回报。所不同的是,风险投资家所投资的资本全部归自身所有,而不是受托管理的资本。

(2)风险投资公司:其种类很多,但是大部分公司通过风险投资基金来进行投资,这些基金一般以有限合伙制为组织形式。

(3)产业附属投资公司:这类投资公司往往是一些非金融性实业公司下属的独立风险投资机构,他们代表母公司的利益进行投资。这类投资者通常主要将资金投向一些特定的行业。

(4)天使投资者:这类投资者通常投资于非常年轻的公司,在公司产品和业务成型之前就把资金投入进来,以帮助他们迅速启动。这类投资金额一般不会太大。

3. 投资目的和投资期限

风险投资虽然是一种股权投资,但从根本上说,投资的目的并不是为了获得企业长远的所有权,不是为了控股,更不是为了经营企业,而是通过投资和提供增值服务把投资企业做大,然后通过公开上市、兼并收购或其他方式退出,在产权流动中实现投资回报。

风险投资者帮助企业成长,但他们最终是寻求渠道将投资撤出,以实现增值。风险资本从投入被投资企业起到撤出投资为止所间隔的时间长短就被称为风险投资的投资期限。作为股权投资的一种,风险投资的期限较长,一般为5~7年。

4. 投资对象与投资方式

风险投资的产业领域主要是高新技术产业,包括计算机、网络和软件产业、医药、医疗保健产业、通信产业、生物科技产业、航天科技等。从投资性质来看,风险投资主要有三种方式:一是直接投资购买企业股权;二是提供贷款或贷款担保;三是两者的结合。从投入方式来看,分为分期投入和一次性投入。分期投入比较常见,既可以降低投资风险,又有利于加速资金周转。一次性投资方式并不常见,一般风险投资家和天使投资者可能采取这种方式,一次投入后,很难也不愿提供后续资金支持。

5. 如何吸引与选择风险投资者

如何与风险投资者对接,这是一个复杂的博弈过程,最终取决于双方的经验、信任、胆略甚至直觉。有人比喻,在创业的新时代,风险企业与风险投资者就像两个独翼巨人,他们渴望相互捆绑在一起飞翔,但只有在风险企业具备强壮的右翼后,风险资本才愿意把它强大的左翼绑过来。因此,创业者需要思考并解决好以下问题。

(1)了解风险投资者的所思所想

任何一家投资公司都不会选择那些不具备成功条件的企业去投资,风险投资者将努力寻求基本素质高的创业者。创业者的"诚信正直、有成就、精力充沛、天资过人、学识渊博、领导素质、创新能力"这七种素质对风险投资者很有吸引力。

(2)考虑风险投资者的偏好

风险投资者容易偏好具有领先优势的公司。如果风险企业有一项受保护的先进技术或产品,那么该企业就会引起创投公司更大的兴趣。这是因为高技术行业本身就有很高的利润,而领先的或受保护的高技术产品更可以使风险企业很容易地进入市场,并在激烈的市场竞争中立于不败之地。因此,这些企业常常可以筹集到足够的资金以渡过难关。

(3)地域与技术领域因素

一般的风险投资公司都有一定的投资区域,既包括地理区域,也包括技术区域。对技术领域而言,风险投资者通常只对自己所熟悉行业的企业或自己所了解技术领域的企业进行投资。对地理区域而言,风险投资者所投资的企业大多分布在公司所在地的附近区域或集中在某一选定区域,这主要是为了便于沟通和控制,节约成本。一般来说,投资者自己并不参与所投资企业的实际管理工作,他们更像一个指导者,不断地为企业提供指导和经营建议,但也有可能为风险企业推荐有经验的管理者。

(4)公司规模

大多数风险投资更偏爱成长性高的小公司,这是因为:小公司技术创新效率高,有更多的活力,更能适应市场的变化;同时,小公司的规模小,需要的资金量也小,创投公司所冒的风险有限。从另一方面讲,小公司的规模小,其发展的余地也更大,因而同样的投资额可以获得更多的收益。另外,通过创建一个公司而不是仅仅做一次投资交易,可以帮助某些风险投资家实现他们的理想。

(5)经验

现在,风险投资者越来越不愿意和一个缺乏经验的创业者合作,尽管他的想法或产品很有吸引力。一般来说,投资者会要求创业者有从事该行业工作的经历或成功经验。如果一个创业者声称他有一个很好的想法,但他却没有在这一行业的工作经验,投资者就会怀疑这一建议的可行性。组建一个经验丰富、知识能力互补的管理团队是获得风险投资的关键。

大多数年轻创业者所常犯的一个错误就是,没有去寻找足够的帮助,怕与他人分享成功,没有和已在该行业取得成功的企业家或职业经理人进行交流。一个意识到自己缺乏经验的聪明创业者会主动放弃总经理职位,而聘请一位有成功经验的管理者来当CEO。多数没有经验的创业者都很年轻,这就使他们有足够的时间成长为一名卓越的管理者和企业家。

(6)耐心和毅力

由于寻求资金的人很多,风险投资者也需要一个筛选的过程。有人引荐非常有效,只要有这样的资源,就要尽量利用。如果风险企业能够得到某个创投公司信任的律师、会计师、行业内"权威"或其曾投资企业的推荐,那么他获得投资的机会就会提高很多。其实风险投资者并不像人们想象的那么难接近。一些创业者经常抱怨自己找不到风险投资者,试想,如果一个创业者找不到一个方法去和投资者接触,那么又怎能期望他会成功地向顾客推销产品呢?因此,在寻找并接触风险投资者的过程中,创业者还要有一种坚忍顽强的精神。

发电子邮件仍然是有效的,尽管80%甚至90%以上的电子邮件会被否决,但是找风险投资本身就很难,只要得到一个回复就很成功了。风险投资家们的名片要充分利用,那些名片上的邮箱都是风险投资家们本人使用的。第一次发送的电子邮件内容不要超过100字,而且最好在邮件标题上就注明具体字数。这是一种换位思考,风险投资家们的时间都非常宝贵,而且他们会经常收到很多的投资申请,没有时间和精力去看长篇大论。

案例阅读

马云创业真经:吸引股东 靠魅力更靠实力

当很多找不到钱的网站疯狂追逐风险投资时,马云却对风险投资者百般挑剔。马云能如此"嚣张",是因为他拥有一个一流的团队和一个潜力巨大的品牌。

阿里巴巴不走其他网络公司的老路:找钱——招人——做事,而是独辟蹊径:招人——做事——找钱。他人是先融资再做品牌,马云偏偏反其道而行之;他人是网站找风险投资者,马云却让风险投资者找网站。他先是精心做品牌,不谈投资;然后又对风险投资者百般挑剔,先后拒绝了37家上门的投资商,最终才接受了高盛的第一笔风险投资。

马云创办阿里巴巴的初衷就是想创办一家中国人自己的电子商务网站,把买和卖的供求信息经过加工处理后在网上进行发布。1999年2月21日,阿里巴巴的18位初始创办人凑够50万元创办了阿里巴巴,当时他们希望网站能在成立10个月之后吸引到投资。这样,1999年3月10日,没有融资的阿里巴巴团队开始建立网站。从此开始了长达6个月的闭关修炼。在这6个月的时间里,阿里巴巴基本上是封闭运作的。

阿里巴巴在这6个月内的成长速度是惊人的。1999年9月,阿里巴巴创办半年之后,横空出世。阿里巴巴一亮相就是世界上最出色的B2B网站之一,这一成功为其顺利融资奠定了基础。

马云说:"我一直认为,不管做任何事都不能有功利心。做事不能功利心太强。我没有什么功利心,我只是想证明,我们这代人通过努力是可以做一件伟大的事情的。说归说,做还得脚踏实地,最后证明你不是狂人。七八年前大家觉得你狂,做出来就不会有人说了,我不过比别人早做了3年而已。阿里巴巴融资是为做一番事业。要找风险投资者的时候,必须跟风险投资者共担风险,这样你获得投资的可能性才会更大。"

投资者最怕的是创业者问他要钱,最希望看到的是创业者不要钱,而是他主动给创业者钱。如果创业者没有实实在在的好东西或好产品,投资者根本不会搭理你。而马云谈阿里巴巴的情况时只说了6分钟就得到了孙正义的青睐,让孙正义下定决心给马云投资3000万美元的原因所在,是那6分钟背后阿里巴巴独创的发展方向和6个多月没日没夜的艰辛努力。

马云说:"我相信孙正义喜欢我,所有的投资者都喜欢我,是因为我说了我想做成这么一件事情,这件事情的结果一定会带来很多钱,所以他看见的是我这个眼神。世界上有钱的人很多,但能做阿里巴巴的人并不多,我觉得这是我们的信心所在。这个投资者不给我,另外会有别人给我,我就找愿意给我的人,全世界有很多投资者,但马云就一个,没办法。"

马云给外界更多的印象似乎是"疯子""狂人",但他的确是个"疯狂而不愚蠢"的创业家。在互联网"发烧"的年代,他难得地保持了一颗平常心,做出了诸如"回到中国""停下来""不上市"等明智的决策。因为他把创业、经营一个企业看作一场3000米的长跑,不仅要跑得快,更要跑得稳。其实,对于任何一个创业者而言,创业的过程都是一场马拉松式的长跑,终点在哪里也许并不重要,重要的是我们有完善的"供血"体系和"造血"机能。所以,最后的胜利者,一定属于内力充足的人。

而在中国,有一大批企业靠着外来的"输血"而寄生于这片热土上。无论是当年VCD军团的集体"贫血",还是其后彩电兵团血拼价格的"军阀混战",抑或是汽车行业的"以市场换技术",到最后几乎都是元气大伤、内力耗尽。面对"中国有几个企业真正拥有世界领先的核心技术"这样的质疑,我们的企业始终都显得底气不足。

幸运的是,仍有一大批提前觉醒了的民族企业,率先举起了自强不息的大旗,潜心修炼,为练就"金刚不坏之身"而奋进。如吉利,在李书福"合资是抽鸦片"这种极具震撼力的口号的指引下,即便是一辆车只赚1200元也要坚持自主研发;如华为,在任正非"迎接挑战,苦练内功,迎接春天的到来"那种极具感染力号令的带领下,每年不低于10%的科研投入,一次次走出了"华为的冬天";又如马云,在他创建阿里巴巴初期便遇上了互联网的"寒冬",看着同行一个个倒下,马云告诉他的伙伴们,一定要坚持住,他们也苦练内功,"跪着过冬",终于走出困境,迎来春天。不得不承认,一个优秀的创业者、企业家,必然要有一种苦练内功的毅力与魄力。

曾有人分析,马云接受孙正义2000万美元的融资,这并非是明智之举。因为当时阿里巴巴刚获得高盛的大额投资,阿里巴巴的日流量与知名度都在与日俱增,再晚一些引入新的投资者,会更有利于公司总值的增加,而马云却认为:孙正义敲门,这事一定要做。

正是因为欣赏孙正义,甘愿吃点小亏的马云也因此交上了好运。从2000年4月起,纳斯达克指数开始暴跌并持续了长达两年的低迷不振状态,这之后所有的中国互联网公司都无法得到任何投资,唯马云和他的阿里巴巴粮草充足,衣食无忧。而对孙正义来说,他也投对了对象。2002年底,阿里巴巴全面实现赢利600万元人民币。2003年,阿里巴巴实现每天营业收入100万元人民币。阿里巴巴赚钱是给风险投资商最好的礼物。

马云说:"我从2000年拿到钱,2003年到2004年,融资8000多万美元,阿里巴巴4年以来每个季度的业绩报告从来没有让我的投资者失望过。既然你说到的都做到了,每个季度的董事会开会到后面的报告都一样,你还要说什么?你要钱,人家一定会放在桌子上面。"

(资料来源:马云创业真经.阿里巴巴资讯.2012年02月24日)

任务 3　试水创业——创业计划书

创业计划书是用以描述与拟创办企业相关的内外部环境条件和要素特点,为业务的发展提供指示图和衡量业务进展情况的文件。通常创业计划书是市场营销、财务、生产、人力资源等职能计划的总和。被称为创业融资"敲门砖"的创业计划书作为众多创业企业进行融资的必备文件,其作用就如同即将上市的公司的招股说明书,是一份对融资公司或项目进行陈述和剖析,便于潜在投资人对投资对象进行全面了解和初步考察的文本文件。近年来,创业融资的程序日益规范,作为投资公司进行项目审批的正式文件之一,学习制作创业计划书已经成为创业者的"必修课程"。

创业计划书是创业过程的灵魂。在创办公司前,创业者必须根据自身的实际情况拟一份详细的创业计划书。好的计划是成功的一半。

5.3.1　编制创业计划书的准备工作

在制定创业计划书之前,创业者不仅要明确创业的指导方针。而且还应对创业所涉及的一些具体情况作深入的调查了解,这样才能做到有的放矢,使计划具有可行性。具体而言,创业者应特别对下列情况进行全面分析了解。

1.创业的宏观环境。宏观环境是创业者本身无法控制的外部因素。它包括的内容广泛,主要是经济环境、政治与法律环境、科技环境、文化环境等。

创办公司前,创业者必须搜集各种有关信息,认真分析、研究宏观环境的发展变化。否则,就很可能因为不了解宏观环境的状况而使投资"竹篮打水一场空"。

2.调查货源情况。对于创业者来说,货源情况是必须了解和考虑的重要因素。只有具备充足的货源,创业项目竣工并投入使用后,才能保持正常的运转,从而获取合理收益。相反,如果没有充足可靠的货源,创业项目则难以取得预期的收益。

3.调查需求状况。消费者的需求状况如何,直接决定着商业经营的好坏。没有需求的商业,无异于"无源之水""无本之木",是无法做到买卖兴隆的。

4.调查竞争状况。知彼知己,百战不殆。创办公司者对于准备投资于其中的某一行业的竞争对手的情况必须充分了解。这是创业者在开创公司前必不可少的一项准备工作。

5.进行价格预测调查。在创办公司进行的调查活动中,价格是需要考虑的重要因素之一。价格水平的高低及其变动情况,不仅对创业项目的造价具有重要影响,同时对于项目投入经营后的经济效益也具有十分重要的意义。

6.商品销路的预测。对于创业者来说,预测商品销路是非常关键的一环,也是创业前的一项必不可少的准备工作。如果企业经营的产品销路不好,则投入的资金想收回甚至增值,其困难程度是可想而知的。

5.3.2 编制创业计划书大纲

在进行认真的调查之后，认为自己的创业切实可行，创业者就可以开始拟定创业计划书了。以下是创业计划书的大纲：

1.整体概念的陈述。创业的点子可能只有你清楚，倘若有他人要为你提供财务或人事上的资源，这时你要扼要地说明你的创业计划。整体概念的陈述内容应包括创业点子的介绍，以及对未来获利潜能和可能风险的评估。

2.产品和服务内容。产品和服务内容的描述应涵盖产品制造过程中的各项成本、名称和所需的包装，以及任何独特和极具竞争力的有利条件。

3.市场。典型的创业计划书都要分析消费者决定购买产品或服务的过程及其决定购买等相关因素。在认识未来消费者的背景之后，你便能掌握价格的制订及了解竞争的环境。除此之外，计划内容也要说明市场的特点，如销售方式、市场循环性及政府的影响力等。

4.各种准备工作的进度表。要着手进行计划的关键，在于拟一份创业所需工作的执行进度表。这份执行进度表应详载工作内容、执行时间，如果可行的话，还要列入计划开始与结束的时间以及各项工作的负责人等。

5.预算。任何创业预算都要特别考虑到两个重点：现金流通量及财务困难的早期征兆。此时，你需要有一个良好的簿记系统来帮助你每月都能仔细监控这两大重点。身为老板的你，应该尽快学会从每日或每周的账目中，侦测出任何债务危机的警告信号。

5.3.3 撰写创业计划书

企业创业计划书整体没有特定的形式，对于向创业投资者所要表现的重点，可以从本企业特点出发进行表述。

创业计划书的阅读者可能是商业银行、风险投资集团、潜在的合作伙伴、高层管理人员、供应商、分销商、律师、会计师、咨询师等。

有的创业计划书能迅速抓住投资人的眼球，有的却只能以进入"回收站"作为使命的终结。客观地说，项目自身素质是最关键、最核心的原因，但是一个完美的、专业的表现形式也同样重要，"酒香不怕巷子深"的逻辑在竞争激烈的现代商业运转中并不适用。

1.撰写原则

(1)以市场为导向

创业计划书应以市场导向的观点来撰写，并充分显示掌握市场现状与预测未来发展的能力。一份好的创业计划书要从投资者的需求出发。投资者最关心的是市场规模有多大，消费者的需求是什么，以及投资回报与投资风险。

(2)语言要规范、清晰

整份创业计划书前后基本假设或预估要互相呼应，也就是前后逻辑要合理。尽量提供投资者评估时所需的各项信息，并附上其他参考性佐证资料。创业计划书中出现的每一个数据都应当是有来源、被认可的。

（3）要简洁、引人入胜

内容用词应简单明了，切勿太专业繁琐，对于非相关的资料勿加罗列，以免过于冗长。

2. 撰写内容

创业计划书的撰写主要包括以下内容：

（1）计划摘要。这一部分是投资人最先阅读的部分，却是在创业计划书写作过程中最后完成的部分，是整份创业计划书精华的浓缩，旨在引起投资人的兴趣，使其有进一步探究项目详情的渴望。计划摘要的长度通常以 2～3 页为宜，内容力求精练有力，重点阐明公司的投资亮点，尤其是相对于竞争对手的抢眼之处。计划摘要要涵盖计划的要点，以便投资者能在最短的时间内评审计划并做出判断。

计划摘要一般要包括以下内容：公司介绍、主要产品和业务范围、市场概况、营销策略、销售计划、生产管理计划、管理者及其组织、财务计划、资金需求状况等。

（2）产品和服务介绍。此部分主要是对公司现有产品和服务的性能、技术特点、典型客户、盈利能力的陈述，以及未来产品研发计划等的介绍。在产品和服务介绍部分，创业者要对产品做出详细的说明，说明要准确，通俗易懂，注意避免对其产品技术的介绍过于专业和生僻，占用过多的篇幅。

（3）市场与竞争分析。这一部分应该使投资者确信创业者已经详细、完整地了解了竞争环境和宏观环境。本部分旨在论证：企业的产品或服务的市场根基稳固并能不断发展；创业者可以取得防止他人攻击的市场地位。

无论是创业者，还是投资人，都需要随时关注竞争对手的动态。未雨绸缪、深刻剖析竞争对手总是好的。研究对手不仅要研究他们的营销策略、产品、价格、渠道、广告等，还要研究他们的薪酬体系、人力资源、企业的外部关系等，同时还要研究他们的企业文化，这些都需要创业者进行深入研究。

（4）战略规划与实施计划。如果创业计划书只是重复他人既有的经营模式，投资人很难看出后进创业者在市场上会有什么获胜机会。因此，创业者能否提出一套具有差异化的新企业经营模式，并且创造显著的利润，长期保持竞争优势，是直接判断创业计划书成功可能性大小的依据。

在这一部分内容中，要着力举证为了实现战略目标而在团队、资金、资源、渠道、合作等各方面的配置。制定的实施计划要与创业计划书中其他章节保持一致，例如，产品计划与产品服务中的未来研发一致，资金配置与资金使用计划一致，人员配置与人力资源规划一致等。

（5）管理团队介绍。创业计划书中，必须要对主要管理人员加以阐明，介绍他们所具有的能力，他们在本企业中的职务和责任，他们过去的详细经历及背景等。

（6）财务预测与融资方案。对创业企业来说，其所掌握的财力资源通常十分有限。为了以更少的资源取得尽可能大的经济效益，并为了让企业有足够多的利润对潜在投资者等相关人员产生吸引力，创业者就必须制定好财务计划。

（7）风险控制。风险分析部分的目的是说明各种潜在的风险，向投资人展示针对风险的规避措施。对投资人而言，风险并不可怕，可怕的是那些对于风险盲目乐观或根本无视风险的创业者。所以，那些对于反映这一部分"避重就轻"的做法并不可取。

案例阅读 "闪电贴"创业计划书

案例为第四届"挑战杯"创业计划竞赛金奖作品,由复旦大学团委提供,特此表示感谢(为避免篇幅过长,编者对部分内容作了删减)。

目录

1 执行总结

1.1 公司

上海盛旦科技股份有限公司秉承"Tech Application(应用科技)"的经营理念,努力将高科技实用化,满足大众需求。公司目前拥有的一次性打印电池技术由复旦大学化学系研究开发,拥有完全的知识产权并已申请专利。

盛旦公司在一次性打印电池技术的基础上首先推出了"闪电贴(Flashtip)"一次性超薄手机电池系列产品,填补了一次性手机电池的市场空白。目前手机已经成为人们生活中不可或缺的消费品之一,据统计目前全国已有手机用户2.5亿,但手机的不便之处也逐渐暴露,比如关键时刻的电量不足,突然断电的现象常常给人们带来很多尴尬,特别是外出洽谈商务或结伴出游时手机电池的突然断电有时会给人们带来很大的损失。虽然一些大商场提供了临时充电器,但由于充电需等候多时,且只有少数大商场提供此类服务等原因,手机电量的及时补充问题还未得到根本解决。"闪电贴(Flashtip)"系列一次性超薄手机电池正是针对这一市场空白而推出的最新产品。

1.2 市场

"闪电贴(Flash tip)"的目标群体主要定位于出差的商务人士、旅游群体以及往来商旅等,一张1毫米厚、面积与传统电池板相仿的产品将提供约为12小时的电池电量,只需将其贴于现有电池表面即可电力十足,轻便而快捷,既可以作应急使用,尽可能地降低短期断电造成的通讯中断损失,也可省去外出携带充电器等不必要的麻烦,作为常用的备用手机电池。当然,由于其较高的性价化,其他普通消费者也可以接受。

在区域市场上,初期以国内市场为主,先大中城市后小城市,同时在适当的时间进入国际市场,利用全球化的市场需求获得规模竞争优势。

1.3　生产与营销

盛旦的准备在上海张江高科技园区设立加工基地，由于有成熟的技术（主体技术为现代喷墨打印技术和纳米材料技术），产品的加工工艺并不复杂，主要设备为打印设备和电池材料配置设备，初期成本为1.2元/帖（大小类似于普通手机电池，厚度为1mm，待机时间12小时），售价5元/贴，随着生产规模的扩大，成本会不断降低。由于其市场容量巨大，而且目前尚处于空白状态，因此市场前景巨大。

由于"闪电贴（Flashtip）"属于快速消费品的范畴，所以在营销上采用大规模铺货的方式，占领便利店、超市、书报亭等主要的销售渠道，方便消费者及时方便地获取我们的产品。同时，第一年进行大量的派送试用，且投入一定资金做前期推广，通过各种媒体广告和各种促销活动推进产品的知名度。在市场上采取先立足上海，后逐渐有计划分步骤地推向全国。第一年37万片，第二年45万片，第三年开始销售额和利润都大幅上升。

1.4　投资与财务

公司设立在张江高科技园区，属于国家支持的中小型高科技企业，税收上享受"两年免征所得税"的政策。公司成立初期需要资金720万元。其中风险投资520万元，盛旦公司投资（管理层和化学所投资）100万元，流动资金贷款100万元。其中用于固定资产投资155万元，流动资金565万元。

股本规模及结构定为：公司注册资本800万元人民币。其中：外来风险投资入股520万元（65%）；盛旦专利技术入股180万元（22.5%）；资金入股100万（12.5%）。

公司从第三年开始盈利，到第四年后利润开始大幅增长，内部收益率为50.1%。风险投资可通过分红和整体出让的形式收回投资。

1.5　组织与人力资源

公司成立初期采用直线型的组织结构，由总经理直接向董事会负责；三到五年后随着新产品的推出开始采用事业部型组织结构。公司初期业务团队主要来自复旦大学管理学院，成员各司其职，都具有相关领域的专业知识和操作经验，且优势互补。同时公司有复旦大学化学所技术人员作为公司技术支持。此外，公司还邀请多位管理学院教授为经营顾问。

2　项目背景

2.1　产业背景

有媒体报道的相关数据表明，目前在中国已拥有超过2.5亿的手机用户，且数量仍在不断增长。手机配套市场的年增长率率高达20%以上，属于高成长型的行业。中国每年生产、销售的手机电池（包括随手机销售的）高达8000万块，是一个拥有百亿元市场规模的产品。换言之，在这个市场上，只要占有1%的份额，就是1亿元的市场，因此市场巨大，前景看好。

在手机配套市场不断发展的背景下，手机应急断电应急处理方案的市场依然没有得到有效的开发。目前手机电池市场产品类型只有各种型号的可充电式锂电池，由于其可重复充电几百次，且制造工艺复杂，所以价格较高。对比传统的干电池，在干电池产品系列中包括一次性干电池（价格较低）和可充电式干电池（价格为一次性干电池的十几倍左右）两大类，我们发现，在手机电池市场中，明显存在一个一次性手机电池的空白市场，而且该市场同样具有巨大的需求潜力,包括应急和使用简便等。

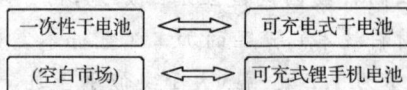

```
┌─────────────┐        ┌─────────────────┐
│  一次性干电池  │ ←──→  │   可充电式干电池    │
└─────────────┘        └─────────────────┘
┌─────────────┐        ┌─────────────────┐
│   (空白市场)  │ ←──→  │  可充式锂手机电池   │
└─────────────┘        └─────────────────┘
```

图 5-1 电池类型

纵观手机电池板这个通信产品市场,也面临着前所未有的激烈竞争,其未来的主要趋势必将是向着生产电量高、材质轻、厚度薄、价格低的产品发展。而传统的手机电池都面临充电时间长而且较麻烦的制约,在一些关键时候出现的断电现象也给用户带来了很大的不便。而"闪电贴(Flashtip)"这一独具匠心的高科技成果,正好填补了目前一次性应急用手机电池技术的空白,其 1mm 的厚度、5g 的重量、0.42 元/小时的性价比都是一种新的突破,完全能提供应急手机通话的功能,它"即买即贴,即贴即用"的产品特性更为商务人士、旅游爱好者等人士外出使用手机提供了极大的便利。

2.2 产品概述

2.2.1 产品介绍

外观

该电池开头如一薄片,具体尺寸厚度(包括电池本身鹌鹑加粘纸厚度)约为 1mm,面积与传统电池板相仿。如右图所示,黑色部分为电池主体,是正负极活性物质叠加层,出于演示目的,图中样品伸出两个触角,上面涂有金属介质,接上手机电极即可通电。而成品则是直接在电池主体背面安装可移动金属出头,与手机电极契合使用。

性能

本公司成功制备出的超薄打印电池工作电压与传统工艺生产电池相当,但是其能量大大优于传统工艺制备出的产品。这一点主要是由于正负极材质均为纳米级,大大提高了正负极之间的反应效率和材料的利用率。

基于以上技术支持,我们经过多次实验后推出了一次性高能纳米手机电池——"闪电贴"。其持续待机时间约为 12 小时。这样的一次性电池不仅可以满足消费者临时应急的需要,更有可能成为手机使用者的备用电池,从而取代过去"一机两板"的情况。

经测算,"闪电贴"的自放电律与传统碱性干电池相当,保质期可以长达三年。

使用方法

"闪电贴"的包装同一般粘纸,下层是保持其黏性的光滑纸,上层是可揭去的塑料绝缘薄膜。携带时,由于其小巧轻薄,可直接放置于皮夹内。使用时,由于电池的一面带有黏性,可直接贴于原电池板背面,将可移动金属触头与电池正负极相贴合,即可使用。

产品专利

目前公司已对产品的核心技术"喷墨打印电池"技术申请了国家专利,公司正式成立后,将对我们的产品申请一系列的专利,具体包括:"闪电贴"名称、闪电贴外形、可移动金属触头技术等。对我们的产品进行全方位的专利保护。

2.2.2 成本估计

"闪电贴"技术含量高,但主要集中在电解液的配主上,其原料和生产设备比较普通,下文中将详细叙述。更为重要的是,利用这种打印方法可以将电极和电池打印到各种基底上,大大简化了电池生产工艺,降低了生产成本。

表 5-1　　　　　一万只"闪电贴"的生产成本列表
（长宽同诺基亚 8210 电池板,厚 1mm）

原料	4270	工资	1020
动力	60	折旧	1050
修理	50	管理	2100
税金	0		
其他(如包装)	2000	总计	12000

注:原料成本=纳米锌+二氧化锰+隔膜原料+铜基底+铝基底+其他

（其中纳米锌的市价为 500 元/千克,二氧化锰为 120 元/千克,隔膜材料约为 40 元/平方米,铜为 27 元/千克,铝为 16 元/千克。随后按照产品体积与密度,推算其使用量,加权平均得出单位成本。公司成立初期享受高新技术企业再开发两年免交所得税的税收优惠）

总之,根据原料市价、人工以及其他费用估计,一片"闪电贴"的成本大约为 1.2 元,而且随着生产规模的扩大,具有明显的规模效应。据测算,当年产量达到 400 万片时,成本明显会降到 0.9 元/贴。

2.3　研究与开发

产品层次

核心利益:及时、轻便的手机电量补充

有形产品:粘纸型一次性超薄纳米手机电池"闪电贴"

期望产品:可充电式的超薄手机电池

扩张产品:可以直接代替现有电池的"闪电贴"

潜在产品:可以应用于各种领域的超薄电池

短期目标

研发部已开发出一次性超薄纳米电池,其中比较成熟的技术是应用到手机上的"闪电贴"。等市场进一步打开,获得充分反馈之后,拟将该技术延伸到其他轻便电器领域,比如手表、计算器、照相机等。

中长期目标

公司研发部还在进一步研究超薄打印镍锌电池(循环充放电池),如果获得阶段性成功,还将继续进行超薄锂电池项目,产品开发前景将不可估量。研发具体情况请参见附录 2。

2.4　未来产品与服务规划

如前所述,本公司持有的超薄电池技术预示着一场新的电池革命,因此,"闪电贴"扮演着一个突破口的角色,一旦为市场所认可,为消费者所信任,本公司将进一步推出其他产品线和产品项目,丰富本公司的产品组合,为公司股东带来更稳定、更丰厚的利润。

闪电系列(一次性超薄电池)。

"闪电系列"的特点如同"闪电贴",电量较低(与超能系列相比),厚度很薄(1mm 左右），主要应用于轻便携带电器的应急使用或者备用。当"闪电贴"打开市场之后，我们可以继续进行品牌延伸，把同类型的产品——"闪电系列"推广到其他市场，如计算器、照相机、手表、电子词典、掌上电脑等等。

超能系列（类似乎传统干电池）

"超能系列"和传统干电池类似，是一种高能干电池。通俗来说，它是多片"闪电贴"的叠加，其厚度大小不受限制，可以根据电器的具体尺寸进行改变，主要应用于较大功率、耗能较多的电器，如手提摄像机、手提电脑、电动车等。

可充系列（二次电池）

这个系列是在原有一次性电池的基础上进行研发的可充电超薄锂电池。一旦研发成功，投入生产，则可彻底替代目前的大部分二次电池。

3 市场机会

3.1 目标市场

本产品市场定位为一次性手机电池板应急市场这一市场利基。基于前期的市场调研（附录1），对目标市场的分析如下：

出差、旅游人士

对他们而言，手机已不可或缺，但电量一直是个问题。除了带电板和充电器的麻烦，有时甚至无法找到插座，如野外探险活动。此刻即可使用"闪电贴"：轻快便捷，即贴即用。

平时临时应急的顾客

市场调查显示，91.4%的被访者遇到过手机突然没电的尴尬。相比上一种细分，这一类可能容量更大。如果主机没电，只需去便利店或书报亭花几块钱即可买到"闪电贴"，减少损失。

潜在顾客

"闪电贴"的高性价比可能吸引普通电池用户选择其作为备用。

3.2 顾客购买准则

前期调研显示，"闪电贴"的价值主要在于：

应急功能

85%以上的手机使用者曾经遭遇过手机突然没电的尴尬，由此，他们或有急事无法联系外界，或一时与朋友家人失去联系，还有不少人因此而生意洽谈受到阻碍。这都使得大量使用手机的群体有着强烈的愿望去购买具有临时应急性能的"闪电贴"。可以说，"闪电贴"很好地弥补了市场的这一空白，预示了一个巨大的潜在消费市场。

使用便捷

在短期的外出中，"闪电贴"的电量完全可以替代笨重的充电器，这也将很好地满足消费者的潜在需求。他们既可以在外出之前购买"闪电贴"放入钱包中以防不时之需，也可在外出的途中在各种销售网点中临时购买并"即贴即用"。谁不想外出的背包越轻越好呢？

3.3 销售策略

主要采取零售的方式，前期通过便利店和书报亭两大销售网点接近最终消费者。从消费者便利角度出发,考虑该分销渠道巨大的客流量和众多的网点。此外,前期安排多种促销活动,使消费者更快地了解"闪电贴"的性能及其使用方法等,详见第 5 部分。

3.4　市场渗透与销售量

表 5-2　　　　　　　　　　　　直接销售五年预期计划

	第一年	第二年	第三年	第四年	第五年
出版物宣传数量(次)	500	500	400	350	350
占手机拥有者份额(%)	0.05	0.08	0.1	0.2	0.5
占一次性手机电池市场份额(%)	100	90	70	50	40
潜在的购买者(人)	125000	150000	275000	580.000	1300000
人均购买量(片)	3	4	5	7	10
总销售量(片)	375000	450000	1375000	4060.000	13000000
便利店销售量(%)	70	65	58	54	50
书报亭销售量(%)	25	20	14	13	12
大型超市销售量(%)	5	10	18	20	22
其他销售量(%)	0	5	10	13	16
平均购买价格(元)	5	5	4.5	4.5	3.5

3.5　竞争分析

在市场竞争方面,充分考虑了现有市场的各种情况,现以波特的五大竞争力量作一分析:

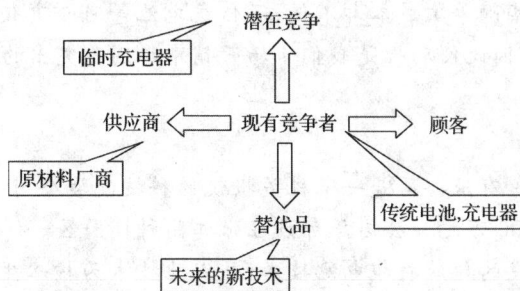

图 5-2　竞争分析

现有竞争者

主要为传统手机电池。但是由于一方面"闪电贴"是作为传统手机电池的补充出现的,不会与传统手机电池发生直接的销售冲突,从而避免了在一开始就面临强大竞争对手的阻击;另一方面,由于"闪电贴"在技术上处于领先的地位,有携带方便、价格低廉、随处可得、性价比高等特点,所以有着较大的竞争优势。而且,传统手机电池充电器也存在使用条件限制。

供应商

"闪电贴"原料主要有正极和负极纳米活性物质与分散剂、聚合物黏结剂、表面活性剂、溶剂、稳定剂和无机添加剂。由于这些材料的大众化,其价格原本就低廉,加之生产时的大批量采购,供应商方面很难形成强大的竞争力,从而使公司能获取较大的竞争优势。

顾客

由于产品在目前市场上没有其他的替代品,所以顾客的选择空间不大,并且由于初期主要的销售对象定位为经常在外需要应对紧急情况的商务人士和旅游爱好者以及往来商旅,而这类人群对价格的敏感度不大,并且对产品需求量较大,这就决定了顾客对产品的总需求量存在讨价还价的能力较低,所以盛旦公司相对顾客有较大的竞争优势。

潜在竞争者

目前少数商场提供的临时充电器可能是"闪电贴"的潜在竞争者,但由于其使用并不便捷,存在着充电时间长、网点少、价格较高等劣势,所以"闪电贴"具有充分的竞争力。另外可能的潜在竞争者是一些新型的充电器(如太阳能充电器、手摇充电器等),但由于技术上还不成熟,市场上还没有大批量的产品生产,对"闪电贴"无法构成直接的威胁。

替代品

目前国际上虽然有超薄手机电池投入市场,但是由于这些电池需要购买新的手机配合使用,转换成本较高。从这个意义上说,短期内"闪电贴"的竞争优势显而易见。由于"闪电贴"的技术含量较高,所以该领域的进入壁垒也就较高,这就限制了一些小型的企业进入,而且公司正在不断开发新的技术,争取尽快推出第二代、第三代"闪电贴"产品,从一次性到可充再到太阳能的大飞跃,以始终领先的技术优势来保持对潜在替代品的竞争优势。

我们认为"闪电贴"和其他竞争性产品的最显著特点是其便利性(因为其只能使用一次,所以单价虽低,但实际单次成本却不低;而传统电池等可重复使用多次,单价虽高,但单位使用成本较低)。因此便利性是我们市场营销中特别要突出的重点。

4 公司战略

4.1 公司概述

上海盛旦科技股份有限公司是一家机关报锐的科技发展公司。于2004年4月成立于上海市,注册资金800万元。公司总部设在张江高科技园区。

公司拥有自主开发的超薄打印电池技术,并以此技术为核心生产一种新型的一次性超薄纳米手机电池,通过制造和销售电池达到赢利的目的。

公司秉承"推陈出新,精益求精"的精神,坚持以先进的科技配合优质的服务,在满足客户需求的同时不断完善自己。

4.2 总体战略

4.2.1 公司使命

向社会提供优质的一次性手机电池产品,服务社会,发展自己。

4.2.2 公司宗旨

盛旦公司以 Tech Application(应用科技)作为企业宗旨,公司力图将新的科技成果实用化,以方便生活,造福社会。推出可靠的产品,并在应用的过程中将之不断完善,缩短科技产业化的时间周期,是盛旦公司努力的方向。

用我们的技术、经验和知识高质有效地为客户提供满意的产品,不断满足用户需求,持续提升产品品质,创造良好的商业和社会价值,为股东提供稳定增长的利润,为员工提供发展的平台与空间。

4.3　发展战略

4.3.1　初期(1～3年)

主要产品为一次性超薄纳米手机电池,产品定位是作为现有手机电池的补充,占领一次性手机电池这个新市场,建立自己的品牌,积累无形资产;收回初期投资,准备扩大生产规模,开始准备研制开发新产品。

第一年:

- 产品导入市场,提高产品知晓度,树立品牌形象
- 进入上海以及周边的5座大城市(南京、杭州、苏州、温州、宁波)
- 在这些城市打开并初步占领一次性手机电池市场
- 累计销量37万片,销售收入约为180万元
- 进行喷墨超薄锂钴氧可充式电池的研究工作

第二年:

- 扩大产品在消费者中的影响
- 市场逐渐向全国其他大中城市扩张
- 累计销量45万片,销售收入约为200万元

第三年:

- 提升品牌形象,增加无形资产
- 增加设备,扩大生产规模
- 年销量达到135万片,销售收入达到600万元
- 拓展新市场,主定位全国各主要城市,东部地区基本覆盖到中小城市

4.3.2　中期(4～6年)

- 一次性超薄电池产品基本成熟,重点完善电池型号
- 进一步完善和健全一次性手机电池的生产和销售网络;市场逐步向全国其他中小城市和乡村发展,保持每年开拓一定数量的新市场
- 生产喷墨超薄锂钴氧可充式手机电池,产品导入市场,利用一次性电池建立的品牌和销售网络进行推广
- 一次性手机电池市场占有率达到40%～60%,占据主导地位;同时可充式手机电池市场占有率达到4%～6%

4.3.3　长期(7～10年)

利用公司超薄手机电池的技术优势,开发手机电池领域以及超薄电池领域的相关产品,拓展市场空间,扩大市场占有率,成为手机电池以及超薄电池领域的领先者。

纵向延伸:立足手机电池领域,推出一次性手机电池,可充式超薄手机电池,太阳能可充式超薄手机电池等一系列产品,占据国内手机电池市场的主导地位。

横向延伸:依靠对超薄喷墨打印电池技术的研究,进入超薄电池领域,进行微行械,微电子领域使用的超薄电池的生产。

公司将以高科技参与国际竞争,适时进入相应的国际市场。

4.4　国际市场总体战略(略)

5 市场营销

5.1 销售策略与目标

主要采取零售的方式,前期通过街头便利店和超市两大销售网点接近最终消费者。主要还是考虑到消费者的便利,其巨大的客流量和众多的网点都将极大地满足"闪电贴"消费者的基本需求。同时建立战略联盟,在手机销售网点赠送试用品。

销售方式上,前期考虑多种促销活动,目的是使消费者更快地了解"闪电贴"的性能及其使用方法等。

"闪电贴"作为一种新产品进入市场,针对传统电池板的缺点以及应用中所出现的不便,希望以其独特的性能和优越的品质吸引目标顾客的眼球,从而在市场上占据一定份额。根据对手机行业的分析以及公司理念,制定以下短、中、长期三种销售目标,更长远的还可以涉足海外市场,比如比较邻近的东南亚市场。

5.2 价格策略

表5-3　　　　　　　　　　　"闪电贴"定价清单

规格	成本		零售定价 100%	批发定价 80%
	生产成本	销售成本(包括给分销商20%的折扣以及推广费用等)		
单片装	1.2元	1.8元	5元	4元
10片装	10元	15元	40元	32元

5.3 分销策略

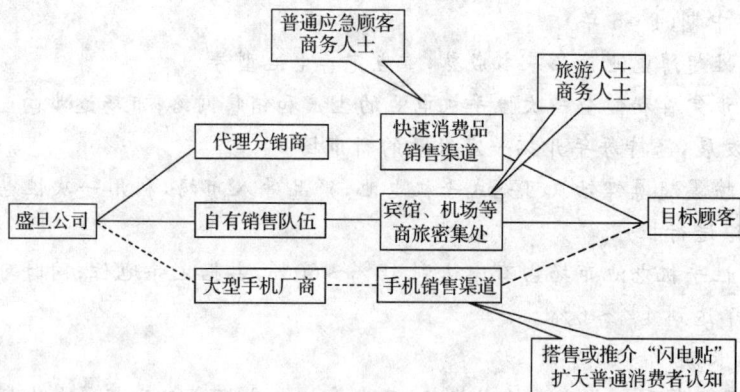

图5-3　分销网络及最终销售点示意图
注:虚线部分为可能的战略联盟伙伴,需进一步洽谈

5.3.1 战略联盟

除了图中一些常规渠道(实线表示)以外,针对目前国内手机运营的特点,制定了一套预期的战略联盟的计划,如图中下方虚线所示。现在国内手机市场上,国产手机和进口手机各分天下,外国品牌手机如Nokia、Motorola、Sony Ericsson、Samsung等,国内品牌如波导、夏新等。我们可以尝试和这些厂商建立战略联盟的关系,选取其中的一家或多家,在出售手机的同时,赠送一片"闪电贴",以提高产品知名度。所以"闪电贴"的赠送

活动很有可能得到他们的接受,开展进一步的合作。后期则可以利用他们的手机零售网点进行"闪电贴"的销售。

预计第一年送出"闪电贴"37万片左右。

5.3.2　传统渠道

"闪电贴"主要理念就是方便、应急,所以选择合适的销售点很重要,一定要让有需要的顾客能够及时买到。结合以上对移动电话市场及其分销渠道的分析,初期进入市场的时候,为了新产品尽快投放市场,扩大销路,可组织自己的推销队伍或者委托关系良好的分销商推介新产品和收集用户意见。

1. 与手机分销商联系,订立买卖合用协议

在销售手机的同时推广本产品,适当地给予广告补贴等。

2. 与一些大卖场、超市、连锁店等建立长期合作伙伴关系

在货架上陈列产品,事实上很多个体消费者购买电池使用都非常简单方便,无需复杂的说明介绍,那么现存的一些便利店、超市等都将成为极其重要的销售网点。

在上海,可以看到大卖场连锁的,超市、便利店等非常多,分布也遍布上海各大角落,大卖场如家乐福、易买昨、易初莲花、农工商等;便利店如好得、可的、罗森等,它们基本上覆盖全市,平民化大众价格这一宗旨,是最有力的销售渠道,且24小时的便利店的供货十分符合本产品应急、方便的定位。

3. 在大型百货商店做推广

由于大型百货商店人流量大,而且密集,所以在产品投放初期可以在百货商店做大型推广活动,使顾客对该商品的了解和认知更加深入,如针对上海,可以选择市中心人流密集、有影响力的大型百货商店,如港汇广场、百盛等。具体活动中,可用形式多样的互动,帮助大家进一步了解产品。

5.3.3　自有销售队伍

另外,为了谋求长期发展以及达到更好的销售效果,将建立及培养自己的销售队伍。自有销售队伍主要负责:

1. 与高级宾馆联系,建立合作关系

考虑到目标顾客中,一部分是商旅人士,且上海旅馆业也日渐发达,可以分别与高级宾馆联系,在大堂里设置专门销售的小设施或在宾馆下属的超市里销售。一般来说,三星级以上的宾馆里每个房间都有一本房间服务的目录,并且附有针线包等应急用品,可以和宾馆联系在房间服务里加上"闪电贴",与宾馆建立起长期合作关系。主要针对商旅人士。

2. 和机场、旅游景点、外贸商店等商旅比较密集的地方开展点对点式销售

目标客户也是来往的商旅等流动人口。

3. 四处出击,寻找所有可能的便利销售形式

主要针对本地顾客。

5.4　促销策略

5.4.1　短期的促销策略:

考虑到初期资金不足,所以我们在开始的一至三年导入期内的促销方式将避开昂贵的电视、报纸等宣传方式,而通过更加有针对性的宣传方式进行促销。

派送活动

将我们的产品免费送给手机厂商,让厂商在销售手机的同时派送"闪电贴"。另外我们将开展主题营销活动,选择大型百货商店或者人群密集的广场设点搭台。一方面可以请一些模特走秀,另外一方面还可以请主持人主持会场,提一些关于"闪电贴"的问题请观众参加,并且进行产品试用装的派发活动。预计第一年共派送"闪电贴"60万片。

户外广告

由于初期希望顾客能迅速了解产品,所以户外广告也是重要手段之一。户外广告具有弹性、高度重复展露、低成本、竞争少的特点。这几年在上海,户外、互联网等广告媒介所占的比重都有很好的增加势头。

针对我们主要的客户群体之一———商旅人士,我们的户外广告将选取公交车、地铁上的移动电视广告以及闹市区内的灯箱广告。由于商旅人士每天都需要乘坐交通工具或者在闹市区出入,所以这两种宣传方式在控制成本的同时应该能够达到我们需要的宣传效果。

预计第一年户外广告宣传投入100万元。

大型露天推广活动

以"闪电贴"为主题,开展一系列大型推广活动。如选取合适地点开展名为"拇指行动"的活动。

由于"闪电贴"倡导的是及时给予电量,要告诉顾客们"闪电贴"的电力足以帮助他们解决很多突发的状况和尴尬,电量这个信息的传达如果仅仅是靠一些专业数据来告知或者标志在产品上是没有什么感性认识的。另外,现在短消息的量越来越大,几乎人人都在低头发消息,有数据说,每时每刻我们每个人的头顶都有几千条短信在穿梭。在上海,发短信是十分流行和普遍的。一般发消息是比较费电的,为了证明产品的电量同时聚集人气,可举行一个名为"拇指行动"的短消息大赛。

具体形式是:先在一些媒体上发布这个活动的信息然后开始接受报名。然后聚集这些报名参加者于特定的某天到某个地方,每人给一片"闪电贴",然后发他们开始发消息,由于每人都只有一片"闪电贴",所以用时差不多,到电用完时,发消息发得最多的人为胜。

该活动不仅是让大家参与其中,更重要的是在活动结束后,将得到一个很现实的数据,即"闪电贴"可以支持连续发消息多少条,给每个顾客一个很感性的认识。

推广活动第一年预计投入30万元。

5.4.2　长期的促销策略:

公司成功站稳脚跟,有了稳定资金的支持后,我们将逐步扩大宣传的力度和范围,努力让"闪电贴"这一品牌深入人心。

电视

电视广告覆盖的目标消费者的范围最广,传达的信息最直接。通过图像、声音的同时传递,能够在最大程度上刺激消费者,使产品形象被消费者接受,从而以最快速度进入市场。最近有资料显示,电视广告投放增加,在广告市场上所占的比例上升到了41%。因此,电视广告将是"闪电贴"步入成熟期后的推广重点。

内容以生活场景为基础,再现生活中可能由于手机突然没电所造成的尴尬,和损失,期望达到使观众共鸣的效果。

时间将主要集中在每天晚上黄金时段,辅以一些非黄金时段,在一些主要电视台播放。此外,周末或者旅游旺季更须加大广告宣传力度。

上海主要的电视台有上海电视台、东方电视台、东方卫视等,然后有不同的细分频道。根据产品的特点以及定位,并且考虑到各频道收视率针对的观众,进一步选择上海电视台的生活时尚频道和新闻综合频道以及财经频道,东方电视台的娱乐频道和文艺频道,东方卫视进行播放。

在电视广告的拍摄上,可以针对不同的细分市场,推出不同的系列,以不同的情节和内容来分别针对本地居民和商旅人士。

杂志

杂志具有可信、有信誉、印刷效果好等特点,且有效时间长,可传阅性强。目前看杂志已经成为大部分都市人的生活习惯,收入层次越高,阅读杂志的比例也会越高,女性更高于男性,年龄在16～40岁之间,和我们的目标消费者相符。针对目标顾客里的商务人士以及追求时尚的年轻人,结合"闪电贴"的包装设计,比较适合中高档的时尚杂志和商务杂志。可制作精美彩页,在色彩和创意上突出,并提出盛旦公司的理念。鉴于相对报纸来说制作印刷成本较高,内容形式设计一种即可,安排为每期一次。

在杂志广告刊登上面,也考虑了细分市场的两部分,主要针对本地常住居民和商旅等,选择以下几家主要杂志刊登彩页广告:《ELLE》、《瑞丽》、《理财周刊》、《商界》等。

Flash 制作大赛

现在 flash 动画以其生动、形象、时尚等特点深入人心,而且从产品特点来看,"闪电贴"也适合用这样的形式来表达。更重要的是可以用获奖的作品来作为广告,这样的结果比单纯地找人做一个 flash 效果好很多,十分有利于打开产品知名度。依托网络等媒介,一定能带动起效大的响应,且花费不多。

在形式上,可以先在当地网络上和报纸上做出宣传,征集广大闪客高手,以"闪电贴"为主题制作各种形式的 flash,活动时间持续一个月,优胜者的作品将有机会在网上和电视上播出,另外还给予一定奖金。

6　生产管理

6.1　厂址选择与布局

6.1.1　选址

生产基地定在张江高科技工业区,这样选址主要出于以下三点理由:

投资成本适中

张江高科技工业区的基建成本适中,房屋租赁费为8～12元/平方米·月;工业用水1.3元/立方米;基本电价18元/KW·月;通讯费用及工商注册费等较为理想,还可以享受园区优惠政策。

地理位置优越,交通便利

临近地铁二号线终点站,有多条公交线路直达,距浦东新机场和市中心均为10公里。此外,外高桥港区距园内25公里,距上集装箱码头30公里。航线性遍及国内外,覆盖面广且密集,是中国最大的港口。园内距上海火车站17公里。上海有一百多条客货线路,从上海火车站可直达全国各主要城市及香港特区。

工业化基础佳

区内基础设施完善:园区生活用水和工业用水均采用上海自来水公司循环网供水,水质符合 GB5749—85 国家饮用水标准;园区电力由华东电网调度供电,园区内规划配置 220KV 变电站 3 座,配置 35KV 电站 21 座。通信方面已开通 ISDN、DDN 和宽带上网业务,而且已有大量高科技企业入驻,形成了一定的工业规模,发挥群聚效应。

6.1.2 厂区总平面布置

厂房及办公占地面积约为 20 亩,根据产品专业化进行平面布置,大体上分为五部分:

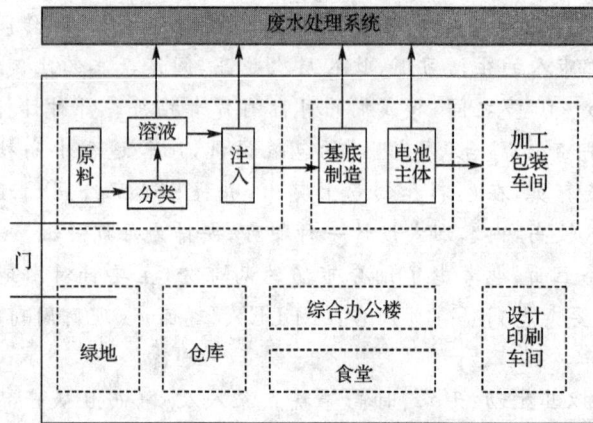

图 5-4 工厂总平面布置

6.2 生产工艺流程

6.2.1 主要工艺流程

将所需制备电池的正极和负极纳米活性物质与分散剂、聚合物黏结剂、表面流行性剂、深剂、稳定剂和无机添加剂以一定的配比混合均匀,制成均相溶液,然后将溶液注入喷墨打印机的墨盒内,用于制作电池的正极和负极。

将高分子聚合物、深剂、稳定剂和无机添加剂以一定配比混合均匀,制得电池所需的隔膜均相溶液,将该溶液注入喷墨打印机的墨盒内,用于制作电池隔膜。

随后使用打印机打印出全电池,最后加工包装即可。具体流程如下:

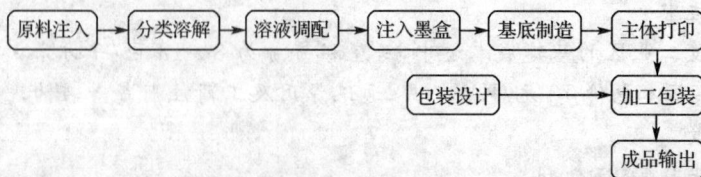

图 5-5 生产工艺流程

6.2.2　生产设备与人员安排

表 5-4　　　　　　　　　　　　主要设备表

设备名称	数量	单价(元)	总价(元)
打印机	10	20000	200000
拌粉机	2	50000	100000
原料搅拌	2	50000	100000
原料注入机	1	50000	50000
基底调配机	1	50000	50000
印刷设备	1	100000	100000
包装设备	1	150000	150000
办公设备	若干	100000	100000
污水处理	1	500000	500000
其他设备	若干	200000	200000
总计			1550000

表 5-5　　　　　　　　　　　　生产设备人员安排

设备	人员	设备	人员
打印机	5	包装设备	5
拌粉机	2	运输人员	3
原料搅拌机	2	污水处理	3
原料注入机	1	办公设备(管理人员)	6
基底调配机	1	辅助人员(餐厅,门卫等)	5
印刷设备	5	包装设备	5
总结			43

6.3　产品包装与储运(略)

7　投资分析

7.1　股本结构与规模

公司注册资本 800 万。股本结构与规模如下:

表 5-6　　　　　　　　　　股本结构与规模

股本来源　　　股本规模	风险投资	盛旦公司	
		技术入股	资金入股
金额	520 万	180 万	100 万
比例	65%	22.5%	12.5%

　　股本结构中,盛旦公司技术及资金入股占总股本的 35%,其余 65% 的注册资金我们希望能引进一家或几家风险投资公司参股。22.5% 的技术入股比例虽略高于常规的 20% 界限,但从目前国内各高科技企业股本现状来看,仍符合国家政策,具有可操作性。

7.2　资金来源与运用

　　公司成立初期共筹集资金 720 万元。其中风险投资 520 万元,盛旦公司投资 100 万元,短期借款 100 万元(金融机构一年期借款,利率 5.85%),用做流动资金;在公司运营 2、3、4 年,我们将在此基础上增加 100 万元至 200 万元的短期借款,以此改善现金流动状况并达到比较合理的资产负债比。

资金主要用于购建生产性固定资产(155 万元),以及生产中所需的直接原材料、直接人工、制造费用及其他各类期间费用等(565 万元),明细如下:

表 5-7 资金分配

	第一年	第二年	第三年	第四年	第五年
固定资产折旧	15.5	15.5	15.5	15.5	15.5
厂房租金	30	30	30	30	30
水电费	10	10.8	11.7	12.6	13.6
管理人员工资	40	44	48.4	52.2	58.6
市场开拓	150	157.5	45	341.04	910
研发费用	9.4	11.3	28.9	85.3	227.5

7.3 未来五年费用列支预算

水电费用每年增长 8%,人员工员每年增长 10%,第一年初期市场调研和市场开拓 150 万元左右,第二年为 157.5 万元;其后每年销售费用为销售额的 20%,研发费用为每年销售额的 5%。

7.4 投资收益与风险分析

7.4.1 投资净现值

$$NPV = \sum_{t=1}^{n}(CI - CO)t(1+i) - t \qquad NPV = 875.91(万元)$$

银行短期借款(1 年期)利率为 5.85%。考虑到目前资金成本较低,以及资金的机会成本和投资的风险性等因素,i 取 12%(下同),NPV=875.91(万元),远大于零。计算期内盈利能力很好,投资方案可行。

7.4.2 内含报酬率

根据现金流量表计算内含报酬率如下:

$$NPV(IRR) = \sum_{t=1}^{n}(CI - CO)t(1 + IRR) - t = 0 \qquad IRR = 50.09\%$$

内含报酬率达到 50.09%,远大于资金成本率 5%,主要因为本产品优质低价,使得销售利润率较高,而且,前 5 年内市场增长性很好。

7.4.3 盈亏平衡分析

$$P \times Q^* = b \times Q^* + F;$$

销售价格 $p = 4$ 元;

销售收入 S;

固定成本 F;

经营成本 C;

单位可变成本 b;

销量 Q,保本点 Q^*

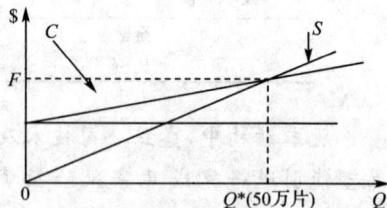

图 5-6 盈亏平衡分析

公司在第一、二年由于市场尚未开发成熟而未达到保本点,从第三年开始均大大超过保本点。

8　财务分析

8.1　主要财务假设

公司设在上海市浦东张江高科技园区,经有关部门认定为高新技术企业,享受"两年内免征所得税"的税收优惠政策。即在公司成立自盈利起两年免征所得税,正常税率为 15%。

考虑到目前通货膨胀的经济形势,公司的存货控制采用后进先出的方法。机器设备使用寿命为 10 年,期末无残值,按直线折旧法计算。公司自盈利之年起以净利润的 30% 分红。

8.2　损益表

表 5-8　　　　　　　　　　　　　　　　　损益表　　　　　　　　　　　　　　　单位:万元

	第一年	第二年	第三年	第四年	第五年
一、产品销售收入	187.50	225.00	577.50	1705.20	4550.00
减:销售成本	45.00	54.00	165.00	487.20	1560.00
二、产品销售利润	142.50	171.00	412.50	1218.00	2990.00
减:销售费用	150.00	157.50	45.00	341.04	910.00
管理费用	40.00	55.25.00	77.27	81.08	286.10
财务费用	5.85	5.85	11.70	11.70	0.00
三、利润总额	−53.35	−47.60	278.53	784.19	1793.90
减:所得税	0.00	0.00	0.00	0.00	269.09
四、净利润	−53.35	−47.60	278.53	784.19	1524.82

注:公司成立的前两年免征所得税,第五年所得税率为 15%。

8.3　现金流量表

表 5-9　　　　　　　　　　　　　　　　　现金流量表　　　　　　　　　　　　　单位:万元

	第一年	第二年	第三年	第四年	第五年
一、经营活动产生的现金流量	—		317.71	879.56	1524.82
会计利润	(53.35)	(47.60)	22.20	64.44	214.56
加:应付账款增加额	9.00	1.80	15.50	15.50	15.50
折旧	15.50	15.50	18.00	18.00	18.00
摊销	18.00	18.00	11.70	11.70	0.00
财务费用	5.85	5.85	19.69	60.41	136.15
减:应收账款增加额	9.38	1.88	365.43	928.79	1636.73
经营活动产生的现金流量净额	(14.38)	(8.33)			
二、投资活动产生的现金流量					
购建固定资产所支付的现金	155.00				
投资活动产生的现金流量净额	(155.00)				
三、筹资活动产生的现金流量					
吸收权益性投资所收到的现金	620.00	0.00	0.00	0.00	0.00
借款所收到的现金	100.00	100.00	200.00	200.00	0.00
现金流入小计	720.00	100.00	200.00	200.00	0.00
偿还借款所支付的现金		100.00	100.00	200.00	200.00
偿付利息所支持的现金	5.85	5.85	11.70	11.70	0.00
偿付股利所支付的现金	0.00	0.00	83.56	235.26	457.44

(续表)

	第一年	第二年	第三年	第四年	第五年
现金流出小计	(5.85)	(105.85)	(195.26	0446.66)	(657.44)
筹资活动产生的现金流量净额	714.15	(5.85)	3.58	(275.57)	(657.44)
四、现金及现金等价物净增加额	544.78	(14.18)	358.41	653.22	979.28

8.4 资产负债表

表 5-10 资产负债表 单位：万元

	第一年	第二年	第三年	第四年	第五年
资产					
流动资产：					
货币资金	544.77	530.60	889.01	1542.23	2521.51
应收账款	9.38	11.25	30.94	91.35	227.50
存货	53.35	100.95	100.95	100.95	100.95
流动资产合计	607.50	642.80	1020.90	1734.53	2849.96
固定资产：					
固定资产原值	155.00	155.00	155.00	155.00	155.00
减：累计折旧	15.50	31.00	46.50	62.00	77.50
固定资产净值	139.50	124.00	108.50	93.00	77.50
无形资产：	180.00	180.00	180.00	180.00	180.00
减：累计摊销	18.00	36.00	54.00	72.00	90.00
无形资产净值	162.00	144.00	126.00	108.00	90.00
资产合计	909.00	9108.00	1255.40	1935.53	3017.46
负债及权益					
流动负债：					
应付账款	9.00	10.80	33.00	97.44	312.00
短期借款	100.00	100.00	200.00	200.00	0.00
负债合计	109.00	110.80	233.00	297.44	312.00
所有者权益					
实收资本	800.00	800.00	800.00	800.00	800.00
盈余公积	0.00	0.00	0.00	0.00	0.00
未分配利润	0.00	0.00	222.40	838.09	1905.46
所有者权益总计	800.00	800.00	1022.40	1638.09	2705.46
负债及所有者权益总计	909.00	910.80	1255.40	1935.53	3017.46

注：无形资产按10年摊销，无残值。

9 管理体系

9.1 公司性质为有限责任公司

9.2 组织形式：公司初期拟采取直线型的组织形式，如图所示：

图 5-7 公司目前组织结构图

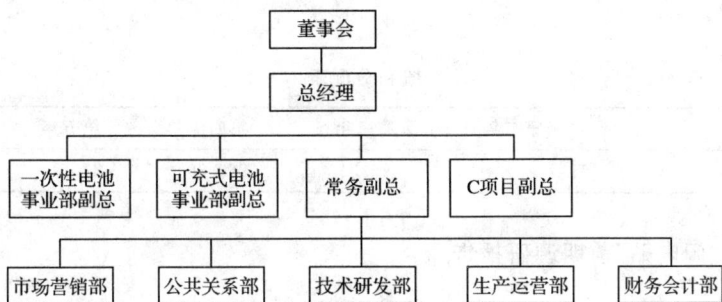

图5-8　公司三年后的组织结构(产品专门化＋直线职能)

9.3　部门职责

董事会:由公司的大股东组成,属于决策层,负责制定公司的总体发展战略,指定总经理的人选。

总经理:负责公司的日常经营事务,对董事会负责,决定部门经理的人选,协调各部门之间的关系。

市场营销经理:负责公司市场的调查、市场分析,决定公司的营销战略和营销计划。把握市场动向,组织实施市场监控、市场评估等工作;公司发展成熟后在全国设立市场分析点,针对各地的市场进行调查分析。

财务经理:负责公司资金的筹集、使用和分配,如财务计划和分析、投资决策、资本结构的确定、股利分配等,负责日常会计工作与税收管理,每个财政年度末向总经理汇报本年财务情况并规划下年财务工作。

技术研发经理:负责产品的研究与开发工作,拓展产品线的广度和深度。负责新技术的研发和促进。负责部分产品售后技术支持。

9.4　公司管理人员简介(略)

10　风险资本的退出

风险资本退出的成功与否关键取决于公司的业绩和发展前景。

10.1　退出方式

1.外二板市场上市

本公司属于有发展前景和增长潜力的中小型高新技术企业,可考虑在香港二板市场上市或内地中小企业版上市。

2.重组出卖公司

潜在的投资人应以行业投资者为主,包括手机供应商以及手机配件供应商,并以在持续经营过程中与投资者的产品互补、分红作为投资人获得的主要利益。此外,经营达到稳定时的股权转让是投资人退出的主要方式,退出的定价可采用简单的市盈率法进行计算,即以退出时的年度净利润乘以市盈率(私募市场一般为5～6倍)计算出企业价值并作为转让基价。

3.剩余利润分红

预计公司从第二年开始盈利,根据每年利润差异进行利润分配,平均分配比例34%,

五年分配股利。

表 5-11   股利分配表   单位:万元

第一年	第二年	第三年	第四年	第五年
0	0	95.31	263.89	475.44

附录 1 "闪电贴"前期调研报告

调研目的:

- 手机用户对现有手机电池板的看法及需求;
- 应急性手机电池的市场容量;
- 手机用户对一次性超薄手机电池价格和心理的可接受度;
- 分析并预测"闪电贴"的市场容量,及需采取的分销促销方法等具体的市场推广计划。

调研方式:

根据设定的调研目的,设计好调研问卷,并通过试调研进行修改后,采用街头访谈为主、深度访谈和电子邮件调研为辅的方式进行调研。

调研对象:

街头访谈对象是本市普通手机用户;深度访谈对象为大学教授、MBA 等有创业经历或经验的专业人士;电子邮件对象涉及部分其他省市,如北京、浙江、江苏,以及部分国外手机用户,包括新加坡、美国等地。

样本分布:(略)

调研结果:(略)

附录 2 超薄打印电池核心技术(略)

技能训练

请依据具体的创业项目,编写自己的创业计划书,内容包括以下十个部分:

创业计划书(样本)

封面

企业名称 _____

创业者姓名 _____

日   期 _____

通信地址 _____

邮政编码 _____

电   话 _____

传   真 _____

电子邮件 _____

目录

- 企业概况
- 创业计划作者的个人情况
- 市场评估
- 市场营销计划
- 企业组织结构
- 固定资产
- 流动资金(月)
- 销售收入预测(12 个月)
- 销售和成本计划
- 现金流量计划

一、企业概况

主要经营范围

_____

_____

_____

企业类型：

□生产制造　□零售　□批发　□服务　□农业　□新型产业　□传统产业　□其他

二、创业计划作者的个人情况

以往的相关经验(包括时间)：

_____

_____

_____

教育背景,所学习的相关课程(包括时间)

_____

_____

_____

三、市场评估

目标顾客描述：

_____

_____

_____

市场容量或本企业预计市场占有率：

_____

_____

_____

市场容量的变化趋势：

_____

_____

竞争对手的主要优势：

_____

_____

竞争对手的主要劣势：

_____

_____

本企业相对于竞争对手的主要优势：

_____

_____

本企业相对于竞争对手的主要劣势：

_____

_____

四、市场营销计划

1. 产品

产品或服务	主要特征

2. 价格

产品或服务	成本价	销售价	竞争对手的价格

折扣销售	
赊账销售	

3. 地点

(1)选址细节：

地址	面积(平方米)	租金或建筑成本

(2)选择该地址的主要原因：

(3)销售方式(选择一项并打√)

将把产品或服务销售提供给：□最终消费者　　□零售商　　□批发商

(4)选择该销售方式的原因：

_____

_____

_____

4. 促销

人员推销		成本预测	
广告		成本预测	
公共关系		成本预测	
营业推广		成本预测	

五、企业组织结构

企业将登记注册成：

□个体工商户　　　　　　　　　　　□有限责任公司

□个人独资企业　　　　　　　　　　□其他

□合伙企业

拟定的企业名称：_____

企业的员工(请附企业组织结构图和员工工作描述书)：

职务	月薪

企业将获得的营业执照、许可证：

类型	预计费用

企业的法律责任（保险、员工的薪酬、纳税）

种类	预计费用

六、固定资产

1. 工具和设备

根据预测的销售量，假设达到 * ％的生产能力，企业需要购买以下设备：

名称	数量	单价	总费用（元）

供应商名称	地址	电话或传真

2. 交通工具

根据交通及营销活动的需要，拟购置以下交通工具：

名称	数量	单价	总费用（元）

供应商名称	地址	电话或传真

3. 办公家具和设备

办公室需要以下设备：

名称	数量	单价	总费用(元)

供应商名称	地址	电话或传真

4.固定资产和折旧概要

项目	价值(元)	年折旧(元)
合 计		

七、流动资金(月)

1.原材料和包装

名称	数量	单价	总费用(元)

供应商名称	地址	电话或传真

2.其他经营费用(不包括折旧费和贷款利息)

项目	费用(元)	备注
业主工资		
雇员工资		
租金		
营销费用		
公用事业费		
维修费		
保险费		
登记注册费		
其他		
合计		

八、销售收入预测(12个月)

销售情况 / 月份 销售的产品		1	2	3	4	5	6	7	8	9	10	11	12	合计
(1)	销售数量													
	平均单价													
	月销售额													
(2)	销售数量													
	平均单价													
	月销售额													
(3)	销售数量													
	平均单价													
	月销售额													
合计	销售总量													
	销售总收入													

九、销售和成本计划

金额(元) / 月份 销售的产品		1	2	3	4	5	6	7	8	9	10	11	12	合计
收入	含流转税销售收入													
	流转税(增值税等)													
	销售净收入													
成本	业主工资													
	员工工资													
	租金													
	营销费用													
	公用事业费													
	维修费													
	折旧费													
	贷款利息													
	保险费													
	登记注册费													
	原材料(列出项目)													
	(1)													
	(2)													
	总成本													
	利润													
税费	企业所得税													
	个人所得税													
	其他													
净收入(税后)														

十、现金流量计划

销售的产品	金额(元) 月份	1	2	3	4	5	6	7	8	9	10	11	12	合计
现金流入	月初现金													
	现金销售收入													
	赊销收入													
	贷款													
	其他现金流入													
	可支配现金(A)													
现金流出	现金采购支出(列出项目)													
	赊购支出													
	业主工资													
	员工工资													
	租金													
	营销费用													
	公用事业费													
	维修费													
	贷款利息													
	偿还贷款本金													
	保险费													
	登记注册费													
	设备													
	其他(列出项目)													
	税金													
	现金总支出(B)													
月底现金(A-B)														

学习参阅书籍

1.索桂芝.大学生就业指导实务.大连:东北财经大学出版社,2006

2.罗天虎.创业学教程.西安:西北工业大学出版社,2004

3.常建坤,李时椿.创业学教程.北京:清华大学出版社,2006

4.辽宁省教育厅.就业与创业概论.第2版.沈阳:辽宁大学出版社,2007

5.刘平.智能集团是如何拿着钱走向失败的.中国改革,2003(2):56-57

项目6
打造企业核心竞争力

知识目标

1. 了解市场机会、竞争战略的含义;
2. 理解创业企业竞争战略的内涵;
3. 熟悉创业企业人才选拔、培训流程;
4. 理解人才的管理机制;
5. 熟悉创业企业市场营销基本策略;
6. 理解创业风险的含义、形成原因、类型。

能力目标

1. 能够分析创业企业初期、中长期发展战略;
2. 能够根据企业战略分析人才需求以及设计招聘方案;
3. 能够分析企业不同运营阶段所适用的营销策略;
4. 能够分析防范创业风险的具体方案和措施。

任务导入 "汽车狂人"李书福的创业之路

2010 年 3 月 28 日,在瑞典哥德堡,中国浙江吉利控股集团有限公司董事长李书福与美国福特汽车公司首席财务官刘易斯·布思郑重地在一份协议书上签下了各自的名字。中国人以 100% 的控股,成为顶级品牌汽车沃尔沃汽车公司的老板! 这位被称为"平民汽车之父"的李书福有着非同寻常的创业之路。

初入市场,勇拼第一桶金

1963 年,李书福出生在浙江台州一个贫穷的山村。从小调皮的他因 3 分之差没能考上大学。拿着父亲给的 120 元钱,李书福做起了照相生意。半年后,他用积攒起来的钱租了一个店面,开起了照相馆。

李书福偶然发现,冰箱零部件销路很好。他也开始在家生产,做好后亲自送到冰箱厂去卖。1984 年,李书福和几个兄弟合伙创办了黄岩县石曲冰箱配件厂,21 岁的他担任厂长。一年后,他做了一个更大胆的决定:生产电冰箱。到了 1989 年,他的北极花电冰箱厂的年产值超过千万,每天到工厂拉货的车子排起了长队。

这时国家对电冰箱实行定点生产制度,民营的北极花电冰箱厂不在其列。

瞄准市场,成就千万富翁

冰箱厂关门之后,李书福南下到深圳大学"充电",但他的兴趣并不在读书上。逛装

134

潢材料市场时,李书福发现有一种进口装修材料的市场前景很不错,便中断学业回到台州,联合几个兄弟重新创业。他的工厂生产出了中国第一张美铝曲板,后来又成为全国第一家铝塑板生产厂商。直到今天,它仍然是吉利集团的主要利润来源之一。

深刻教训,领域选择失误

海南房地产热又让他心动。他带着几千万元的资金来到海南,却遭遇地产泡沫破灭,几乎血本无归。对于这段经历,李书福不愿多提,但他并不惧怕失败。他认为失败是实践的过程,是在学校里学不到的。炒房失败后,李书福意识到自己只能做实业。带着这条深刻的教训,他又一次回到浙江。

敢想敢干,动造车念头

在深圳学习期间,李书福花6万元买了一辆中华牌轿车。"轿车是什么?不就是四个轮子、一个方向盘、一个发动机、一个车壳,里面两个沙发吗?"凭着这股无畏的劲头,李书福把目光投向了全新的领域。

20世纪90年代,汽车行业还没有向民营企业开放。李书福找到台州市黄岩区经济和信息化委员会的领导,刚把要做汽车的想法说出口,就得到了一句"不可能"的答复,于是他找到省机械厅,答案还是"不可能",还多了一句:"你去北京也没用,国家不同意,工厂不能建,汽车就是生产出来也不能上牌。"

曲线造车,等待市场通行证

李书福没有就此放弃。他决定走迂回路线,先办摩托车厂。一年以后,李书福造出了中国第一辆踏板摩托车,产品投放市场后一直供不应求。但李书福始终不忘为将来建汽车厂布局,他在浙江临海经济技术开发区买了一块850亩的地,为筹建"吉利豪情汽车工业园区"做准备。

李书福的造车梦是从模仿开始的。1996年,奔驰刚刚推出新车,李书福就买了两辆。后来他又到中国一汽集团(简称一汽),把红旗车的底盘、发动机、变速箱都买回来研究,最后果真"依葫芦画瓢"造出了一辆车。"玻璃钢的,红旗轿车的底盘、发动机,外观跟奔驰E200一模一样。"李书福兴奋地开着这辆车上街兜风,却很快受到警告:没有生产许可证造出来的车是"犯法的"。

时机成熟,成就创业梦想

1999年,时任国家计划委员会主任的曾培炎视察吉利集团。李书福对他说:"请国家允许民营企业家做轿车梦。如果失败,就请给我一次失败的机会吧。"

2001年11月,在我国加入世界贸易组织之前,"吉利豪情"登上汽车生产企业产品名录,吉利集团成为中国首家获得轿车生产资格的民营企业。

在创业初期,李书福用廉价轿车打开了国内市场。当时的"吉利美日"和"吉利豪情",每辆价格都在3万多元。高档一点的吉利"优利欧"售价也不过4万元。超低价位引发了同类小轿车的降价风潮,汽车不再是有钱人的专属。

但享有价格优势的同时,吉利集团却成为了廉价低端的代名词,它甚至被戏谑道:"开吉利车要有一不怕死,二不怕苦的精神。"李书福萌生了收购世界级汽车品牌的念头。与此同时,李书福也在改变自己。过去他连30元以上的衬衣都舍不得穿,现在却穿起了西服。

2007 年，吉利集团开始实施全方位战略转型，从"造老百姓买得起的好车"转向"造最安全、最环保、最节能的好车"。实施战略转型的第三年，吉利汽车销量达 33 万辆，比 2008 年净增 10 多万辆，同比增长达 48％；实现销售收入 165 亿元，同比增长 28％。一个全新强大的吉利汽车品牌形象正日渐清晰起来。

和吉利集团的销售业绩同样让人印象深刻的，还有李书福的疯狂言论："要像卖白菜一样卖汽车""让中国的汽车走向世界，而不是让全世界的汽车跑遍全中国"，正是这些言论让李书福获得了"汽车狂人"的称号。

个性使然，非比寻常之路

经营这个巨大的产业帝国，曾有记者问他有没有压力，李书福的回答是："我没有压力，真的没有压力，什么叫压力我不懂，因为我是农村来的。你说我怕什么，失败了没有关系，回去种地、养龟、养虾，对不对？承包两亩地，一亩地种菜，一亩地种水稻，怕什么呢？有吃有喝。"如果不是拥有这样的心态，李书福也许很难坚持到现在。

正如李书福用自己的心声写的歌词一样："人在旅途，谁知前方有多少条路？酸甜苦辣早已留在记忆深处，清晨日暮阳光星光为我引路，春夏秋冬希望就在不远处。不低头，不认输，擦干泪坚持住。该受的苦我来受，该走的路我清楚……"

（资料来源："汽车狂人"李书福的创业之路. 商业文化. 2009 年 06 期）

任务提示

请阅读案例，分析吉利集团创业战略的基本内容。

试分析李书福创业战略选择的原因。

任务 1　市场竞争——锻造属于自己的销售策略

创业者必须要有敏锐的商业触觉，善于把握稍纵即逝的机会，并以此作为创业的切入点。所谓市场机会，就是市场中未被满足的需要。哪里有未被满足的需要，哪里就有赢利的机会。

6.1.1　市场机会

市场机会又可分为环境机会和企业机会。市场上一切未被满足的需要都是环境机会，但不是任何环境机会都能成为某一企业的营销机会。因为对某一企业来说，不是任何环境机会都适合企业去开拓，这还要看它是否符合企业的目标和资源条件。所以，创业者不但要善于发掘市场机会，还要善于分析、评估市场机会，看它是否符合本企业的经营目标，是否有利可图。企业的市场营销管理者必须不间断地进行市场营销调研，了解市场需要什么，需要多少，谁需要；预测需求的发展趋势；调查研究哪些因素影响市场需求和企业的营销活动，是有利影响还是不利影响等。这就是说，不仅要发掘市场机会，还得注意环境威胁，即不利因素对企业营销的挑战。机会和挑战往往是并存的，如果不能及时发现,就会带来灾难。可利用的机遇没有及时利用,会造成机会的损失;而市场上的各种挑战如不及时发现并及时采取应急措施,就可能造成更大的损失。因此,创业者对可能的各种机会和风险要灵敏地做出反应。捕捉市场商机,需要关注和研究以下几个问题:

1.关注市场供求差异

在市场经济条件下,宏观供求总是有一定偏差的,这些偏差就是企业的商机。

(1)市场需求总量与供应总量差距是企业可以捕捉的商机。假如城市家庭中洗衣机的市场需求总量为100%,而市场供应量只有70%,那么,对企业来说就有30%的市场机会可供选择和开拓。

(2)市场供应产品结构和市场需求结构的差异是企业可以捕捉的商机。产品的结构包括品种、规格、款式、花色等,有时市场需求总量平衡,但结构不平衡,仍然有需求空间,企业如果能分析供需结构差异,便可捕捉到商机。

(3)消费者的不同层次需求差异是企业可以捕捉的商机。消费者的需求层次是不同的,不同层次消费者的总需求中总有尚未满足的部分。一部分消费者收入极高而社会上却没有可供其消费的高销商品或服务;另一部分消费者由于消费水平过低而社会放弃了他们需求的低档商品,而这些就给了企业可以开拓的市场机会。

2.研究市场的地区性差异

不同的地区需要不同的产品和市场,地理因素的限制会带来不同地区之间的市场差异。比如外地有些好的产品和服务项目,本地还未见上市或开展业务,或是本地一些好的产品和服务项目在外地还没有被推广,这就是商机。前几年,兰州牛肉面、新疆的烤羊肉这些地方特色小吃走出了大西北,如今已遍布全国,产生了良好的效益。又比如,在城市里过时的商品,也许在农村刚刚开始消费;在发达地区过时的商品,也许在边远地区仍然畅销;农村里的土特产品,也许在城市有广阔的市场。由此可知,市场的地区性差异是永远存在的,关键在于你能不能发现差异并努力致力于缩小这些差异,这就是在满足市场需求。

3.进行市场细分,重视市场中"边边角角"

市场细分是指营销者通过市场调研,依据消费者的需要和欲望、购买行为和购买习惯等方面的差异,把某一产品的市场整体划分为若干消费人群的市场分类过程。每一个消费人群都是一个细分市场,每一个细分市场都是具有类似需求倾向的消费者构成的群体。

在市场中,不同的消费者有不同的欲望和需求,因而不同的消费者有不同的购买习惯和行为。正因为如此,你可以把整个市场细分为若干个不同的子市场,每一个子市场都有一个有相似需求的消费人群。然后,公司针对不同类型的消费者,制定切实可行的销售策略,取得经营的成功。麦当劳被人称之为"能够着眼未来的速食企业",麦当劳的成功就在于它能够不断从细分市场中发现商机。例如,在美国,麦当劳最早针对单身贵族和双薪家庭这一细分市场,为愈来愈多的单身贵族和双薪家庭提供早餐;在中国,麦当劳针对儿童这一细分市场,有针对性地推出"麦当劳儿童生日晚会"等一系列促销活动,并取得了成功。

在进行市场细分之后,还要关注其中的缝隙市场。小型企业要充分发挥灵活多样、更新更快的特点,瞄准边角,科学地运用边角,另辟蹊径,做到人无我有、人有我新,通过合法的经营,增强自己的竞争实力,最终实现占领目标市场的目的。日本东京有一家面积仅为 43 平方米的小得不能再小的不动产公司。一次,有人向这个公司推销一块面积为百万平方米的山间土地,对于这块土地,其他不动产者都不感兴趣,因为它人迹罕至,无任何公共设施,不动产价值被认为是零。然而,这家公司老板渡边却认为,城市现在已是人满为患了,回归大自然就是不可逆转的潮流。因此,他毫不犹豫地拿出全部资产,又大量借债将这块土地买了下来,并将其细分为农园用地和别墅用地;而后大做广告,其广告充分抓住青山绿水、白云果树等特色,适应了都市人向往大自然的心理,结果开发不到一年,土地就卖出了 4/5,净赚了 50 亿日元。

事实上,任何一家企业,即使是超级大型企业,也做不到处处无懈可击,因此与大公司进行竞争并非绝对不可能之事。倘若发现市场上正萌发着某种从未引起人们注意的需要,而且只要能满足这一需要就可以成功地占领市场的话,那就无需为竞争而感到惶恐和不安,只要竭尽全力并且想方设法把这项业务做好就行了。如苹果牌微型电脑设备的厂家和商家们之所以获得巨大的成功,正是因为他们利用 IBM 那样庞大的企业打开了产品的销售市场,并把握住了其市场空缺所带来的机会。

除此之外,还要关注市场的边缘机会,将不同领域的市场进行有机结合。例如,美国由于航天技术的发展出现了许多边缘机会,有人把传统的殡葬业同新兴的航天工业结合起来,产生了"太空殡葬业",业务非常火爆。再如,"中国铁画"就是把冶金和绘画结合起来产生的,"药膳食品"是把医疗同食品结合起来产生的。

4. 研究竞争对手的弱点

研究竞争对手,从中找出其产品的弱点及营销的薄弱环节,也是企业开拓市场的有效方法之一。美国的罗伯梅塑胶用品公司自 1980 年高特任总裁起,其业绩增长了 5 倍,净利增长了 6 倍。罗伯梅塑胶用品公司成功的秘诀之一就在于积极参与了市场竞争,在竞争对手塔普公司开发出储存食物的塑胶容器后,罗伯梅塑胶用品公司对其进行了认真的分析研究,认为塔普公司的产品质量虽然高,却都是碗状,放在冰箱里会浪费许多小空间,于是对其加以改进,开发出了性能更好、价格更低、又能节省存放空间的塑胶容器。就这样,在塔普公司及其他公司还未看清产品问题的时候,罗伯梅塑胶用品公司却已将之转化为极重要的竞争优势了。

6.1.2　企业竞争战略

创业者在创业过程中会面临竞争战略的选择问题,在这一方面,迈克尔·波特(Michael E. Porter)从产业组织的角度,运用结构主义分析方法提出了企业竞争战略,这一战略也适用于创业的竞争战略。创业竞争战略包括成本领先战略、差异化战略和集中化战略三种。

1. 成本领先战略

成本领先战略又称低成本战略,是企业努力发掘现有的资源和能力优势,大规模生产一种标准化的产品,在行业内保持整体成本领先地位,从而以行业最低价格为其产品定价的竞争战略。它是以较低成本赢得竞争优势的战略,在实施过程中,通常是以较低的单位产品价格为价格敏感客户提供标准化的产品。

20世纪60年代初期,美国柯达公司欲开辟胶卷市场,因此,他们开发出价格便宜的低端大众化的相机,并宣布其他厂家可以仿制。当看到众多厂家蜂拥而来时,市场上相机的猛增给胶卷带来了广阔的发展空间。柯达公司趁机推出了质优价廉的胶卷供应市场,顿时销量遍及全球,获得了大量利润。

2. 差异化战略

差异化战略又称差别化战略,是指企业向顾客提供的产品或服务在行业范围内独具特色,这种特色可以给产品或服务带来额外的溢价。如果一个企业的产品或服务的溢价超过因其独特性所增加的额外的成本,那么拥有这种差异化的企业就将在竞争中取得优势。差异化战略的目的是为了创造产品或服务的差异性和独特性,因此很难通过一种简单的程序和方法获得这种差异化。为了保证差异化战略的有效性,企业必须了解自身的资源和能力是否能够提供差异化的产品或服务。同时,由于差异化战略优势的前提和基础是企业提供的产品或服务能够与顾客需求、偏好相一致,因此差异化战略也必须以顾客需求为核心,深入了解其需求和偏好的变化。

20世纪80年代初IBM开创了PC市场,其销售队伍的销量占到了PC销售额的5%,分销商和经销商占到了70%,零售商占到了18%。照常理来讲,这样的行业巨人是很难挑战的。但就是这样一个行业巨人,却在个人PC机的直销上输给了当时还是刚刚起步的戴尔公司。戴尔公司在刚刚起步的时候,就意识到了要想在PC机的销售领域里迅速崛起,必须依靠一种全新的销售模式,那就是后来成为戴尔公司的标志性战略——直销模式,同时戴尔公司又利用互联网的优势,推出为消费者量身定做PC的个性化服务,这些差异化举措使得戴尔公司一举闯入世界500强的行列。

3. 集中化战略

集中化战略又称聚焦战略,是指企业集中满足细分市场目标的战略。集中化战略是企业主攻某个特定的客户群、某产品系列的一个细分区段或某个地区市场的战略。从整个行业范围来看,集中化战略可能并不能取得差异化或成本领先优势。但是,集中化战略能在较狭窄的市场范围内满足特定顾客的需求,获得区域市场竞争优势。因此,对于资金、实力、经验不足的新创企业来说,集中化是比较合适的战略。实施该战略时,一般选择对替代品最有抵抗力或竞争对手最弱之处作为目标市场。

1945年,沃尔玛选择在新港小镇开店,这一战略使沃尔玛在相当长的时期内远离大城市的残酷竞争,在不为人所注意的时候悄然长大成林。在山姆创业之初,零售业市场上已经存在像凯玛特、吉布森等一大批颇具规模的企业。这些企业将市场目标瞄准大城市,绝对不会像沃尔玛那样到十分不起眼的小镇去开店,他们认为那里没有零售业市场。山姆采取的策略就是首先进军小镇,占领小镇市场,再逐渐向全国推进,以形成星火燎原之势。具体实施时则以州为单位,抢占几个小镇为"据点",然后一点一点地填满,直到整个州的市场饱和,再向另一个州扩展。就这样,从一个镇到一个州,从一个州到一个地区,再从一个地区推进到全国。

由此,我们不难看出,新创立的中小企业只要突出自身的专业化和核心专长,具备了真正的竞争优势,挑战行业巨人不是没有可能,甚至可以获得巨大的成功。

任务2 人才竞争——员工与企业的比翼双飞

一家英国大公司的董事长说过:"多年来认为资本是发展工业的瓶颈,我觉得此话不再正确。公司没有保持一支高素质的劳动队伍才真正构成生产的瓶颈。"

创业者组建自己的团队后,还必须考虑如何选才、用才和育才,使员工始终保持旺盛的士气和高昂的热情,为实现创业目标而努力奋斗。

6.2.1 企业人才选拔

"如何选择人才,人才能给企业带来什么?"这些问题是初创企业在招聘之时首要考虑的。创业期企业与成熟期企业所需求的人才类型是不一样的,因此在用人机制上不能唯学历论、唯资历论或唯优秀论,关键要根据自己企业的资本、岗位和规模选拔最适合的人才。初创企业如能把握以下"招聘经",则基本可以选拔到合适人才。

1."定"即定位

要做好企业的人才招聘,首先企业要明确招聘什么样的人才,什么样的人才是最适合企业发展的,基本原则是"不求最优秀,只求最适合"。企业人才招聘前一定要先做好人才的需求分析,人才需求分析的一般程序如下:

(1)根据公司发展战略制定第二年企业发展的绩效目标,对绩效目标进行分解,制定出部门的绩效目标。

(2)公司各部门根据绩效目标分析要配置哪些人才、哪些岗位空缺,对空缺岗位根据公司岗位说明书的要求向人力资源部提出申请。

(3)人力资源部对各部门提交的人才需求申请进行归总,向公司决策层提交年度初步人才招聘需求。

(4)公司高层在初步人才需求的基础上提出修改建议,并根据公司第二年的绩效目标提出对特殊人才和管理人才的招聘需求。

(5)人力资源部根据高层的建议最终确定第二年的招聘需求,在此基础上制订出第二年的人才招聘计划。

(6)根据实际情况进行调整,在做好人才招聘需求分析的基础上,每次招聘前需再次确认对各类人才的定位,即工作职员与任职资格,包括主要工作职责,对学历、专业、能力、经验、年龄、性别、性格、兴趣爱好、心理及身体等各个方面的详细要求等。只有这样,招聘过程中才能做到"胸中有数"。

2."吸"即吸引

吸引就是发布招聘信息引起目标群体的注意力,让他们主动投票——简历。一般招聘中吸引目标群体投票的招数有以下几种:

(1)公司文化吸引

优秀的公司文化是吸引人才的第一要件,公司在招聘策划文案中,应以一定的篇幅介绍和描述公司及企业文化,包括公司规模、发展目标、价值观、人才观念等。

(2)待遇吸引

应聘者首先选择的是一个好的公司(最佳雇主),其次就是一个好的待遇。企业在招聘时最好明示每个岗位的具体薪酬待遇,但最好采用范围年薪的方式,比如某岗位年薪3万~10万元。3万元代表所招聘进的人才基本能够胜任岗位,10万元代表所招聘的人才有非常出色的能力,并且能够完成出色的业绩。而应聘者往往看到的是10万元而不是3万元。

(3)职位及发展吸引

一个好的职位及发展空间也是吸引优秀人才不可或缺的因素。有的公司承诺"本公司将提供广阔的发展空间",其实这种承诺是非常虚的,应聘者更愿意看到实际的东西,比如入职培训、员工职业化训练、中高层管理人员培训、在职教育、完善的职业发展通道和职业生涯体系、职业辅导等,让应聘者感觉到实实在在的空间。

3."选"即甄选

不管前面的工作做得如何精致和准确无误,应聘者中都不可避免地有鱼目混珠和滥竽充数的现象存在。因此,精心设计招聘人才的甄选程序,提高人才预选的信度和效度,把真正优秀的人才"拣"出来是人才招聘的关键。当然,对于企业招聘不同的人才,比如普通人才、高级管理人才、核心技术人才、精英销售人才等都要适用不同的人才甄选方法,这里仅就一般的人才甄选程序进行简单的归纳。

(1)履历筛选

履历筛选是人才甄选的第一步,在履历筛选时一定要注意以最重要的指标对人才进行初步评选,把人才分为A类——明显合格、B类——基本不合格和C类——明显不合格三类。

(2)初试

初试建议采取笔试的方式,重要的人才可以辅以心理测试等其他方式。在设计初试试卷时一定要考虑用基础测试(智力、基本能力、素质等)和业务测试相结合的方式。

(3)复试

复试一般采取面试的方式。现在面试的种类有很多,比如自由面试、结构化面试、半结构化面试、压力面试、行为事件访谈法、情景直观面试法、二次面试、三次面试等。企业在面试时可以根据不同人才特点选择最适合的面试方法。

当然,企业在甄选人才时,也可以根据具体的招聘情况来确定其他更加复杂的评选方法,如无领导小组讨论、文件框测试、评价中心、岗位竞聘等。

4."留"即留住

招聘是一次双向选择的行为,招聘中公司可以选择自己中意的对象,应聘者也有权选择自己中意的公司。所以,企业在整个招聘过程中,如何有效地留住人才也非常重要。

留住人才涉及整个招聘的各个环节,只要有一个环节或者一个细节让应聘者(特别是优秀的应聘者)感觉到,公司与自己的期望相差甚远,就会使优秀的应聘者放弃加盟公司的想法。所以招聘中的每一个环节、每一句话(比如打电话通知面试时要规范用语,充分体现公司的文化）。每一个行动、每一个宣传、每一个标识等都要非常严谨、规范。凡是应聘者能看到的、能听到的、能摸到的、能闻到的，甚至能想到的，都要让他们感觉良好，给其留下美好而深刻的印象。

留住人才，还要注意的是除特殊招聘以外，每次招聘的周期最好控制在一个月以内，最好20天左右。

总之，企业人才选拔不是一件简单的事，而是一项非常复杂的系统工程，只有认真对待，才能选到合适的人才。

6.2.2　创业期人才使用

人才的选聘只是实现人才使用的第一步，人力资源的合理利用、实现人才价值的转换是企业的最终目的。创业期企业人才的使用应做到以下方面：

1. 建立重用人才的文化氛围

文化是一个团队共有的价值观，企业应当旗帜鲜明地提出赞成什么、反对什么。企业文化是一种环境，为重用人才营造文化氛围，为员工发挥才能创造条件。人才只有靠重用才能体现其价值，只有靠使用及在使用中的不断培训才能使其得到转换和增值。如果不合理发挥人才的价值，将会造成人才的流失，如萧何建议刘邦重用韩信时所说的"能用信，信则留；不能用信终亡耳！"

2. 实行分权式的管理，相信下属，充分放权

对人才的重用，首先便是信任，"士为知己者死"。分权是对职业经理人的最大信任。领导分为两种：一种是轻轻松松的领导（放权式的领导）；一种是累死人的领导（大事小事一把抓的领导）。而后者是一种吃力不讨好的领导，既打击中低层管理者的积极性，又容易在做决定时盲目武断。

创业期企业很容易走上专权的极端，江山是创业者在市场中拼搏出来的，创业者有一定的眼光、胆识、能力，但缺点是自以为是。领导人应努力完善制度，充分分权，这样才有时间去思索更高层的发展。

在分权管理制度下，应该采取以下措施：

（1）实行目标管理。为员工制定目标、布置任务，让他们去完成。允许员工在奋斗过程中偶尔失败。对于失败，管理者应懂得宽容，寻找失败的原因远比责备员工更为有效。

（2）建立以绩效为中心的薪酬体制。市场是客观的，一切行为在市场中只有两种结果：成功和失败。企业中员工时刻承受着风险，风险与收益成正比，员工承担风险所以理应享受风险后的收益。

6.2.3　创业期人才管理与培育

1. 建立多项激励机制

水不激不跃，人不激不奋。一位出色的用人大师必定要懂得激励员工。不论是物质激励，还是精神激励，一定要肯定员工的成就，并鼓励其赢得更大的成功。同样，激励的另一方面是要果断采取惩罚措施来处罚有过失的员工。

在条件允许的情况下,适当提高员工的工资、福利待遇、薪金。

采用完善的激励机制把员工的贡献与企业的发展前景紧紧捆绑在一起,绩效考核是一种通行的方法。初创企业尤其要注意采用适合自己的绩效考核制度。

最后,满足精神需求。单纯的物质利益不一定能留住人才,精神需求也是一股巨大的推动力,可以持久地发挥作用。因此,初创企业不能忽略自己的企业文化建设,要把员工凝聚在一起。

2.提供适当的培训

对于人才,企业必须精心培育,给员工创造培训机会。

3.进行职业生涯规划

企业的经营目的是利润最大化,而实现的条件在于企业中每位员工工作效率的最大化。影响员工工作效率最大化的最主要因素,是员工的职业爱好与身体特质,而这两个因素恰恰是影响和决定员工职业生涯的两大因素。

企业应当积极地协助员工,让其发现自己的爱好和特长,而不能简单地运用激励理论,一味地对员工进行物质、精神的激励,因为在众多条件具备的情况下,兴趣爱好以及身体特质对员工的工作效率起着决定性的作用。

综上所述,设计和制定出符合企业特点的人力资源管理方案,不仅有助于初创企业的发展,也有利于企业在激烈的人才市场竞争中留住人才。

技能训练　　大学生创业出新招 网络零食店月销售额超 15 万

虞振新是南京师范大学商学院国际贸易专业的毕业生,毕业后他先后去过两家外贸公司打工。辞职闲下来的小虞,帮助一个亲戚打理童装网店生意。2010年,他也开了家童装网店。小虞深知,做童装生意的诀窍是价廉物美,于是他走薄利多销的路子。他采取多种促销的办法,加上他与多家童装加工厂建立了良好的关系,生意很快打开局面。那时,他每天都能售掉几十件甚至上百件童装。可年底一查账,却发现没挣多少钱。经琢磨他发现,是一大堆库存的童装"吃"掉了他的利润。与成人装相比,童装规格、型号太多,每个型号只要一件没销出,积累起来就是一个大数字。看着家里大堆的存货,他苦思对策。今年,他在经营上开始变采购、进货为"纯贸易",即销售订单全转给生产厂家,由厂家发货,自己只是中介人。这样,哪怕每件童装只赚十元八元,那也是"纯利润"。几个月下来再盘点,网店果然盈利了。

网店走上正轨,小虞开始圆他的创业梦。2011年4月他招来3个年轻人。他的策略是,先稳住童装这块业务,再涉足男装、女装,为企业增加利润收入。小虞说,他曾在网上看到一家企业,专卖高档男装,每件3000～4000元。虽贵,但销量很好,这给了他启发。他立马行动起来,申请了自己的注册商标"优果衣家",开始招兵买马。他培训员工,制订工作流程,拟订激励措施。他创新出的激励办法是:从服装的增量利润中,拿出部分利润设立旅游基金,每年10月组织员工外出游玩,并设立奖励基金,为员工发放年终奖金。

1.试分析虞振新的人才管理方案是否具有可行性。

2.请根据以上案例,设计招聘广告、招聘流程、培训方案。

任务3 策略竞争——整合有力的营销策略

当世界进入21世纪之际,一个以数字化经济为代表的新经济时代开始形成,数字、网络、信息经济开始深入到社会生产和生活的各个方面,从而也对市场营销的理论和实践提出了挑战。以菲利普·科特勒为代表的一些营销学者开始对新经济条件下的市场营销哲学进行了新的探索,他们提出了新经济条件下"全方位营销"的观念,他们认为在新经济的条件下,企业必须把重心由"产品投资组合"转向"客户投资组合";将"重点客户""核心能力""合作网络"作为塑造市场的三大基本要素;营销过程表现为以价值为基础的活动,由"价值探索""价值创造""价值传递"等阶段构成;企业的营销管理也主要由"需求管理""资源管理""网络管理"三方面构成。它们相互之间的联结与互动构成"全方位营销"的架构(如图6-1所示)。

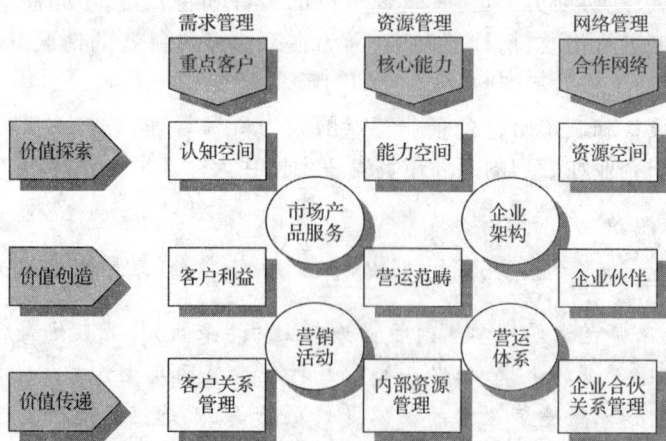

图6-1 "全方位营销"的架构

1. 要认清自己生存的微观环境

初期对创业企业来讲,不要去管全球化、WTO及行业的市场发展和走势对自己的影响。一定要清楚,你的任务是生存下来,迅速积累资金。微观生存环境就是你的前十位客户或者公司资源在一年内有能力服务的客户。这十位客户就是你能否生存下来的一切。

2. 要认清自己竞争的优势所在

有些中小企业能启动是因为已有固定的客户,产品并没有特别优势。这类企业在开发新客户时会遇到困难,如果这些启动客户成长迅速,幸运的话,企业可依靠它们完成原始积累。大多数企业是因为具有某项新技术或富有特色的产品而起步,这类企业生存的基础是产品对客户的吸引力。大众化以及技术容易被仿造的产品不是小企业的优势。小企业应选择开发满足客户独特需求、客户价值显著、效果立竿见影的产品或服务。与大企业相比,中小企业更贴近客户,更了解客户,反应更迅速,与客户关系更好,服务更全面周到。

3.基本策略

(1)客户策略。前十位客户的选择十分重要,不当的选择容易导致成长缓慢甚至失败。选择前十位客户要考虑的重要因素是:产品的客户价值高、客户有实力、成长性好、行业影响大、信誉好、地理位置便利等。第一轮拜访不仅要核实上述条件,还要了解客户需求、采购程序、制度、管理水平、哪些人参与采购决策、竞争产品及对手等信息。前十位客户的选择由公司统一确定,而非由销售员确定。

根据客户特征(第一轮了解的情况),对每一位客户制定专门的销售策略(产品的资料介绍针对客户需求,提供特别的服务,如何打通各个环节等),要发挥集体的力量来制定策略,特别是有销售经验的业务员的经验。要树立以整个公司的力量和经验面对客户而不是一个销售员自己去面对客户的销售观念(这是小公司的优势,要充分发挥)。

(2)销售管理和政策。销售管理和政策包括以下方面:①销售员的招聘是成功的基础。大多数公司总是喜欢采用广招人、低基薪、高提成的常规政策。公司管理人员一定要清楚:如果你的产品是靠积极性就能销售出去的产品,这个激励政策可能在短期内有效,如果不是靠积极性来完成销售,这个政策就会带来损失。首先要根据公司的产品、客户特点确定需要什么样能力的销售人员。新公司、新产品、新客户的销售难度很大,对销售人员的道德素质、知识水平、业务素质要求较高,那种广招业务员加高额提成的办法通常行不通。要根据产品的特点和客户特征选择销售员。例如,如果客户为政府机构或客户采购部门关系优先的公司,就要找沟通能力强的销售员。如果客户采购管理正规,要求严格,就需要销售员有相当高的知识及技术水平,能够找到产品对客户的价值所在及承诺提供合适的服务。②目标客户负责制。每个销售员要指定固定的客户,出发之前要把目标客户的资料研究透,策略记在心。未经公司批准不允许找其他的客户,要将时间、精力集中在目标客户身上。销售策略作为参考,要根据实际情况灵活应对。③销售绩效考核。销售政策必须有相关支持策略,如提高基本工资基数,提成比率较低,且对目标客户的有效销售有较高的提成,其他客户很少。许多公司不大敢采用这个政策,担心影响销售员的积极性。事实上,在公司确定前十位客户时,已充分征求了销售人员的意见。如果按上述客户选择方式精选出来的客户,加上公司特定的策略都无法完成销售,公司还能指望销售员销售吗?"满天飞"能给公司带来多少订单?④注意风险控制。时刻注意客户风险,确保财务安全,制定严格的付款政策,第一批客户的信用调查很重要,不要看表面现象,要通过其他供应商特别是其产品的销售状况以了解其真实的经营情况。

总的来说,初创公司的市场策略是:富有特色、目标集中、力量集中,全面、快速满足客户要求。

案例阅读　**移动应用推广:1万美元怎么创造100万美元收入?**

位于芬兰的 Remedy 公司(以下简称 Remedy)曾经凭借一款英雄本色游戏一举成名,其强劲的技术实力和熟稔的动作游戏设计功力获得了业内人士的认可。去年,Remedy 开始尝试杀入手机游戏界,用1万美元的营销预算,在9个月的时间内获利100万美元。

第一招:Death Rally 这款游戏首次亮相是在 2011 年 3 月,定价为 4.99 美元。在游戏上线后 Remedy 的公关部门马上展开了推广工作。首先 Death Rally 参加了限时免费活动,成本为 5000 美元,另外该活动宣传成本约为 5000 美元。Remedy 的 CEO 指出:手机游戏的传播速度就像病毒一样快,其程度要远远超过传统的家用主机游戏。早期的宣传费用是必需的,它会形成雪球效应,当然这些都建立在你的游戏有足够的吸引力的基础上。

第二招:2011 年 5 月,Remedy 将这款游戏的价格从 4.99 美元降至 0.99 美元。Death Rally 一跃成为 iPhone 平台世界排名第一的应用程序,并且连续五天都一直保持在榜首的位置,Remedy 的游戏平均价格为 0.7 美元。降价之后,用户给予 Remedy 积极的评价,这对于还牢牢捂住自己钱包的消费者是极大的诱惑。

第三招:Remedy 采用"软性营销法"。消费者可以下载到免费版本的 Death Rally,并且当消费者达到某个等级时,也不会被强迫付费购买道具。消费者可以试用某个收费道具 15 至 30 分钟,然后再决定是否愿意购买此道具。Remedy 的核心策略还是免费游戏的游戏内收费,但不像是传统内付费游戏那样,有太多的强制付费因素。Remedy 售卖单人模式的经验点加速道具,这可以提升在多人模式中的武器和车辆性能。经验加速可以帮助玩家解锁新的等级和更快的汽车,大幅提高玩家在多人战斗时的优势。

第四招:售价为 0.99 美元的游戏,所产生的收入大致可以划分为三个部分:一个是购买游戏的收入,一个是单人模式经验加速的收入,还有一个是多人模式中特色武器与车辆的收入。值得注意的是,游戏总收入超过 60% 的部分来自用户在游戏中的付费购买行为。这就意味着,单人游戏和多人游戏通过游戏内付费,都可以最大限度创收。

第五招:手机游戏不是一次性产品。Remedy 的执行副总裁指出:手机游戏用户需要更贴心的服务。Remedy 在 10 个月内发布了 9 个内容扩展包,不断更新内容,让产品保持活力和影响力,也能持续带来新的客户与各种付费行为。一个运行优良的手机游戏,相比传统的家用主机游戏拥有更长的寿命。自从加入了多人游戏功能之后,Death Rally 的用户暴增到 5 千万,同时收入也猛增了 30%。

第六招:免费拉动付费。2011 年 6 月,恰逢北欧的重大节日"仲夏节"的周末,Remedy 发布了 Death Rally 的免费版本。一天就为该游戏贡献了 200 万个新用户。而所对应的游戏收入也同比增加。免费版本可以促进销售额,但是这并不是一个简单的拉动伎俩,它需要更为精巧且清晰的市场策略设计。这种营销手段可能并不适合所有游戏应用程序,但至少最初的几个月内可以为开发者积累庞大的游戏用户群。对于游戏内付费的机制来说,更需要一个复杂的、均衡的游戏策划,同时也需要一个完善的游戏内购物框架。根据 Death Rally 的经验,用免费版本来推广付费内容,这种商业模式在未来几年内会大行其道。

……

(资料来源:移动应用推广.创业邦.2012 年 02 月 10 日)

任务4 风险最小化,收益最大化——看紧钱袋子

创业风险是指在企业创业过程中存在的风险,由创业环境的不确定性,创业机会与创业企业的复杂性,创业者、创业团队与创业投资者的能力与实力的有限性而导致创业活动偏离预期目标的可能性。

6.4.1 创业风险形成原因

1. 职业精神和道德秩序的缺失

一个成熟的、健康的竞争生态圈,不是简单地在政府所提供的若干法律、法规的框架内追求利益,它更应该体现为法律与道义传统、社会行为规范的整体协调。目前对中国的创业者们来讲,要想事业成功并成为这个社会和时代的主流,最重要的是塑造中国企业家的职业精神和重建中国企业的道德秩序。

2. 盲目选择项目

创业项目多集中于高科技和智力服务领域,如软件开发、网络服务、网页制作、家教中介、设计工作室等。此外,快餐、零售等连锁加盟店等服务类企业也颇受创业者青睐。但有些创业者并不了解市场,只凭自己的兴趣和想象决定投资方向,甚至一时心血来潮就决定干哪一行,缺乏前期的市场调研论证。

3. 缺乏创业技能

市场瞬息万变,时刻都有风险,一些创业者既不了解创业的相关政策法规,也没有在相关企业工作、管理和营销实践经历,却对创业的期望值非常高。当创业计划转变为实际操作时,才发现自己根本不具备解决问题的能力,这样的创业无异于纸上谈兵。

4. 融资渠道单一

资金难筹几乎是每一个创业者都会遇到的难题。银行贷款申请难、手续复杂,如果没有更广阔的融资渠道,创业计划只能是一纸空谈。

5. 社会资源贫乏

如果创业者人际交往的范围窄,参加各种社会实践活动少,那么掌握的社会资源非常有限,缺少人脉支持;而企业创建、市场开拓、产品推介等都需要调动社会资源,创业者在这方面会感到非常吃力。

6. 管理不善

一些创业者在理财、营销、沟通、管理方面的能力不足,缺少必要的经营企业的经验,财务上没有遵循审慎原则。此外,一些人存在一定的性格缺陷,如自以为是、刚愎自用等,这些都会影响创业的成功率。

6.4.2 创业风险类型

现代企业面临的主要创业风险通常表现为以下几个方面。

1. 市场风险

市场风险是指市场主体从事经济活动所面临的盈利或亏损的可能性和不确定性。

一个全新的产品，打开市场需要一定的过程和时间，若创业企业缺乏雄厚的财力投入到营销广告中去，产品被市场接受的过程就会更长，因而不可避免地出现产品销售不畅，前期投入难以回收，从而给创业企业资金周转带来极大困难。

2. 资金风险

资金风险是指因资金不能适时供应而导致创业失败的可能性。

对于新创企业，资金缺乏是最为普遍的问题，如果创业者不能及时解决，非常容易造成创业夭折。企业加速扩张时，往往因为遭遇资金瓶颈，影响整个企业的协作；而当企业拥有融资渠道时，往往热衷于扩建项目，铺张无度，资金绷得像一条皮筋，一旦一个地方断裂，不但无从补救，而且往往殃及整个企业。

3. 管理风险

一位优秀的创业家，可以不具备精深的技术知识，但必须具备这样一些素质：具有强烈的创新精神与创业意识，讲诚信，不墨守成规，不人云亦云；具有追求成就的强烈欲望，富于冒险精神、献身精神和忍耐力；具有敏锐的机会意识和高超的决策水平，善于发现机会、把握机会并利用机会；具有强烈的责任感和自信心，敢于在困境中奋斗，在低谷中崛起。发达国家创业企业的成功经验之一，就是技术专家、管理专家、财务专家、营销专家的有机组合，形成团队的整体优势，从而为创业企业奠定坚实的组织基础。

4. 决策风险

管理者决策水平的高低对创业企业的成败影响巨大，据美国兰德公司估计，世界上破产倒闭的大企业中，85%是因企业家决策失误造成的，中国的企业更是如此。多元化经营决策的企业比比皆是，但因此获益的企业却不多。目前来看，涉足多元化经营的多为一些实力强且有核心业务的企业。

5. 技术风险

技术风险是指在企业技术创新过程中，因技术因素导致创业失败的可能性。

创业者在选择投资项目时，当一项投资花费巨大，可能需要较长时间才能收回成本并获得盈利时，投资者就不但要考虑它的现在，还要考虑它的将来，一项产品现在有市场，不等于将来也同样有市场。一项高技术产品即使能成功开发和生产。但若达不到创业前所预期的效果，也会给企业造成较大的损失。

6.4.3 创业风险防范

人们常常把市场经济比喻为大海，这说明，商人在市场的激烈竞争中绝不是一帆风顺的，随时随地都会遇到各种风险，甚至有时是灭顶之灾。面对变幻莫测的市场竞争，创业者要有居安思危的准备，在做生意的时候主动把风险降到最低，最好在自己能够控制的范围内。具体来说，可以从以下几个方面来控制风险。

1. 把握宏观经济政策

任何商业活动都是在一定的经济环境中进行的，深入分析经济形势，利用宏观经济政策提供的优势进行投资,才能水到渠成。宏观经济政策包括:产业政策、金融货币政策、物资流通政策、价格政策、国民收入分配政策、劳动报酬政策、社会福利政策、对外贸易政策等。

此外,还包括各产业比例结构、消费结构、社会流通、交换结构、金融资本组织结构、分配结构等经济结构,以及国民生产总值、国内生产总值、人均国民收入、经济发展速度等经济结构。

2. 考察微观经济环境

初创企业之前,除了要注意宏观的经济环境外,还要考虑微观的经济环境,即注意市场因素。在市场经济条件下,找到适合自己投资创业的位置十分重要。通过微观考察,抓住市场需求。

3. 充分考虑地域环境

做生意既讲究"天时",也注重"地利",即地域环境的因素。初创企业之前,需要对所在地区的经济结构、资源条件、人口分布、交通运输、通信条件、文化教育乃至山川河流、生物植被等人文地理因素和自然地理因素进行充分、全面的分析。

4. 正确区分行业环境

每一个行业都有自身的特点,做生意总要进入某一行业,这就要受到行业整体特征的影响。总的原则是:争取进入"朝阳行业",尽量回避"夕阳行业"。在行业环境分析中,最需要考虑的是"行业的生命周期",其大致可分为四个阶段:萌芽期、成长期、成熟期、萎缩期。投资的时候,最好选择处于"萌芽期"或者"成长期"的行业。

5. 扬长避短,在决策过程中做好风险控制

在寻找和开拓市场的过程中,要明确自己的优势和劣势,做到扬长避短,这样才能在市场中抢占商机,决胜千里。选择自己熟悉的、擅长的业务,更容易把生意做好做大。

一个决策失误就可能会导致全盘皆输的结果,因此在决策过程中一定要做好风险控制。具体来说,要对各种风险因素进行有效的预测、管理、规避,从而达到对资源的有效利用和经营的有效开展之目的。具体来说,要注意以下基本原则:

(1)不熟不做

常言道:"隔行如隔山"。如果不熟悉,看到别人做生意是赚钱的,等到自己做时,则可能会赔钱。因为每个行业都有自己的核心内容,如果创业者本身在该行业已建立人际网络,在客源方面会较有保障。如果创业者有意进军某个新行业,宜先多结交该行业的朋友,待人际网络建立起来后再正式创业。此外,工作之余,不妨多参加社交活动,扩展自己的圈子,或许这些新相识就是你将来的顾客。

(2)不做超出能力范围的生意

"千脚的蜈蚣只能走一步路",做事要踏踏实实因为即使多元化,也应同心多元化。

所有的初创型企业都会面临先生存再发展的问题。企业要想活下来,第一个想法是做好,不是做大。做好,意味着把事情做到位,有良好的现金流,不做超越自己能力范围的事情。如果一味追求规模,发展速度超过了承受能力,势必带来风险。

（3）对最新、最热的行业"不为最先"

"稳健中寻求发展，发展中不忘稳健"，这是李嘉诚的经商信条，他的投资思维即讲究"不为最先"。

通常情况下，行业最新、最热的时候先不进入；等待一段时间后，市场情况往往更为明朗，消费者更容易接受，自己的判断决策也会比较准确。

今天，对科技的重视已经成为商界的共识，然而，如果一味看重科技，忽视对市场的理解和判断，就很容易走错路。因为最新、最热的行业往往不成熟，背后的商业模式还有待探讨，在市场前景还不明朗的时候投入巨资，进行创业，就是一种很大的冒险。

技能训练

如果你漫步在深圳的街头，你会很容易认出潮汕人开的店。首先他们的招牌店名一律是中国传统的"诚、昌、达、高"等吉祥字的组合，并没有特别的新意。潮汕人开的店形象设计一般不是很讲究，他们的店面 LOGO（标志）一律是店面名字的拼音字母的组合，很少用英文，一般也不专门设计。另外，店门口一律是功夫茶的摆设，穿着拖鞋守店的老板操一口难懂的潮州话，并且对不是说广东话的顾客总是不冷不热的态度，这些都构成了许多潮汕人开的店面的外在形象特征。可是，就是这些形象一般的潮汕人开的店，控制了深圳大部分的零售渠道。不仅潮汕人开的店满街都是，而且深圳主要的批发专业市场，如深圳通信市场、电脑市场，甚至深圳小店的主要进货地湖贝路批发市场等，大都是潮汕人在经营把持。

很多深圳白领们开的店，还有一些大公司开的有着很好形象的正规连锁店，很多时候往往竞争不过这些"散兵游勇"。虽然他们心里看不上上面所说的形象不怎么好的潮汕店，甚至看低这些没有多少文化的潮汕人，因为他们普遍有着初中没有毕业就经商的传统（所以一写潮汕人的发家史就一定要说某某初中没有毕业通过自己的努力做到了身价多少个亿，包括华人首富李嘉诚先生）。

但白领们又不得不佩服这些潮汕人的店比他们的店活得"滋润"，赚钱的本领高。综观深圳一家家手机店，周围的竞争对手全部是潮汕人开的手机店，而且所有的手机批发商都是潮汕人。

试分析：潮汕人在深圳创业成功的秘诀是什么？从中能对你的创业有什么启示？

创业小结：

创业企业的规模较小，要与大型企业竞争，犹如两人对弈，高手和庸手在竞技的运用上迥然不同。了解全盘，方能进行竞争，这才是最好的战略。然而，棋艺不精者，仅注意每一事的狭小范围，而被对方的落子所迷惑。这岂不是对变化莫测的经营环境忽喜忽忧、患得患失的最形象的写照？如果你站在经营者的立场，希望自己经营的企业成长繁荣，那么，你绝不能满足平凡的棋局和开局。

创业是一种以创业者为首的组织行为。为寻求已感知到的创业机会，必须具备有效的组织行动,通过组织有序的运作,使商机变成周密的计划,再使计划变成有力的执行,配置稀缺资源,创造价值。不管是个人还是团队,如果没有良好的组织运作,再好的资源也不能发挥作用。

创业企业需深知自己的经营特色。创业企业灵活性好、适应性强,可以提供多品种、小批量生产和针对性服务,填补大企业无法占有或不愿占有的市场空间,从中获得大型企业不满意而创业企业却较为满意的收益。

项目7
回避前进路上的障碍

📖 知识目标

1. 理解依法创业的必要性
2. 熟悉合同的概念、内容与形式
3. 掌握法律风险的形成原因、规避措施

📖 能力目标

能够规避创业企业所面临的主要法律风险

🔄 任务导入   **案例一：大学生创业开网店擅自超经营范围被查处**

渝中区工商分局电子商务监督所负责对辖区内从事电子商务的企业进行监管，执法人员在某知名论坛上发现了一家重庆本地网站的推荐信息，调查发现这家网站属于一家科技公司，该公司从 2008 年 11 月 13 日在自建的网站上从事奶粉、辅食等食品的销售，但该公司营业执照核准登记的经营范围中并无食品销售。

之后，执法人员赶到这家公司在上清寺的办公室，发现该公司未取得卫生许可证，但却在一个月之内销售了总金额为 2141 元的"生命阳光纯牛初乳""金装多美滋多领加金盾延续配方奶粉""金装多美滋多乐加金盾婴儿配方奶粉"等各类乳制品。

该公司属超出核准登记经营范围，未取得许可证的违法经营行为。

这家公司是几名大学生一起开的，不知道其公司销售行为是违法的，鉴于负责人态度很好，执法人员便对其依法从轻处罚，罚款 2000 元并责令改正。这几名大学生把网站做得很漂亮，但却不知道销售奶粉需要卫生许可证。

而这样的情况并不是偶然。2009 年 1 月，渝中区电子商务监督所还查获一起类似的案例。几名大学生一起创业，从事网站建设服务，直到工商执法人员找到他们，他们才知道，从事网站建设服务需要办理电信相关增值服务的许可。

（资料来源：大学生创业开网店擅自超经营范围被查处.重庆晨报. 2009 年 2 月 8 日）

案例二：不懂劳保法规吃苦头

创业心气一贯很高的小陈遇到了公司最惨淡的时候，连环的诉讼使他的小公司面临崩溃的边缘。这是一起十分常见的劳动纠纷，问题出在他不太懂劳动保障方面的法律法规。

大学一毕业,小陈就筹资在北京市的大兴区开办了自己的农产品销售公司。为了降低成本,他雇佣了当地的农民。尽管规模不大,收入也不多,但当老板的感觉让小陈很陶醉。

几个月前,一个农民辞职后状告了公司,他要求公司补缴社会保险费。根据北京市的相关规定,公司要给这个农民补缴近万元的社会保险费。事实很清楚,小陈败诉了。得知这个情况后,与官司中相似的员工纷纷提出诉讼,要求公司补缴社会保险费,算下来,金额超过 10 余万元。

这样的情况,让小陈几乎无法收拾,因为如果全额上缴有关费用,公司的资金周转将面临严重的困难。

（资料来源:大学生自主创业法律应先行.大学生创业网.2006 年 08 月 14 日）

任务提示

企业在经营过程中需要警惕什么问题? 创业者在创业之初需要注意学习哪些知识呢?

任务 1　依法创业

7.1.1　创业者与法律知识

有志于做出一番事业的人,在法制比较健全的今天,不懂法律是不行的。不懂法律知识,会给生活、工作、生产、经营带来诸多困难。即使不在政法战线工作,也要学习法律知识,这好比不在医疗战线工作,也要知道身体保健和医疗常识一样,也要知道常用药品的作用和用法,国家对各个领域的管理、各个行业的发展和经营,都依靠法律,在依法治国、依法生产、依法经营的当代,具备法律常识,这是对每个人的基本要求,也是每个创业者必备的基本素质。

7.1.2　守法经营,营造良好的创业环境

(1)首先需要提高企业管理人员的法制意识,做到诚信经营、规范管理。市场经济是法制经济,只有在法制的框架下市场才能有序地运行,在法制的有效保障下企业才能安全、高效发展。因此,作为企业管理人员,要本着对员工负责、对企业负责、对社会负责的态度,牢固树立法制意识,带头学法、知法,特别是对与现代经营管理和企业和谐发展相关的法律法规,更要学深、学透,并在此基础上提高自己的理解和运用能力,提升企业的法律风险管理水平,主动、自觉地遵守国家、政府和行业管理部门的法律法规,从容、坦然地应对企业面临的各类法律问题,使法律知识更好地服务于企业的生产经营。

(2)其次需要普及广大企业员工的法律知识,做到遵纪守法、按章操作。员工是企业的主体,是企业守法经营的具体实践者。企业要创新方法,加大投入,通过培训讨论、现

身说法等丰富多彩的活动和喜闻乐见的形式,大力宣传与企业经营管理、完善劳动制度等密切相关的法律知识,加强企业员工学法阵地建设,提高全员学法、知法、守法意识。同时要结合日常开展的普法教育活动,大力弘扬法治精神,教育员工踏踏实实做人、诚诚恳恳做事,不取不义之财,不做不义之事。

(3)建立一整套依法治企的长效机制,在各个环节上都能做到有法可依、有章可循。企业要履行社会责任,首先要对自身的发展负责,守法经营是其责任底线,而建立依法治企长效机制则是其长期服务社会、服务大众、推动经济社会发展的根本保障。要勇于担当,积极探索,建立健全学习培训、质量监督、责任追究等一系列工作机制,将普法、守法、用法等工作纳入规范化、制度化轨道,不断提高企业和员工依法经营、依法用工、依法维权的意识和水平,增强企业的市场竞争和风险防范能力,为建立完善的现代企业制度、推动企业转型升级、争做"百年企业"提供强有力的法治保障。

(4)守法经营是企业的无形资产,是企业的品牌形象,是企业的生产力。只有坚持守法经营,创业企业才能越做越大、越做越强,才能成为"常青树""百年老厂",才能创造出更大的经济效益和社会价值,从而实现企业和社会的双赢。

7.1.3 创业相关法律概述

在开始创业前,需要了解我国的基本法律环境。在我国,司法均以法律、法规、规章为依据,与新办企业直接有关的基本法律有《民法通则》《合同法》《企业法》《劳动法》等。案例不是法律,没有普遍的约束力,但具有参考意义,特别是最高人民法院公布的案例。

建立企业从事经营活动,必须到工商行政管理部门办理登记手续,领取营业执照,如果从事特定行业的经营活动,还须事先取得相关主管部门的批准文件。设立企业,还需要了解《企业登记管理条例》《公司登记管理条例》等工商管理法规、规章。设立特定行业的企业,有必要了解有关开发区、高科技园区、软件园区(基地)等方面的法规、规章、有关地方规定,这样有助于选择创业地点,以享受税收等优惠政策。

我国实行法定注册资本制,如果不是以货币资金出资,而是以实物、知识产权等无形资产或服权、债权等出资,还需要了解有关的出资、资产评估等法规规定。

企业建立后,需要办理税务登记,需要会计人员处理财务,这其中涉及税法和财务制度,需要了解企业需要缴纳的营业税、增值税、所得税等;还需要了解哪些支出可以进成本,固定资产怎么摊销等;需要了解聘用员工时涉及的劳动法和社会保险问题;需要了解劳动合同、试用期、服务期、商业秘密、行业禁止、工伤、养老金、住房公积金、医疗保险、失业保险等诸多规定;还需要处理知识产权问题,既不能侵犯别人的知识产权,又要建立自己的知识产权保护体系,同时需要了解著作权、商标权、域名、商号、专利、技术秘密等各自的保护方法;在业务中还要了解《担保法》《票据法》等基本民事法律以及行业管理的法律法规。

以上只是简单地列举了创业中常用的法律,在企业实际运作中还会遇到大量的法律问题。

任务 2　提高你的警惕心——创业法律实务

7.2.1　合同内涵

我国《合同法》第二条规定:"本法所称合同是平等主体的自然人、法人、其他组织之间,设立、变更、终止民事权利义务关系的协议。""婚姻、收养、监护等有关身份关系的协议,适用其他法律的规定。"这一规定是根据《民法通则》的规定做出的。《民法通则》第八十五条规定:"合同是当事人之间设立、变更、终止民事关系的协议。"由此可见:

(1)合同是平等主体之间订立的民事权利义务关系的协议,属于民事法律关系。

(2)合同规范的民事权利义务关系在《民法通则》中是作为债权债务关系来规定的,因此民事法律关系中有关人身关系的问题不适用于《合同法》。

7.2.2　合同的基本原则

1. 当事人法律地位平等原则

《合同法》第三条规定:"合同当事人的法律地位平等,一方不得将自己的意志强加给另一方。"平等原则的基本含义是:当事人无论是何人,无论其具有何种身份,在合同法律关系中相互之间的法律地位是平等的,都是独立的、平等的合同当事人,没有高低、贵贱、从属之分,都必须遵守法律规定,都必须尊重对方及其他当事人的意志。

2. 合同自愿原则

合同自愿原则在《合同法》中表现为:一是当事人之间订立合同法律地位平等,要协商一致,一方不得将自己的意志强加给另一方;二是当事人依法享有自愿订立合同的权利,任何单位和个人不得非法干预;三是任何违背当事人意志的合同内容都是无效的或者是可以撤销的。

3. 公平原则

《合同法》第五条规定:"当事人应当遵循公平原则确定各方的权利和义务。"公平是法律最基本的价值取向,法律的基本目标就是在公平与正义的基础上建立社会的秩序。公平原则要求合同当事人应当根据公平、正义的观念确定各方的权利和义务,各方当事人都应当在不侵害他人合法权益的基础上实现自己的利益,不得滥用自己的权利。

4. 诚实信用原则

《合同法》第六条规定:"当事人行使权利、履行义务应当遵循诚实信用原则。"诚实信用原则是民事法律的基本原则。在民事合同活动中,当事人应当讲诚实、守信用,以善意的方式履行自己的义务,以善意的方式行使权利,不得以损害他人为目的滥用权利,不得规避法律和合同义务。

5. 遵守法律和维护道德原则

《合同法》第七条规定:"当事人订立、履行合同,应当遵守法律、行政法规,尊重社会公德,不得扰乱社会经济秩序,损害社会公共利益。"

6. 合同对当事人具有法律约束力的原则

《合同法》第八条规定："依法成立的合同，对当事人具有法律约束力。当事人应当按照约定履行自己的义务，不得擅自变更或者解除合同。"依法成立的合同，受法律保护。

7.2.3 合同的形式

1. 口头形式

合同的口头形式是指当事人只用口头语言表示订立合同，而不用文字表达协议内容的合同形式。口头形式优点在于方便快捷，缺点在于发生合同纠纷时难以取证，不易分清责任。口头形式适用于能即时清结的合同关系。

2. 书面形式

合同的书面形式是指当事人以合同书或者电报、电传、电子邮件等数据电文形式等各种可以有形地表现所载内容的形式订立合同。书面形式有利于交易的安全，重要的合同应该采用书面形式。

书面形式又可分为下列几种形式：(1)由当事人双方依法就合同的主要条款协商一致并达成书面协议，并由双方当事人的法定代表人或其授权人签字盖章；(2)格式合同；(3)双方当事人来往的信件、电报、电传等也是合同的组成部分。

3. 其他形式

合同的其他形式主要是指公证形式、鉴证形式、批准形式、登记形式、推定等。例如，商店安装自动售货机，顾客将规定的货币投入机器内，买卖合同即成立。

7.2.4 合同的主要内容

1. 一般条款

《合同法》第十二条规定："合同的内容由当事人约定，一般应包括以下条款：(一)当事人的名称或者姓名和住所；(二)标的；(三)数量；(四)质量；(五)价款或者报酬；(六)履行期限、地点和方式；(七)违约责任；(八)解决争议的方法。当事人可以参照各类合同的示范文本订立合同。"

合同生效后，当事人就质量、价款或者报酬、履行地点等内容没有约定或者约定不明确的，可以补充协议；不能达成补充协议的，按照合同有关条款或者交易习惯确定。当事人就有关合同内容约定不明确，依照前述规定仍不能确定的，适用下列规定：

(1)质量要求不明确的，按照国家标准、行业标准履行；没有国家标准、行业标准的，按照通常标准或者符合合同目的的特定标准履行。

(2)价款或者报酬不明确的，按照订立合同时履行地的市场价格履行；依法应当执行政府定价或者政府指导价的，按照规定履行。

(3)履行地点不明确，给付货币的，在接受货币一方所在地履行；交付不动产的，在不动产所在地履行；其他标的，在履行义务一方所在地履行。

(4)履行期限不明确的，债务人可以随时履行，债权人也可以随时要求履行，但应当给对方必要的准备时间。

(5)履行方式不明确的,按照有利于实现合同目的的方式履行。

(6)履行费用的负担不明确的,由履行义务一方负担。

2.格式条款

当事人为了重复使用而预先拟定,并在订立合同时未与对方协商的条款。如《房屋买卖合同》《就业协议》等。

下列情形的格式条款无效:

(1)提供格式条款一方免除其责任、加重对方责任、排除对方主要权利的条款无效。

(2)造成对方人身伤害的;因故意或者重大过失造成对方财产损失的免责条款无效。

(3)一方以欺诈、胁迫的手段订立合同,损害国家利益;恶意串通,损害国家、集体或者第三人利益;以合法形式掩盖非法目的;损害社会公共利益;违反法律、行政法规的强制性规定。

7.2.5　合同订立程序

当事人订立合同应当具备相应的资格,即具有相应的民事权利能力和民事行为能力。除依据合同性质不能代理的以外,当事人可以委托代理人订立合同。

订立合同采取要约、承诺的方式进行。当事人意思表示真实一致时,合同即可成立。

1.要约

(1)要约的概念。要约是指希望和他人订立合同的意思表示。要约可以向特定人发出,也可以向非特定人发出。根据《合同法》的规定,该意思表示应当符合下列规定:

①具体内容的确定,此项条件要求该意思表示已经具备了未来合同的必要内容;

②表明经受要约人的承诺,要约人即受该意思表示约束。

(2)要约邀请。要约邀请是希望他人向自己发出要约的意思表示。寄送的价目表、拍卖公告、招标公告、招股说明书、商业广告等,性质为要约邀请。但若商业广告的内容符合要约的规定,如悬赏广告,则视为要约。在实践中要注意要约与要约邀请的区分,如根据《最高人民法院关于审理商品房买卖合同纠纷案件适用法律若干问题的解释》规定,商品房的销售广告和宣传资料为要约邀请,但是出卖人就商品房开发规划范围内的房屋及相关设施所作的说明和允诺具体确定,并对商品房买卖合同的订立以及房屋价格的确定有重大影响的,应当视为要约。该说明和允诺即使未载入商品房买卖合同,亦应当视为合同内容,当事人违反的,应当承担违约责任。

(3)要约的生效时间。要约到达受要约人时生效。采用数据电文形式订立合同,收件人指定特定系统接收数据电文的,该数据电文进入该特定系统的时间,视为到达时间;未指定特定系统的,该数据电文进入收件人的任何系统的首次时间,视为到达时间。

(4)要约的撤回。要约可以撤回。撤回要约的通知应当在要约到达受要约人之前或者与要约同时到达受要约人。撤回要约是在要约尚未生效的情形下发生的。如果要约已经生效,则非要约的撤回,而是要约的撤销。

(5)要约的撤销。要约可以撤销。撤销要约的通知应当在受要约人发出承诺通知之前到达受要约人。但下列情形下的要约不得撤销：①要约人确定了承诺期限的；②以其他形式明示要约不可撤销的；③受要约人有理由认为要约是不可撤销的，并已经为履行合同做了准备工作。

(6)要约的失效。有下列情形之一的，要约失效：

①拒绝要约的通知到达要约人；

②要约人依法撤销要约；

③承诺期限届满，受要约人未做出承诺；

④受要约人对要约的内容做出实质性变更。

2. 承诺

(1)承诺的概念。承诺是受要约人同意要约的意思表示。承诺应当由受要约人向要约人做出。

(2)承诺期限。承诺应当在要约确定的期限内到达要约人。要约没有确定承诺期限的，承诺应当依照下列规定到达：

①要约以对话方式做出的，应当即时做出承诺，但当事人另有约定的除外；

②要约以非对话方式做出的，承诺应当在合理期限内到达。所谓合理期限，是指依通常情形可期待承诺到达的期间，一般包括要约到达受要约人的期间、受要约人做出承诺的期间、承诺通知到达要约人的期间。

③要约以信件或者电报做出的，承诺期限自信件载明的日期或者电报交发之日开始计算。信件未载明日期的，自投寄该信件的邮戳日期开始计算。要约以电话、传真等快速通信方式做出的，承诺期限自要约到达受要约人时开始计算。

(3)承诺的生效时间。承诺自通知到达要约人时生效。承诺不需要通知的，自根据交易习惯或者要约的要求做出承诺的行为时生效。采用数据电文形式订立合同，收件人指定特定系统接收数据电文的，该数据电文进入该特定系统的时间，视为承诺到达时间；未指定特定系统的，该数据电文进入收件人的任何系统的首次时间，视为承诺到达时间。承诺生效时合同成立。

(4)承诺的撤回。承诺人发出承诺后反悔的，可以撤回承诺，其条件是撤回承诺的通知应当在承诺通知到达要约人之前或者与承诺通知同时到达要约人，即在承诺生效前到达要约人。

(5)承诺的迟延与迟到。受要约人超过承诺期限发出承诺的，为迟延承诺，除要约人及时通知受要约人该承诺有效的以外，迟延的承诺应视为新要约。受要约人在承诺期限内发出承诺，按照通常情形能够及时到达要约人，但因其他原因使承诺到达要约人时超过承诺期限的，为迟到承诺，除要约人及时通知受要约人因承诺超过期限不接受该承诺的以外，迟到的承诺为有效承诺。

(6)承诺的内容。承诺的内容应当与要约的内容一致，这在学理上称为镜像规则。但严格执行镜像规则不能适应市场发展的需要。在实践中，受要约人可能对要约的文字乃至内容做出某些修改，此时承诺是否具有法律效力需根据具体情况予以确认。《合同法》规定，受要约人对要约的内容做出实质性变更的，为新要约。有关合同标的、数量、质量、价款或者报酬、履行期限、履行地点和方式、违约责任和解决争议方法等内容的变更，是对要约内容的实质性变更。承诺对要约的内容做出非实质性变更的,除要约人及时表示反对或者要约表明承诺不得对要约的内容做出任何变更的以外,该承诺有效,合同的内容以承诺的内容为准。

3. 合同成立的时间与地点

(1)合同成立的时间。由于合同订立方式的不同,合同成立的时间不同:

①承诺生效时合同成立。这是大部分合同成立的时间标准。

②当事人采用合同书形式订立合同的,自双方当事人签字或者盖章时合同成立。如双方当事人未同时在合同书上签字或盖章,则以当事人中最后一方签字或盖章的时间为合同的成立时间。

③当事人采用信件、数据电文等形式订立合同的,可以要求在合同成立之前签订确认书。签订确认书时合同成立。

(2)合同成立的地点。由于合同订立方式的不同,合同成立地点的确定标准也有不同:

①承诺生效的地点为合同成立的地点,这是大部分合同成立的地点标准。

②采用数据电文形式订立合同的,收件人的主营业地为合同成立的地点;没有主营业地的,其经常居住地为合同成立的地点。当事人另有约定的,按照其约定。

③当事人采用合同书形式订立合同的,双方当事人签字或者盖章的地点为合同成立的地点。如双方当事人未在同一地点签字或盖章,则以当事人中最后一方签字或盖章的地点为合同成立的地点。

7.2.6　规避法律风险

1. 主要的法律风险

(1)形式风险

通常依据合同形式不同,有口头合同和书面合同两类。在现实经济生活中,创业者往往由于轻信口头承诺,没有签订书面合同而带来巨大的风险。创业者在选择项目的过程中,容易犯的一个常见错误是:考察项目后,与项目方人员逐渐相熟,因此在正式签订合同时,讲究义气,甚至是顾及脸面,从而轻信对方人员的口头保证和承诺,不将一些细节比如广告支持数额、产品具体质量、运输费用等书写在正式合同之内,最终导致纠纷的发生。因为口头承诺而引发的纠纷几乎占到了所有项目纠纷的一半以上。

(2)主体风险

法律对一些商业活动主体有特殊要求,在从事这样的经济活动时,若主体不适格则可能导致合同无效或不能产生预想的法律效果。一些商人利用这种规则,故意制造主体不适格情况进行欺骗,给当事人造成法律风险。

①无权处分人。当交易主体无权处分合同标的时,将影响合同的效力。这种情况并非只存在于买卖合同,如技术秘密许可合同,许可方并非技术秘密的合法拥有人,甚至是许可方侵权获得的技术秘密,带来的法律风险危害不容忽视。一些市场主体利用无权处分,将自己能够控制的合同标的以非权利人名义签订合同的方式予以处置,一旦感觉交

易对自己不利,就主张合同无效,阻止交易的进行。而根据法律规定,企业只能追究其缔约过失责任,产生的损害十分严重。

②不具有法定的资格。法律规定一些商业活动只能由具有特定资格的民事主体进行,而普通民事主体从事这些活动将导致主体不适格。这类关于法定资格的规定,常见于一些部门法规,建筑、医药等技术要求较高的行业往往有此类限制性规定。若因不符合法定资格导致合同无效,企业面临的法律风险损害通常难以预计。

③违反法律禁止性规定。法律禁止一些主体从事特定交易活动,若对方恶意利用这种禁止性规定导致合同无效,企业将面临法律风险。众所周知,在经济交往中为提高自己履约能力的可信度,常常采用提供担保的方式,国家机关、学校、幼儿园、医院等以公益为目的的事业单位不得作为保证人,以这样的主体提供担保实质上并没有任何担保效果。

④合同义务部分为第三人才能履行。这种主体不适格更为隐蔽,合同主体并非不符合合同所有内容,而是合同部分内容必须是特定第三人才能完成,这样会导致部分合同内容无效或效力待定。如与集团公司合作,为交易方便将若干个公司共同履行的义务纳入到一个合同中约定,这种做法会给履约带来风险。

(3)内容风险

内容风险是由于合同条款约定不明确、双方责权不清晰或是明显有失公正带来的风险。其中,签格式合同的风险在加盟连锁类项目中最为突出,主要原因是加盟连锁项目所采取的扩张方式就是"复制",而各个加盟商之间的相似甚至相同操作模式,就直接导致了风险的产生。格式化合同,就不可避免地会产生无法体现个性需求的缺陷。

2.法律风险规避的方法

(1)聘请法律顾问

在企业设立阶段,最好的办法也是最稳妥的办法当然就是聘请专业律师作为企业的法律顾问,帮助办理具体的法律事务,规避风险。现代企业法律顾问制度已经比较普及,一般规模较大的企业内部有公司的法务部,负责日常的法律事务,同时聘请律师事务所的专职执业律师作为公司的法律顾问。

(2)专业咨询

对于小企业来讲,聘请专业的法律顾问显然有些不太可能,但寻找专业人士进行咨询是必要的;这样做不会花太多的钱,但可以让你了解到创业初期一些必须知道的法律,既经济又实惠,是创业初期资金紧张的情况下最好的办法。

(3)寻求利益的前提是合法

法律风险是企业面临的最大风险,商业风险在很大程度上就是法律风险,或者最终以法律风险的形式体现。因此,商业活动必须依靠法律的规范。企业寻求利益最大化的前提是合法。

(4)构建抵御风险的企业机制

企业领导人的法律风险意识必须得到强化;建立健全企业的规章制度和业务流程;建立健全企业内部的责任体系和监督体系;加强企业相关人员的配备和培训;建立定期审查公司法律风险的制度。

实训操作　　　　　　　四兄弟讨欠款真不易

一起使某市第一家学生企业——四兄弟企业策划工作室身心俱疲的经济纠纷案件终于画上了句号。"我们抵御风险的能力还很弱！如果这件事再拖下去，不仅严重地损害我们的信誉，而且还会因为资金问题影响我们的经营。"长长地出了口气的四兄弟企业策划工作室仍然心有余悸。

四兄弟企业策划工作室是河南省2003年度大学生自主创业的典范，这家企业的定位是"市场调研、营销策划、销售代理、长期顾问及企业 CIS 形象系统设计"。

使四兄弟企业策划工作室一度陷入困境的是该市一家医院。2003年4月，四兄弟企业策划工作室代理了节能炊具的销售业务。该医院工会免费试用了100套节能炊具，试用期为一个月。2003年9月底，医院在表示满意的情况下又订购了1000套节能炊具，四兄弟企业策划工作室将这批数额很大的炊具于2003年12月20日交付该医院。但在随后收取货款时，该医院却在没有说出任何原因的情况下无故拖欠货款，并不予退货。经多次协调，仍没有结果。

由于该货物采用订单生产的形式，该医院无故拖欠货款的行为使四兄弟企业策划工作室无法尽快返款。这不仅给四兄弟企业策划工作室造成了巨大损失，还严重损害了四兄弟企业策划工作室的信誉。货物价值9万余元，这对于大企业来说也许不算什么，可是若放在一个刚刚创业的学生企业身上，极可能是毁灭性的打击。

究竟打不打官司呢？四兄弟企业策划工作室面临着两难的选择。

试分析：如何规避四兄弟企业策划工作室所面临的经济纠纷？如何处理已经发生的欠款问题？

下 篇

实战篇

项目1
创业意识和理念培养

◀实训任务书▶

项目名称	创业意识和理念培养
实训任务	1.传播积极创业理念,培养理性创业意识 2.创业能力评估 3.创业环境分析
任务目标	1.能够树立积极的创业精神与创业意识 2.能够客观分析自己的创业能力 3.能够运用 PEST、SWOT 分析法评估创业环境
知识准备	1.掌握职业规划的前提与创业规划的主要内容 2.掌握创业知识准备、心理准备、能力准备的相关知识内容 3.熟悉大学生创业环境分析的方法
实训内容 和 参考步骤	一、树立创业精神与创业意识 1.通过"创业观测试"评估创业意识与创业精神 2.自行完成测试表,检查自己是否具有创业精神 3.完成关于创业意识的自我评估 二、创业能力评估 1.完成"梅比人格类型量表",确定自己的人格特征 2.自行完成测试表,确定自己的创业动机和职业兴趣 3.通过自评和他人评价,确定自己的创业素质与能力 三、创业环境分析 1.使用网上资源,收集最新信息,分析创业环境 2.使用 SWOT 分析法对自己的创业活动进行分析

实训任务1 树立创业意识与创业精神

1.1.1 创业观测试

回答以下问题,完成"创业观测试"。

为何你有创业的欲望?你真的想为自己工作吗?

走上创业这条路一定要有正面的理由,更要有自信能提供满足市场需求的产品或服务。在创业之前你必须了解是否具备成功的条件。成功创业者的条件一般包括:自律、自强、识人能力、管理技能、想象力、口才、毅力、乐观、奉献精神、积极的人生观、客观推销产品(服务)的能力、独立作业的能力等。当你确定自己适合创业后,不必急着马上走上创业这条路,还必须评估你的创业计划是否可行。你可以探索以下一些问题:

1. 你能否用语言清晰地描述出你的创业构想

想法必须明确。你应该能用很少的文字将你的想法描述出来。根据成功者的经验,不能将这一想法变成自己语言的原因大概也是一个警告:你还没有仔细地思考吧。

2. 你真正了解你所从事的行业吗

许多行业都要求选用从事过这个行业的人,并对其行业内的方方面面有所了解。否则,你就得花费很多时间和精力去调查诸如价格、销售、管理费用、行业标准、竞争优势等信息。

3. 你看过他人使用这种方法吗

一般来说,一些经营很好的公司的经营方法更具有现实性。在一些有经验的企业家中流行这样一句话:还没有被实施的好主意往往可能实施不了。

4. 你的想法经得起时间考验吗

某项计划真正得以实施时,你会感到由衷兴奋。但过了一个星期、一个月甚至半年之后,将是什么情况?它还那么令你兴奋吗?或许已经有了完全不同的另外一个想法来代替它。

5. 你的设想是为自己还是为别人

你是否打算在今后五年或更长时间内,全身心地投入到这个计划的实施中去?

6. 你有没有一个服务于你的关系网

开办企业的过程,实际上就是一个将供应商、承包商、咨询专家、雇员等组织起来的过程。为了找到合适的人选,你应该有一个服务于你的个人关系网。否则,你有可能陷入不可靠的人或滥竽充数的人之中。

7. 你明白什么是潜在的回报吗

每个人投资创业,其最主要的目的就是赚最多的钱。可是,在尽快致富的设想中隐含的绝不仅仅是钱,你还要考虑成就感、价值感、爱等潜在回报。如果没有意识到这一点,那就必须重新考虑你的计划。

经过自我分析后证明你适合创业,同时你也能正确回答上述几个问题的话,那么你创业成功的胜算将会很高,你可以决定着手去创业。但是,你要问问自己,你为什么想创办自己的企业?

你可以从以下几个方面来问自己:

• 我为什么要创业?是否有足够的决心?愿意承担风险吗?

• 我是否具备创业者应有的能力与素质?是否能承受挫折?是否具有综合全面的素质,或者有专项技术特长?

• 我创业成功的核心资源优势是什么?我具备以下哪些条件:足够的资本、行业经验、客户资源、技术创新、商业运作能力、与即将面对的竞争对手相比是否有明显的优势。

• 是否有足够的耐心与耐力度过创业的消耗期?估计经历多长时间走过创业瓶颈阶段?

- 创业最大的风险是什么？最坏的结果是什么？我是否能承受？

思考上述问题,如果回答是肯定的,那么这些问题将可能有助于你创办企业,并获得成功。

1.1.2　创业精神测试

完成测试表,检查是否具有创业精神。

表 1-1 用来测试创业者是否适合创业,填答时请看清楚每个句子,然后圈出一个数字,以代表该句子的内容与你自己的情况相符合的程度。

其中:1. 非常不符合;2. 比较不符合;3. 难以确定;4. 比较符合;5. 非常符合。

得分越高表示该描述越符合你自己。

表 1-1　　　　　　　　　　　　　　　创业精神测试

序号	行为描述	符合程度
1	喜欢当领导:这里所说的领导并非指国家领导人,而是指领导欲望特别强烈的人,由于喜欢指挥他人,所以不喜欢被约束,自认不甘居人之下而仅做个打工仔	1 2 3 4 5
2	斗志顽强:不畏创业道路的崎岖,是个意志坚定、不怕风险、勇于开拓、工作勤奋、不畏挫折、果敢坚毅的人	1 2 3 4 5
3	善于经营:一是建立正确的创业经营理念;二是有有效的经营策略;三是有成本和利润意识	1 2 3 4 5
4	敢于承担风险:是中等风险的偏爱者,既不拒绝放手一搏,也并非孤注一掷,喜欢以三比一或五比一的方式参加赌局	1 2 3 4 5
5	追求自我价值的实现:在有限的生命中追求无限的成就,追求自我价值实现的成功喜悦	1 2 3 4 5

1.1.3　创业意识的自我评估

创业意识集中表现了创业者素质中的社会性质,支配着创业者对创业活动的态度和行为,是创业者素质的重要组成部分。成功的创业者通常具有一些有别于常人的特质,并非每个人在外在条件具备的情况下都能创业,应通过预先创业意识的自我评估,再决定自己是否走创业之路。

(1)创业能力评估

(　　)是否不畏艰险去解决遇到的风险,并立刻作出正确的决策。

(　　)是否不畏失败,将危机视为一个创业的有利机会。

(　　)是否做到每天辛勤工作,长达十几个小时以上,甚至牺牲和家人团聚的机会。

(　　)是否不完全受他人左右,但有时却能从善如流。

(　　)是否愿意学习新的知识,并具有追根究底的精神。

(　　)是否是个说做就做的人,而且做事决不拖拉。

如果以上回答都是肯定的,那你具有很好的创业意识,是一个合格的创业者。

(2)经营能力评估

(　　)在购买东西时,会不由自主地算一下买主可能会赚多少钱。

（　）如果有一个能赚钱的项目,而你现在没有钱,你会选择贷款去做吗?

（　）在购买大件商品时,经常会计算各种成本,如运输成本等。

（　）善于应对不测的突发事件。

（　）除了当前的本职工作,自己还有别的一技之长。

（　）喜欢阅读商界人物的经历。

（　）对新鲜事物反应灵敏。

（　）曾经为自己制订过赚钱计划,并且实现了这个计划。

（　）在生活或工作中喜欢冒险。

（　）在工作中能够很好地与人合作。

（　）经常收看财经方面的节目。

（　）善于分析形势或问题。

（　）在碰到问题时能够很快地决策该怎么办。

（　）经常计划该如何找机会去挣钱。

（　）做事最重视的是达成目标与结果。

（　）愿意自己创业而放弃拿固定工资的工作。

如果以上回答是肯定的,那你是最理想的创业人才。如果肯定回答不足 60%,那就暂时不要考虑创业。

实训任务2　创业能力评估

1.2.1 确定人格特征

梅比人格类型量表如表 1-2 所示。

表 1-2　　　　　　　　　梅比人格类型量表(MBTI)

第一步,本量表包含四个维度,每个维度用一个表格表示(如内向——外向)。表格中的每一行有两个对立的特征。请在两个特征中选择适合自己的一项,并在空格中用"√"表示。每一个表格选择完毕后,计算每列的"√"数目。例如,外向 5 个"√",内向 4 个"√",则在底栏选择外向(E)。

外向型的人		内向型的人	
与他人在一起时感到振奋		独自一人时感到振奋	
希望成为注意的焦点		避免成为注意的焦点	
先行动,再思考		先思考,再行动	
喜欢边想边说出声		在脑中思考	
易于被了解,愿与人共享个人信息		注重隐私,只与少数人共享个人信息	
说的比听的多		听的比说的多	
热情地交流		不把热情表现出来	
反应迅速,喜欢快节奏		思考之后再反应,喜欢慢节奏	
较之精深更喜欢广博		较之广博更喜欢精深	
外向(E)		内向(I)	

感觉型的人		直觉型的人	
相信确定有形的事物		相信灵感与推理	
喜欢有意思的新主意		喜欢新主意和新概念	
崇尚现实主义与常识		崇尚想象力和新事物	
喜欢运用和琢磨已有的技能		喜欢学习新技能,但掌握后又厌倦	
留心特殊的和具体的事物,喜欢细节		留心普遍的和有象征性的事物,喜欢使用隐喻	
循序渐进地给出信息		跳跃式且以一种绕圈子的方式给出信息	
着眼于现在		着眼于未来	
感觉(S)		直觉(N)	

思维型的人		情感型的人	
后退一步,客观地分析问题		向前看,关心行动给他人带来的影响	
崇尚逻辑、公正和公平,有统一的标准		注重感情与和睦,看到规则的例外性	
自然地发现缺点,有吹毛求疵的倾向		自然地想让他人快乐,易于理解他人	
可能被视为无情、麻木、漠不关心		可能被视为过于感情化、无逻辑、脆弱	
认为诚实比机敏更重要		认为诚实与机敏同样重要	
认为只有合乎逻辑的感情才是正确的		认为所有感情都是正确的,不管是否有意义	
受获得成就欲望的驱使		受情感与渴望被人理解的驱使	
思维(T)		情感(F)	

判断型的人		知觉型的人	
做完决定后感到快乐		因保留选择的余地而快乐	
具有工作原则,先工作后玩		具有玩的原则,先玩再工作	
确定目标并按时完成任务		当有新的情况时便改变目标	
想知道自己的处境		喜欢适应新环境	
看重结果		看重过程	
通过完成任务获得满足		通过着手新事物而获得满足	
把时间看成有限的资源		把时间看成无限的资源	
判断(J)		知觉(P)	

请在下面的横线上写出代表字母:

E 或 I   S 或 N   T 或 F   J 或 P

第二步,验证你的人格类型。第一步中得出的四个字母组合(如 ISTJ)就是你的人格类型。

内向感觉思维判断 ISTJ	内向感觉情感判断 ISFJ	内向直觉情感判断 INFJ	内向直觉思维判断 INTJ
内向感觉思维知觉 ISTP	内向感觉情感知觉 ISFP	内向直觉情感知觉 INFP	内向直觉思维知觉 INTP
外向感觉思维知觉 ESTP	外向感觉情感知觉 ESFP	外向直觉情感知觉 ENFP	外向直觉思维知觉 ENTP
外向感觉思维判断 ESTJ	外向感觉情感判断 ESFJ	外向直觉情感判断 ENFJ	外向直觉思维判断 ENTJ

第三步,将你的人格特征与成功创业者应具有的人格特征进行比较,找出自己的不足,并填写下表。

自己的人格特征	成功创业者的人格特征	自己的不足

1.2.2　确定创业动机水平

下面是若干描述人们日常生活行为的句子,其中有些句子可能比较符合你自己的情况,有些则不太符合。填答时请看清楚每个句子,然后圈出一个数字,以代表该句子的内容与你自己的情况相符合的程度。

其中:1.非常不符合;2.比较不符合;3.难以确定;4.比较符合;5.非常符合。

得分越高表示该描述越符合你自己。

序号	行为描述	符合程度
	工作	
1	对我来说,尽自己最大努力把工作做好非常重要,哪怕我的同事们都不这样想	1 2 3 4 5
2	只要我尽了自己的最大努力,我对自己的工作就会感到满意	1 2 3 4 5
3	对于完成得很好的工作我会感到骄傲	1 2 3 4 5
4	对于胜过自己从前的工作表现,我会感到满意,哪怕我并没有超越他人	1 2 3 4 5
5	我喜欢努力工作	1 2 3 4 5
6	我的快乐部分来自于改进自己的表现	1 2 3 4 5
		合计:
	控制	
1	我更愿意做一些能感到有信心及放松的事情,而不愿意做那些有挑战性和很困难的事情	1 2 3 4 5
2	当我所属的团体正在计划一项活动时,我愿意亲自策划,而不只是协助他人或是完全由他人组织	1 2 3 4 5
3	我愿意学一些有趣的游戏,而不愿学那些费脑子的游戏	1 2 3 4 5
4	如果我总是学不会某种东西,我愿意继续努力,直到学会,而不会停下来去学容易学会的东西	1 2 3 4 5
5	一旦我接受了某项任务,我就会坚持到底	1 2 3 4 5
6	我喜欢那种需要较高技巧的工作	1 2 3 4 5
7	多数情况下,我会接受那些不能确定我能做好的任务,而不是那些我确定能做好的任务	1 2 3 4 5
8	我喜欢忙碌充实的感觉	1 2 3 4 5
		合计:
	竞争性	
1	我喜欢在有竞争对手的环境中工作	1 2 3 4 5
2	在某项任务中表现得比他人好对我来说很重要	1 2 3 4 5

（续表）

序号	行为描述	符合程度
3	无论在工作中还是游戏中,获胜总是重要的	1 2 3 4 5
4	当他人的表现比我好时,我会感到气恼	1 2 3 4 5
5	当我与他人竞争时,我会更加努力工作	1 2 3 4 5
		合计:

答案：

将每组所得分数汇总。注意:第二组题目(控制)中第 1 题和第 3 题计分时逆转($5＝1,4＝2$……),你的得分就是这三个量表各个题目的分数之和。为了更好地了解分数的含义,你可以与下面四种不同群体的常规模式进行比较。

群体	工作		控制		竞争	
	男	女	男	女	男	女
大学生	19.8	20.3	19.3	18.0	13.6	12.2
运动员	21.2	21.9	20.4	20.9	15.7	14.3
商人	21.1	20.7	22.3	22.1	14.6	13.8
心理学家	21.1	21.9	21.5	22.4	11.7	11.1

1.2.3   确定职业兴趣特征

本测验量表将帮助你发现并确定自己的职业兴趣和能力特长。

本测验共七个部分,每部分测验都没有时间限制,但请你尽快按要求完成。

第一部分   你心目中的理想职业（专业）

对于未来的职业(或升学进修的专业),你得早有考虑,它可能很抽象、很朦胧,也可能很具体、很清晰。不论是哪种情况,现在都请你把自己最想做的三种工作或想读的三种专业按顺序写下来,并说明理由。请在所填职业/专业的右侧按照在你心目中的清晰程度或具体程度,按从很朦胧/抽象到很清晰/具体用 1、2、3、4、5 分来表示,如 5 分表示它在你心中的影像非常清晰。

一、职业/专业：_____   清晰/具体程度：_____

理由：_____

_____

二、职业/专业：_____   清晰/具体程度：_____

理由：_____

_____

三、职业/专业：_____   清晰/具体程度：_____

理由：_____

_____

第二部分　你感兴趣的活动

下面列举若干种活动,请就这些活动判断你的好恶。喜欢的,计1分;不喜欢的,不计分。

请将答案直接写在第六部分的统计项目中。

R:实际型活动	A:艺术型活动
1.装配、修理电器或玩具	1.素描/制图或绘画
2.修理自行车	2.参加话剧/戏剧表演
3.用木头做东西	3.设计家具/布置室内
4.开汽车或摩托车	4.练习乐器/参加乐队
5.用机器做东西	5.欣赏音乐或戏剧
6.参加木工技术学习班	6.看小说/读剧本
7.参加制图描图学习班	7.从事摄影创作
8.驾驶卡车或拖拉机	8.写诗或吟诗
9.参加机械和电气学习班	9.进艺术(美术/音乐)培训班
10.装配修理机器	10.练习书法
I:调查型活动	**S:社会型活动**
1.读科技图书或杂志	1.参加单位组织的正式活动
2.在实验室工作	2.参加某个社会团体或俱乐部活动
3.改良水果品种,培育新的水果	3.帮助他人解决困难
4.调查了解土和金属等物质的成分	4.照顾儿童
5.研究自己选择的特殊问题	5.出席晚会、联欢会、茶话会
6.解算术题或做数学游戏	6.和大家一起出去郊游
7.上物理课	7.想获得关于心理方面的知识
8.上化学课	8.参加讲座或辩论会
9.上几何课	9.观看或参加体育比赛和运动会
10.上生物课	10.结交新朋友
E:事业型活动	**C:常规型活动**
1.鼓动他人	1.整理好桌面与房间
2.卖东西	2.抄写文件和信件
3.谈论政治	3.为领导写报告或公务信函
4.制订计划、参加会议	4.检查个人收支情况
5.以自己的意志影响他人的行为	5.参加打字培训班
6.在社会团体中担任职务	6.参加算盘、文秘等实务培训班
7.检查与评价他人的工作	7.参加商业会计培训班
8.结交名流	8.参加情报处理培训班
9.指导有某种目标的团体	9.整理信件、报告、记录等
10.参与政治活动	10.写商业贸易信

第三部分　你擅长的活动

下面列举若干种活动，请选择你能做或大概能做的事。

请将答案直接写在第六部分的统计项目中。

R：实际型能力	A：艺术型能力
1.能使用电锯、电钻和锉刀等木工工具	1.能演奏乐器
2.知道万用电表的使用方法	2.能参加二部或四部合唱
3.能修理自行车或其他机械	3.能独唱或独奏
4.能使用磨床或缝纫机	4.能扮演剧中角色
5.能给家具和木制品刷漆	5.能创作简单的乐曲
6.能看建筑设计图	6.会跳舞
7.能修理简单的电器用品	7.能绘画或写书法
8.能修理家具	8.能雕刻、剪纸或泥塑
9.能修理收录机	9.能设计板报、服装或家具
10.能简单地修理水管	10.能写一手好文章
I：调研型能力	S：社会型能力
1.懂得真空管或晶体管的作用	1.有向各种人说明解释的能力
2.能够列举三种富含蛋白质的食品	2.常参加社会福利活动
3.理解铀的裂变	3.能和大家一起友好地工作
4.会使用计算尺、计算器、对数表	4.善于与年长者相处
5.会使用显微镜	5.会邀请人、招待人
6.能找到三个星座	6.能简单易懂地教育儿童
7.能独立进行调查研究	7.能安排会议等活动顺序
8.能解释简单的化学现象	8.善于体察人心和帮助他人
9.能理解人造卫星为什么不落地	9.能帮助护理病人和伤员
10.经常参加学术会议	10.能安排社团组织的各种事务
E：事业型能力	C：常规型能力
1.担任过学生干部并且做得不错	1.会熟练地打出中文
2.工作上能指导和监督他人	2.会用外文打字机或复印机
3.做事充满活力和热情	3.能快速记笔记和抄写文章
4.有效利用自身的做法调动他人	4.善于整理、保管文件和资料
5.销售能力强	5.善于从事事务性的工作
6.曾作为俱乐部或社团的负责人	6.会用算盘
7.能向领导提出建议或反映意见	7.能在短时间内分类和处理大量文件
8.有开创事业的能力	8.会使用计算机
9.知道怎样做能成为一位优秀的领导者	9.能搜集数据
10.健谈善辩	10.善于为自己或集体做财务预算表

第四部分　你喜欢的职业

下面列举了多种职业,请选择你感兴趣的职业。喜欢的职业,选一项计 1 分;不太喜欢或不关心的职业,不选则不计分。

请将答案直接写在第六部分的统计项目中。

R:实际型职业	A:艺术型职业
1.飞机机械师	1.乐队指挥
2.野生动物专家	2.演奏家
3.汽车维修工	3.作家
4.木匠	4.摄影家
5.测量工程师	5.记者
6.无线电报务员	6.画家、书法家
7.园艺师	7.歌唱家
8.长途公共汽车司机	8.作曲家
9.电工	9.影视演员
10.火车司机	10.电视节目主持人
I:调研型职业	S:社会型职业
1.气象学者或天文学者	1.街道、工会或妇联干部
2.生物学者	2.小学、中学教师
3.医学实验室的技术人员	3.精神科医生
4.人类学者	4.婚姻介绍所工作人员
5.动物学者	5.体育教练
6.化学者	6.福利机构负责人
7.教学者	7.心理咨询员
8.科学杂志的编辑或作家	8.共青团干部
9.地质学者	9.导游
10.物理学者	10.国家机关工作人员
E:事业型职业	C:常规型职业
1.厂长	1.会计师
2.电视制片人	2.银行出纳员
3.公司经理	3.税收管理员
4.销售员	4.计算机操作员
5.不动产推销员	5.簿记人员
6.广告部长	6.成本核算员
7.体育活动主办者	7.文书档案管理员
8.销售部长	8.打字员
9.个体工商业者	9.法庭书记员
10.企业管理咨询人员	10.人员普查登记员

第五部分 你的能力类型简评

下面两个表是你在六个职业能力方面的自我评定表。你可先与同龄人比较出自己在每一方面的能力,斟酌后再对自己的能力做出评估。请在表中合适的数字上画圈,数值越大表明你的能力越强。注意:请勿画同样的数字,因为人的每项能力不会完全一样。

表 A

R 型	I 型	E 型	A 塑	S 型	C 型
机械操作能力	科学研究能力	商业洽谈能力	艺术创作能力	解释表达能力	事务执行能力
7	7	7	7	7	7
6	6	6	6	6	6
5	5	5	5	5	5
4	4	4	4	4	4
3	3	3	3	3	3
2	2	2	2	2	2
1	1	1	1	1	1

表 B

R 型	I 型	E 型	A 塑	S 型	C 型
体育技能	数学技能	领导技能	音乐技能	交际技能	办公技能
7	7	7	7	7	7
6	6	6	6	6	6
5	5	5	5	5	5
4	4	4	4	4	4
3	3	3	3	3	3
2	2	2	2	2	2
1	1	1	1	1	1

第六部分 统计

测试内容		R 型（实际型）	I 型（调查型）	E 型（事业型）	A 型（艺术型）	S 塑（社会型）	C 型（常规型）
第二部分	感兴趣的活动						
第三部分	擅长的活动						
第四部分	喜欢的职业						
第五部分 A	能力类型						
第五部分 B	技能类型						
总分							

请将上表中的六种职业倾向总分按大小顺序依次从左到右排列:

_____型、_____型、_____型、_____型、_____型、_____型

最高分_____ 你的职业倾向性得分_____ 最低分_____

第七部分　你所看重的东西——职业价值观

这一部分测验列出了人们在选择工作时通常会考虑的九种因素(见所附工作价值标准)。现在请你从其中选出最重要、次重要、最不重要、次不重要因素,并填入下面相应的空格。

最重要:_____ 　　　　次重要:_____

最不重要:_____ 　　　次不重要:_____

附:工作价值标准

1. 工资高、福利好　　　　　　　　6. 有较高的社会地位

2. 工作环境(物质方面)舒适　　　　7. 工作不太紧张、外部压力小

3. 人际关系良好　　　　　　　　　8. 能充分发挥自己的能力、特长

4. 工作稳定有保障　　　　　　　　9. 社会需要与社会贡献大

5. 能提供较好的受教育机会

以上全部测验完毕。

现在,将你测验得分居第一位的职业类型找出来,对照下表,判断一下自己的职业兴趣特征,将自己的职业兴趣特征与成功创业者所应具有的职业兴趣特征进行比较,找出自己的差距,并填写下表。

自己的职业兴趣特征	成功创业者的职业兴趣特征	差距

根据测评结果分析你的创业动机水平和职业兴趣特征。

1.2.4 确定创业素质与能力

根据上述的测试结果以及你在工作、学习和生活中的行为表现,填写下列表格。

填表说明:

1. 要实事求是地填写此表。

2. 评价自己的优势与不足(可以参照知识点中所列的能力特征来评价)。

3. 把你的创业构思讲给一位家庭成员或与你关系比较密切的朋友听。请他们对你的构思进行评价,然后把他们的评价填入表格中。

自我评价		家庭成员或朋友的评价	
长处	不足	长处	不足

实训任务3 创业环境分析

1.3.1 创业环境分析

使用网上资源,收集最新信息,分析创业环境。

政治、法律与政策环境	经济环境	社会文化环境	科技与教育环境

1.3.2 SWOT分析

使用SWOT分析法对你的创业活动进行分析。

外部环境	机会(O)	威胁(T)
内部环境	优势(S)	劣势(W)

项目2
组建经营团队

◀实训任务书▶

项目名称	组建经营团队
实训任务	1.组织结构认知训练 2.工作岗位认知训练 3.人员选拔与培训认知及训练
任务目标	1.能够根据实际情况,设计适合初创企业的组织结构 2.能够编织企业主要职位的岗位说明书 3.能够科学高效地选拔创业企业人才,并根据需要设计培训方案
知识准备	1.理解设计组织结构的影响因素 2.掌握主要组织结构的类型 3.掌握岗位说明书的主要内容及编制方法 4.理解企业人事管理制度的内涵 5.掌握招聘、培训流程的设计方法
实训内容 和 参考步骤	一、组织结构认知训练 1.阅读资料,分析影响组织结构设计的因素 2.运用文献资料法及网络资源,分析企业的主要组织结构类型 3.分析适合创业型企业的组织结构,绘制该组织结构系统图,并分析原因 二、工作岗位认知训练 1.分析创业企业主要岗位 2.参考相关资料,编写一份总裁助理的岗位说明书 三、人员选拔与培训认知及训练 1.编写招聘计划书 2.分组模拟面试情景,并填写面试评价表 3.制定关于该岗位的培训计划 4.制定企业的绩效管理制度

实训任务1 组织结构认知训练

2.1.1 影响组织结构设计的因素

请阅读以下材料,回答影响组织结构设计的因素有哪些。

阅读资料　　**组织结构设计与影响因素**

(一)组织结构设计的概念

组织设计是对组织结构和组织活动的设计过程,把组织内的任务、权力和责任进行有效组织协调,使组织保持灵活性和适应性,以实现组织目标的过程。一个健全的组织必然要求动态的组织设计,即根据组织内外环境的变化恰当地调整组织结构与组织活动安排,这实际上是对组织进行滚动式的持续规划过程。组织设计的任务是提供组织结构系统图和编制工作说明书。

通过组织结构设计明确组织内的管理层次及上下级之间的关系、部门划分及各部门之间的分工协作关系,使各层次、部门、分部、岗位和团队权责分明,并在它们之间进行一种积极的协作。这样,组织能对环境中的变化迅速做出反应。

(二)影响组织结构设计的因素

管理者设计组织结构时,除了要考虑组织所处的大环境、组织的目标与战略、组织文化、组织规模、组织的技术条件等综合因素,还应考虑以下六个关键因素。

1.工作专门化

工作专门化就是指为实现目标把任务和工作计划分成许多部分,通过分工使各项工作由专人来做。亚当·斯密在他的《国富论》(1776)里就早已认识到了这种观念的重要性。亚当·斯密认为,一般来说,组织中分工程度越大,组织成员的工作越专门化,组织也就越有效率,创造的财富也就越多。

2.部门化

一旦通过工作专门化完成任务细分之后,就需要按照类别对其进行分组以使共同的工作可以进行协调。工作分类的基础是部门化。部门化通常有七种方法。

(1)职能型部门化,是根据活动的职能对工作活动分类进行部门化。这一方法适用于所有组织,主要优点在于把同类人员集中在一起,能够提高工作效率。

(2)产品型部门化,是根据组织生产的产品类型进行部门化。在组织中与某特定产品有关的所有活动都由同一主管指挥。

(3)地域型部门化,是依据地域进行部门化。如果一个公司的顾客分布地域较宽,这种部门化方法就有其独特的价值。

(4)过程型部门化,是根据生产过程进行部门化。在生产过程中,由每个部门负责一个特定生产环节的工作,由于不同的环节需要不同的技术,因此,这种部门化方法为在生产过程中进行同类活动的归并提供了基础。

(5)客户型部门化,是根据顾客的类型进行部门化,其划分部门的理论假设是,每个部门的顾客存在共同的问题要求,因此通过为他们分别配置有关工作人员,能更好地满足他们的需要。例如,一家销售办公设备的公司可下设零售、批发、政府服务部门。

(6)服务型部门化,是根据组织提供的服务种类进行部门化,主要适用于服务行业企业。

(7)混合型部门化,这是大型组织进行部门化时,综合利用上述各种方法,以取得较好的效果。划分部门时可根据职能类型来组织其各分部,根据生产过程来组织其制造部门,销售部门分为几个地区的销售业务单位,又在每个地区根据其服务类型分为若干个顾客群。

3.命令链

命令链是一种不间断的权力路线,从组织最高层扩展到最基层,明确谁向谁报告工作。它能够回答员工提出的一些问题:"我有问题时,去找谁"以及"我向谁负责"。为了促进协作,每个管理职位在命令链中都有自己的位置。每位管理者为完成自己的职责任务,都要被授予一定的权威。维持命令链最重要的就是指挥的统一性,一旦命令链的统一性遭到破坏,一个下属可能就不得不穷于应付多头领导和不同命令之间的冲突。但是,随着计算机技术的发展和下属充分授权的潮流的冲击,命令链、统一性等概念的重要性已大大降低。

4.控制跨度

任何主管能够直接有效地指挥和监督的下属人员的数量总是有限的,这个有限的直接领导的下属人员数量即控制跨度,也称为管理幅度。一个管理人员到底能够有效地管理多少下属,最重要的决定因素是管理人员减少上级花在下级身上的时间的能力,主要包括以下几种能力:(1)工作能力(主管与下属的能力);(2)工作性质与内容(工作涉及的层次、计划完善程度、工作内容相近性、非管理事务等);(3)工作条件(助手、通信配置情况等);(4)工作环境(具体变化情况)。

5.集权与分权

组织的不同部门拥有的权力范围不同,会导致部门之间、部门与高层指挥者或管理者之间以及部门与下属单位之间的关系不同,从而导致组织的结构不同。

集权是指组织中的决策集中程度。一般来讲,如果组织的高层管理者不考虑或很少考虑基层人员的意见就决定组织的主要事宜,则这个组织的集权化程度较高。相反,基层人员参与决策程度越高,或他们能够自主地做出决策,组织的分权程度就越高。集权与分权是一个相对而言的概念,但是集权式组织与分权式组织在本质上是不同的。在分权式组织中,采取行动、解决问题的速度较快,更多的人为决策提供建议,这与使组织更加灵活和主动地做出反应的管理思想是一致的。现代组织发展的趋势是从集权走向分权,下属参与决策的程度越来越高,基层管理者的决策越来越重要。

6.正规化

正规化是指组织中的工作实行标准化的程度。如果一项工作的正规化程度较高,就意味着完成这项工作的人对工作内容、工作时间、工作手段没有多大自主权。在高度正规化的组织中,有明确的职务说明书,有复杂的组织规章制度,对于工作过程有详尽的规定。而正规化程度较低的工作,相对来说,工作执行者和日程安排就不是那么固定,员工对自己工作的处理权限就比较宽。因此,正规化程度越高,员工决定自己工作方式的权限就越小。

除了上述六个关键因素外,设计组织结构时还可以考虑标准化、复杂化、人事比例等因素。标准化是指用同一方式完成相似工作的程度。在一个标准化水平较高的组织中,工作内容、工作方法规定详尽,无论什么人、在什么地方,如果工作相似,方式也相同。复杂化是指组织各部分的数量,包括纵向复杂性、横向复杂性和空间复杂性。纵向复杂性是指组织层次的数目;横向复杂性是指所有部门的数目;空间复杂性是指地理分布的数目。人事比例是指组织负责人员的分布比例,包括行政管理人员、专业技术人员、一线员工的比例等。

2.1.2 组织结构分析

请运用文献资料法及网络资源,分析企业的主要组织结构类型有几种,每种类型的组织结构分别有什么优点、缺点,阅读"小资料",分析联合利华的组织结构是什么类型。

✼ 小资料 **联合利华公司组织结构**

在联合利华公司中,最高管理机构由董事长和两位副董事长组成。管理人员分为:(1)职能系统,包括人事、财务、商务、研究、总会计师和财务总监;(2)产品系统,包括食品和饮料、洗涤剂、冷冻产品、化学制品、个人用品、农用品以及奶油和奶制品等;(3)区域系统,指欧洲区、东亚及太平洋地区、北关区、拉美区和中亚区等。

(资料来源:罗宾斯.组织行为学.北京:中国人民大学出版社,2008)

2.1.3 创业型企业的组织结构

分析创业型企业适合什么组织结构? 请绘制该组织结构系统图,并分析原因。

✼ 小资料 **某环保公司 ISO 组织结构系统图**

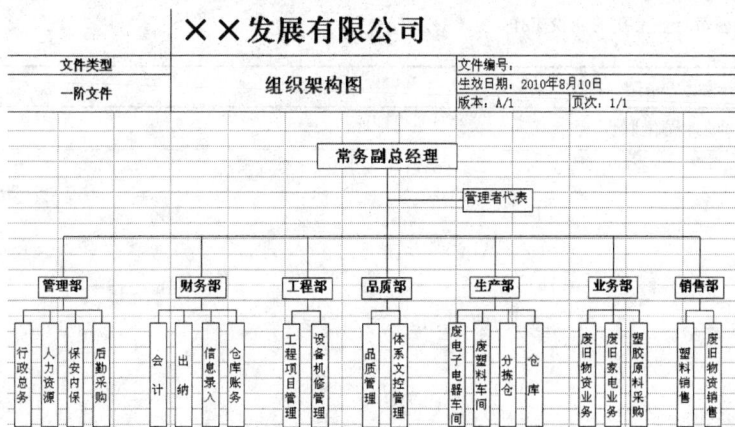

1.你的企业组织结构是什么? 请绘制该组织结构系统图。

2.列出你选择这种企业组织结构的原因。

实训任务 2　工作岗位认知训练

请分析创业企业主要岗位有哪些。参考小资料,编写一份总裁助理的岗位职责。

✿ **小资料**　　**总经理(总裁)岗位说明书**

职位名称	总经理(总裁)	职位代码	——	所属部门	——
职　系	——	职等职级	——	直属上级	董事会
薪金标准	——	填写日期	——	核准人	——

职位概要:
　　制定和实施公司总体战略与年度经营计划;建立和健全公司的管理体系与组织结构;主持公司的日常经营管理工作,实现公司经营管理目标和发展目标

工作内容:
　　1.根据董事会或集团公司提出的战略目标,制定公司战略,提出公司的业务规划、经营方针和经营形式,经集团公司或董事会确定后组织实施;
　　2.主持公司的基本团队建设、规范内部管理;
　　3.拟订公司内部管理机构设置方案和基本管理制度;
　　4.审定公司具体规章、奖罚条例,审定公司工资奖金分配方案,审定经济责任挂钩办法并组织实施;
　　5.审核签发以公司名义发出的文件;
　　6.召集、主持总经理办公会议,检查、督促和协调各部门的工作进展,主持召开行政例会、专题会等会议,总结工作,听取汇报;
　　7.主持公司的全面经营管理工作,组织实施董事会决议;
　　8.向董事会或集团公司提出企业的更新改造发展规划方案、预算外开支计划;
　　9.处理公司重大突发事件;
　　10.推进公司企业文化的建设工作。

总经理(总裁)助理岗位职责
职位要求:
工作内容:

实训任务 3 人员选拔与培训认知及训练

2.3.1 编制招聘计划书

如果公司需要招聘一名总裁助理,请你编写招聘计划书。

招聘部门	
招聘职位	
招聘人数	
招聘对象	
招聘标准	
到岗时间	
招聘渠道	
招聘预算	

2.3.2 模拟面试

请模拟面试情景,并填写面试评价表。

应聘者姓名	
面试时间	
评价指标	得分
人际关系能力(15 分)	
沟通技巧(15 分)	
团队合作(15 分)	
承受压力/挫折的能力(15 分)	
入职意愿(15 分)	
相关工作经验(10 分)	
学历(10 分)	
举止仪表(5 分)	
合计	
评价:	
录用决策	录用□ 备用□ 不录用□
主考官	

2.3.3 编制岗位培训计划

请制定关于总经理(总裁)助理岗位的培训计划

培训时间、地点	
培训内容	
主讲人	
培训考核方式	
培训经费	

2.3.4 制定企业的360度绩效管理制度

小资料

360度绩效考评 ➡	简称全方位的考绩,它进一步扩大了考绩主体的类型与人数,有助于使各类考绩主体优势互补,考绩结果更加公正而全面。 这种方法强调"考评要具体而忌一般""要以表扬与鼓励为主"的原则,它不仅是一种考评工具,而且已成为一种改善沟通、提高绩效和推动自我开发的综合性制度。

绩效管理制度
一、基本规定

二、管理规定

三、本文件的修订与批准

四、本文件的附件
附件一:绩效考核表
附件二:绩效面谈记录表

项目3

确认经营方案

◀**实训任务书**▶

项目名称	确认经营方案
实训任务	1.市场调研训练 2.经营方案确认训练 3.营销方案确认训练
任务目标	1.能够对顾客和竞争对手进行市场调查 2.能够撰写调研报告,并分析确定企业经营方向 3.能够运用市场营销的 4P 理论,并制订自己的市场营销计划
知识准备	1.理解市场调研机构的类型和选择流程 2.掌握市场调研人员的选择方法 3.掌握市场调研报告的内容以及撰写要求 4.理解目标市场、目标客户的涵义 5.掌握市场营销 4P 的内涵(产品、价格、渠道、促销)
实训内容 和 参考步骤	一、市场调研训练 1.阅读资料,分析调研主体和调研人员的选择 2.阅读资料,分析市场调研内容的组成 3.参考案例,撰写一份你自己的创业企业调研报告 二、经营方向确认训练 1.确定企业业务领域及其服务性质 2.陈述选择该业务领域和服务性质的原因 3.通过选择最具需求差异的参数进行细分市场,确定目标市场 4.确定目标顾客 三、营销方案确认训练 1.通过描述企业的产品和服务的核心功能等初步确定产品和服务 2.填写与竞争对手比较分析表,明确自身特点 3.设计你的企业产品组合和价格区间,并说明原因 4.根据企业实际情况选择合适的营销渠道 5.制定促销方案

实训任务 1　调研实战

3.1.1　市场调研主体

阅读以下资料,分析调研主体通常有哪些,如何选择调研人员。

阅读资料 **市场调研机构与人员**

1.选择调研机构

市场调研机构规模有大有小,其隶属关系及独立程度也不一样,归纳起来,基本上有以下四类:

(1)各级政府部门组织的调研机构

我国最大的市场调研机构为国家统计部门,国家统计局、各级主管部门和地方统计机构负责管理和分布统一的市场调研资料,便于企业了解市场环境变化及发展,指导企业微观经营活动。此外,为适应经济形势发展的需要,统计部门还相继成立了城市社会经济调研队、农村社会经济调研队、企业调研队和人口调研队等调研队伍。除统计机构外,中央和地方的各级财政、计划、银行、工商、税务等职能部门也都设有各种形式的市场调研机构。

(2)新闻单位、大学和研究机关的调研机构

这些机构也都开展独立的市场调研活动,定期或不定期地公布一些市场信息。

例如,以信息起家的英国路透社,在全球设立了众多分社和记者站,目前已成为世界上最大的经济新闻提供者,经济信息收入成为该社的主要来源。

(3)专业性市场调研机构

这类调研机构在国外有很多,主要有三种类型的公司:市场调研公司、咨询公司、广告公司的调研部门。

近年来,我国也出现了许多专门从事经济信息调研、咨询服务的公司,它们既有国有公司,也有集体、私营公司(集体和私营公司的不断发展趋势尤为引人注目),它们承接市场调研任务,提供商品信息,指导企业生产经营活动,在为社会服务的同时,自身也取得了很好的经济效益。

(4)企业内部的调研机构

目前国外许多大的企业和组织,根据生产经营的需要,大都设立了专门的调研机构,市场调研已成为这类企业固定性、经常性的工作。例如,可口可乐公司设立了专门的市场调研部门,并由一位副经理负责管理。这个部门的工作人员有调研设计员、统计员、行为科学研究者等。

企业内部市场调研机构设置的模式主要有两种:一是隶属于企业的营销部门,二是单独成立的部门,与销售部、广告部同级。

2.选择合适的调研人员

市场调研人员是调研工作的主体,其数量和质量直接影响市场调研的结果,因此,市场调研机构必须根据调研工作量的大小及调研工作的难易程度,配备一定数量并有较高素质的工作人员。

按市场调研的客观要求,调研人员应具备以下三方面的基本素质:

表 3-1	调研人员应具备的素质
基本素质	具体素质要求
思想品德素质	坚持四项基本原则,具有强烈的社会责任感和事业心;具有较高的职业道德修养,工作中能实事求是、公正无私;工作认真细致;具有创新精神;谦虚谨慎、平易近人
业务素质	具有较广博的理论知识,具有较强的业务能力(具有利用各种情报资料的能力;具有对调查环境较强的适应能力;具有能够分析、鉴别、综合信息资料的能力;具有较强的语言和文字表达能力)
身体素质	一是体力,二是性格

3.1.2 市场调研报告主要内容

阅读以下资料,分析市场调研报告内容主要有几个方面。

阅读资料

市场微观环境调研

市场微观环境调研包括以下具体内容:

(一)市场需求调研

1. 社会购买力总量及其影响因素调研

社会购买力是指在一定时期内,全社会在市场上用于购买商品和服务的货币支付能力。社会购买力包括三个部分:居民购买力、社会集团购买力和生产资料购买力。其中,居民购买力尤其是居民消费品购买力是社会购买力中最重要的内容,历来是市场需求调研的重点。

居民消费品购买力是城乡居民在市场上用于购买生活消费品的货币支付能力。对居民消费品购买力总量的调研,主要是通过搜集、整理和分析购买力的各种指标来实现的,这些指标是:本期形成的居民消费品购买力、居民结余购买力、本期已实现的居民消费品购买力和本期未实现的居民消费品购买力等。对各种指标的计算方法是市场统计的研究内容,我们在此不多介绍。

2. 购买力投向及其影响因素调研

购买力投向是指在购买力总额既定的前提下,购买力的持有者将其购买力用于何处,购买力在不同商品类别、不同时间和不同地区都有一定的投放比例,对购买力投向及其变动的调研可为企业加强市场预测、合理组织商品营销活动和制定商品价格提供参考依据。

购买力投向调研,主要是搜集社会商品零售额资料,并对其做结构分析,它是从卖方角度观察购买力投向变动,其方法是将所搜集到的社会商品零售额资料按商品主要用途(如吃、穿、用、住、行等)进行分类,计算各类商品零售额占总零售额的比重,并按时间顺序排列,以观察其特点和变化趋势,它直接反映了一定时期全国或某地区的销售构成,在商品供应正常的情况下,它基本上反映了商品的需求构成,当某类商品供应不足,需求受到抑制时,它只能在一定程度上反映商品的需求构成。

影响购买力投向变动的主要因素：①消费品购买力水平和增长速度的变化；②消费条件的变化；③商品生产和供应情况；④商品销售价格的变动；⑤社会时尚及消费心理变化；⑥社会集团购买力控制程度等。

(二)消费者人口状况调研

某一国家(或地区)购买力总量及人均购买力水平的高低决定了该国(或地区)市场需求的大小。在购买力总量一定的情况下,人均购买力的大小直接受消费者人口总数的影响,为研究人口状况对市场需求的影响,便于进行市场细分化,就应对人口情况进行调研,主要包括总人口、家庭及家庭平均人口、人口地理分布、年龄及性别构成、教育程度及民族传统习惯等。

(三)消费者购买动机和行为调研

1.消费者购买动机调研

所谓购买动机,就是为满足一定的需要,而引起人们购买行为的愿望和意念。人们的购买动机常常是由那些最紧迫的需要决定的,但购买动机又是可以运用一些相应的手段诱发的。消费者购买动机调研的目的主要是弄清购买动机产生的各种原因,以便采取相应的诱发措施。

2.消费者购买行为调研

消费者购买行为是消费者购买动机在实际购买过程中的具体表现。消费者购买行为调研,就是对消费者购买模式和习惯的调研,即通常所讲的"3W1H"调研,即了解消费者在何时购买(When)、何处购买(Where)、由谁购买(Who)和如何购买(How)等情况。

WHEN → WHERE → WHO → HOW

对于商业企业来说,掌握一定时间内的客流规律,有助于合理分配劳动力,提高商业人员的劳动效率,把握商品销售的黄金时间。例如,某商场在对一周内的客流进行实测调研后发现,一周中客流量最多的是周日,最少的是周一;而在一天内,客流最高峰为职工上下班时间,即上午11时和下午5时;其他时间客流人数也均有一定的分布规律。据此,商场对人员和货物都做出了合理安排,做到忙时多上岗、闲时少上岗,让售货员能在营业高峰到来时,以最充沛和饱满的精神面貌迎接顾客,从而取得了较好的经济效益和社会效益。

为了合理地设置商业和服务业网点,还可对消费者常去哪些购物场所进行调研。例如,我们在为某商场所做的市场营销环境调研中了解到:有59%的居民选择距家最近的商店,有10%的居民选择距工作地点最近的商店,有7%的居民选择上下班沿途经过的商店;有18%的居民选择有名气的大型、综合、专营商店;有6%的居民则对购物场所不加选择,即随意性购物。

不同的消费者具有各自不同的购物爱好和习惯。如从商品价格和商品牌子的关系上看,有些消费者注重品牌,对价格要求不多,他们愿意支付较多的钱购买自己所喜爱的品牌;而有些消费者则注重价格,他们购买较便宜的商品,而对品牌并不在乎或要求不高。

(四)市场供给调研

市场供给是指全社会在一定时期内对市场提供的可交换商品和服务的总量。它与购买力相对应,由三部分组成:居民供应量、社会集团供应量和生产资料供应量。它们是市场需求得以实现的物质保证。

(五)市场营销活动调研

市场营销活动调研要围绕营销组合活动展开,其内容主要包括:竞争对手状况调研、商品实体和包装调研、价格调研、销售渠道调研、产品生命周期调研和广告调研等,现分述如下:

> - 竞争对手状况调研
> - 商品实体和包装调研
> - 价格调研
> - 销售渠道调研
> - 产品生命周期调研
> - 广告调研

1.竞争对手状况调研

调研的内容主要包括:

第一,有没有直接或间接的竞争对手,具体是哪些;

第二,竞争对手的所在地和活动范围;

第三,竞争对手的生产经营规模和资金状况;

第四,竞争对手生产经营商品的品种、质量、价格、服务方式及在消费者中的声誉和形象;

第五,竞争对手技术水平和新产品开发经营情况;

第六,竞争对手的销售渠道;

第七,竞争对手的宣传手段和广告策略;

第八,现有竞争程度(市场占有率、市场覆盖面等)、范围和方式;

第九,潜在竞争对手状况。

通过调研,可将本企业的现有条件与竞争对手进行对比,为制定有效的竞争策略提供依据。

2.商品实体和包装调研

市场营销中的商品概念是一个整体的概念,不仅包括商品实体,还包括包装、品牌、装潢、商标、价格以及和商品相关的服务等。例如,我国许多出口商品质量过硬,但往往由于式样、工艺、装潢未采用国际标准,或未用条形码标价等原因,而在国际市场上以远低于具有同样内在质量和使用价值的外国商品价格出售,造成了严重的经济损失。

(1)商品实体调研

商品实体调研是对商品本身各种性能的好坏程度所做的调研,它主要包括以下几个方面:

①商品性能调研。商品的有用性、耐用性、安全性、维修方便性等方面都是人们在购

买商品时经常考虑的因素。通过调研可以了解哪些问题是最主要的,是生产经营中应该强调和狠抓落实的重点。

例如,某企业在对淋浴器市场进行调研中了解到,淋浴器的安全性是消费者购买淋浴器时所考虑的最重要的因素,因此,该企业将提高产品质量作为整个工作的中心环节来抓,很快使产品质量达到国内一流水平,并在广告中加以强调,使该企业商品盛销不衰。

②商品的规格、型号、式样、颜色和口味等方面的调研。通过调研,了解消费者对上述方面的意见和要求。

例如,在国际市场上,各国对颜色有各种喜厌,在法国和德国,人们一见到墨绿色就会联想起纳粹,因而许多人厌恶墨绿色;利比亚、埃及等伊斯兰国家将绿色视为高贵色;在我国,红色则象征欢快、喜庆。可见,企业只有在对此了解的基础上,投其所好,避其所恶,才能使商品为消费者所接受。

③商品制作材料调研。这主要是调研市场对原料或材料的各种特殊要求。如近年来美国许多青年人喜欢穿纯棉制作的衬衫,而不喜欢穿化纤类衬衫;我国不少消费者喜欢喝不含任何添加剂的饮料等。

(2)商品包装调研

表 3-2 商品包装调研

包装种类		调研内容
销售包装	消费品包装	①包装与市场环境是否协调;②消费者喜欢什么样的包装外形;③包装应该传递哪些信息;④竞争产品需要何种包装样式和包装规格
	工业品包装	①包装是否易于储存、拆封;②包装是否便于识别商品;③包装是否经济,是否便于退回、回收和重新利用等
运输包装		①包装是否能适应运输途中不同地点的搬运方式;②是否能够保证防热、防潮、防盗以及适应各种不利的气候条件;③运输的时间长短和包装费用为多少等

3. 价格调研

从宏观角度看,价格调研主要是对市场商品的价格、水平、市场零售物价指数和居民消费价格指数等方面进行调研。居民消费价格指数与居民购买力成反比,当居民货币收入一定时,价格指数上升,则购买力就相对下降。

从微观角度看,价格调研的内容可包括:①国家在商品价格上有何控制和具体的规定;②企业商品的定价是否合理,如何定价才能使企业增加盈利;③消费者对什么样的价格容易接受,以及接受程度如何;消费者的价格心理状态如何;④商品需求和供给的价格弹性有多大,影响因素是什么等。

4. 销售渠道调研

企业应善于利用原有的销售渠道,并不断开拓新的渠道。对于企业来讲,目前可供选择的销售渠道有很多,虽然有些工业产品可以对消费者采取直销方式,但多数商品要由一个或更多的中间商转手销售,如批发商、零售商等,对于销往国际市场的商品,还要选择进口商。为了选好中间商,有必要了解以下几方面的情况:

第一,企业现有销售渠道能否满足销售商品的需要?

第二,企业是否有通畅的销售渠道?如果不通畅,阻塞的原因是什么?

第三,销售渠道中各个环节的商品库存是否合理?能否满足随时供应市场的需要?有无积压和脱销现象?

第四,销售渠道中的每一个环节对商品销售提供哪些支持?能否为销售提供技术服务或开展推销活动?

第五,市场上是否存在经销某种或某类商品的权威性机构?如果存在,他们促销的商品目前在市场上所占的份额是多少?

第六,市场上经营本商品的主要中间商对经销本商品有何要求?

通过上述调研,有助于企业评价和选择中间商,开辟合理的、效益最佳的销售渠道。

5.产品生命周期调研

任何产品从开始试制、投入市场到被市场淘汰,都有一个诞生、成长、成熟和衰亡的过程,这一过程称为产品的寿命周期,它包括导入期、成长期、成熟期和衰退期四个阶段。因此,企业应通过对销售量、市场需求的调研,进而判断和掌握自己所生产和经营的产品处在什么样的寿命周期阶段,以做出相应的对策。

6.广告调研

广告调研是用科学的方法了解广告宣传活动的情况和过程,为广告主制定决策、达到预定的广告目标提供依据。广告调研的内容包括广告诉求调研、广告媒体调研和广告效果调研等。

广告诉求调研也就是消费者动机调研,包括消费者收入情况、知识水平、广告意识、生活方式、兴趣爱好以及结合特定产品了解消费者对产品接受程度等。只有了解消费者的喜好,才能制作出打动人心的好广告。

广告媒体调研的目的是使广告宣传能达到理想的效果,广告媒体是广告信息传递的工具,目前各种媒体广告种类繁多,大致可归纳为以下四类:①视听广告,包括广播、电视和电影等;②阅读广告,包括报纸、杂志和其他印刷品;③邮寄广告,包括商品目录、说明书和样本等;④户外广告,包括户外广告牌、交通广告、灯光广告等。同时,每一类媒体中又有许多具体媒体,如目前全国电视台就有上百家,有覆盖全国的,也有地区的,其声望、可靠性、覆盖面等各不相同。如何能以最低的广告费用求得最大的媒体影响力,是企业和广告制作者所密切关注的问题,这就需要通过调研了解情况,将各种媒体相互间的长处和短处进行比较,包括印象度的优劣、不同媒体的经济性、不同媒体相互组合的广告效果变化等。

3.1.3 撰写市场调研报告

参考以下资料,撰写一份你自己的创业企业调研报告。

智能家居创业项目市场调研与分析

1.目标客户

进入市场前,创业团队对沈阳市嘉润东方香榭里及皇姑区的锦联经典生活两个住宅小区进行了深入的问卷调研,同时在网上做了大量的资料调研。经过研究分析,最终将目标客户按市场发展阶段进行了定位:

(1)近期目标客户:高收入阶层的家庭用户

调研问卷结果表明,智能家居市场目前尚处于导入阶段,此时目标顾客最合适的定位是年龄为30~45岁,学历较高的高收入职业的家庭用户,包括IT工程师、电子工程师、建筑设计师、公司高管人员、高校教师。他们对新鲜事物的接收能力较强,且工作应酬繁忙,对智能家居控制系统有切实的需要。

随着市场开发的逐渐延伸,目标客户群逐渐放大到整个高收入阶层。各种职业、年龄段的高收入阶层的家庭用户,通常都非常注重自己的生活品位,当智能家居的生活理念逐渐在接受新观念比较强的高收入阶层中流行起来时,他们往往也会选择时尚的智能化生活方式。

(2)长期目标客户:广大普通家庭用户

随着智能家居理念在社会生活中的深入,智能家居系统在高收入家庭用户中的广泛应用,广大普通家庭用户也必将追随智能化时代的步伐。

2.市场前景调查

实地深入调查显示:创业团队亲自深入到高档小区进行抽样调查,发放了500份调查问卷,回收了467份。

调查显示:智能家居控制系统市场潜力巨大。分析如下:

(1)对智能家居功能了解程度统计

表3-3　　　　　　　　　　产品了解程度

所知的功能分类	知道防盗报警功能	知道远程控制功能	两者都知道的
比例	46.8%	29.7%	23.5%

由此表明:居民对本公司产品功能的了解程度高;产品理念的市场接受能力强。

(2)产品购买欲望

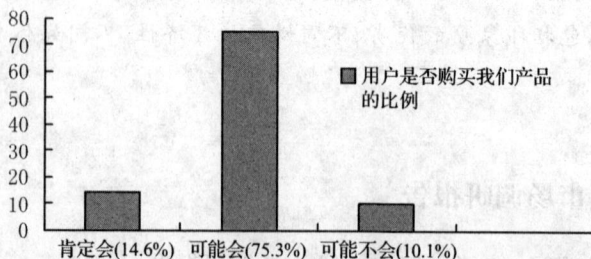

图3-1　产品购买欲调研

由此表明:公司产品需求程度高,贴近用户的需求,具有广阔的市场前景。

(3)有购买欲望人群的学历

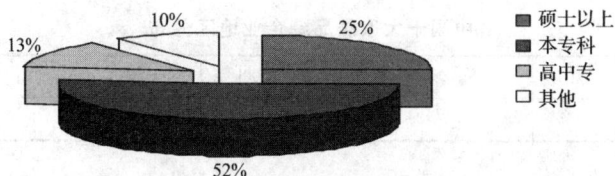

图3-2　有购买欲望人群学历调研

(4)有购买欲望人群的职业及收入

在有购买欲望的人群当中,IT、电子、建筑行业的白领人士,以及中外企业的高层管理者、高校教师五类职业的人群合计占有购买欲望人群的大部分,而且收入都在每月3000元以上。可以看出,这五类职业的人可以作为市场开发阶段的重点对象。

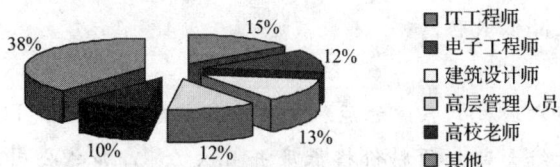

图3-3　有购买欲望人群职业调研

(5)产品价位接受程度

表3-4　　　　　　　　　　　产品价位接受程度调研

价位档次	能控制家电运作,外观设计简单,价格在1200元以下	能控制家电运作,支持防盗和报警功能,价格在1200~2000元之间	除上述功能外,外观设计时尚,绿色节能环保,价格在2000元以上
比例	22.2%	65.2%	12.6%

(6)智能化小区接受程度

在智能化小区接受程度的问卷调查中,高档小区的居民对智能家居需求程度达到了86%,由此看出,智能化产品与房地产开发商的合作势在必行。

3.竞争分析

(1)竞争因素分析

①竞争产品分析

目前全国智能家居系列产品的生产商只有二三十家,大部分企业集中在东南沿海地区,产品缺乏竞争力,没有形成规模生产,至今还没有一个能够占领国内市场10%的家居智能控制系统产品。中国目前家居行业领头羊是天津瑞朗,但它的产品控制系统大多是通过电脑来实现控制。

同竞争对手相比,本公司产品操作更便捷,稳定性更高,且产品的开发前期主要在东北三省,根据调研,截至目前,沈阳有一家生产智能家居的厂商,长春有一家,黑龙江省没有。所以公司在进入市场阶段,面临的竞争比较弱。但随着行业的发展,大量外国公司的进入,公司届时将面临激烈的竞争。对此,本公司将加紧和沈阳航空自动化研究所合作进行技术的改进和更新,并不断推出新的产品。

表 3-5　　　　　　　中国十大家居品牌企业地区分布

地区	北京	上海	深圳	广州	天津	厦门	青岛
数量	1	2	3	1	1	1	1

②替代产品分析

由于目前市场仅存在很少和本公司同性质、同样式的产品,大部分替代品因为成本较高、安装不方便等原因,所以市场尚不存在对本公司较大威胁的替代产品。

③潜在进入者分析

中国智能家居发展空间较大,智能产品的需求量将以基数为每年 2 亿元的需求和每年平均 50% 的行业增长速度发展。公司将通过产品技术的不断创新,依靠技术创新和品牌效应的不断发展来降低威胁。

④供应商分析

基于短信的无线广域控制系统的原料主要有控制芯片 89s52、TC35IGSM 通信模块、因特网络接口。由于绝大部分原料价格低廉并且大众化,加之公司采购时是大批量的,所以公司能获取较大的竞争优势。

⑤购买商分析

产品的目标市场定位于高收入人群,这些人群对价格的敏感度不大,讨价还价的能力较低,所以产品相对于顾客有较大的竞争优势。

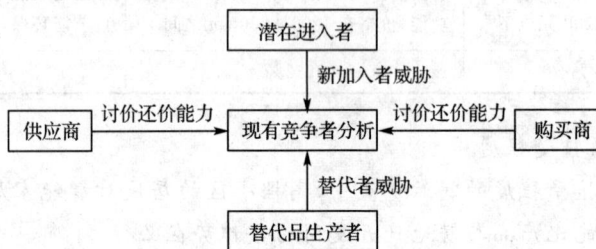

图 3-4　波特五力模型分析图

(2)竞争优势分析

①技术优势

系统稳定性、可靠性高:采用通过了美国联邦航空管理局的 RTCA DO-178B 标准认证的开源实时操作系统 μC/OS-II V2.52;系统安全性能高:此系统有三层防护机制,能有效应对来自各方的安全威胁。

②价格优势

整个系统造价低廉:相对于国内同类产品的造价,公司产品的造价不及竞争对手的一半,极具性价比。

③功能优势

操作简单、方便:五分钟之内就能对它进行熟练操作;功耗很低,可以用移动电源供电,安装快捷方便,所以有很好的便携性,能迅速在需要的地方组建一个实时远控系统。

4.市场发展走势分析

表 3-6　　　　　　　　　　市场发展走势分析

年份空间	2000	2001～2003	2004～2005	2006～2009	2009 后
智能家居	概念年	开发年	实验年	推广年	火爆年

在社会全面信息化、智能化、自动化的今天,家庭智能化是大势所趋,在国外,家居智能化已经相当普及。目前,国内的智能家居市场正在迅速崛起,智能家居必将改变人们的生活,改变家装市场的格局。智能家居控制系统市场巨大,利润将会十分可观。

5.市场预测分析

据实地调查,以均价 5000 元/平方米为标准,目前沈阳市有 33 个高档小区,平均每个小区大约有 2500 户,入住率达到 70% 左右,仅这些小区潜在的用户就有 5.8 万户左右,说明沈阳智能家居市场有很大的空间。

附一:"智能家居控制系统"市场调查问卷

调查时间:2008 年 3 月 7 号

调查地点:沈阳市高档住宅小区

调查对象:小区居民

调查目的:了解消费者对"智能家居控制系统"的认知度和认可度

注意事项:　　　○ 为单选题　　　□ 为多选题　　　请在○或□上打√	
1.您对智能家居了解多少?	○防盗报警功能○远程家电控制功能○两者都知道
2.您主要通过哪些渠道了解智能家居系统?	□家人/朋友介绍　□电视　□报纸　□家电卖场　□邮送广告　□广播　□杂志　□互联网　□户外广告,如巨幅广告牌、候车厅等　□其他
3.您有没有意愿购买智能家居系统?	○肯定会购买　　　　　○非常感兴趣 ○不太感兴趣　　　　　○不会购买
4.您是出于什么样的原因购买智能家居系统?	□功能实用,满足快速的生活节奏 □具有时代感、跟随时代潮流 □提高家电运作安全
5.您在选择智能家居产品时,以下因素考虑顺序是怎样的?	价格　品牌　外观　质量　功能　售后服务 (1)____(2)____(3)____(4)____(5)____(6)____
6.您不想购买智能家居控制系统类产品的原因是什么?	○性能不稳定　　　　　○价格偏高 ○对产品是否好用持怀疑态度　　　○其他

（续表）

7.我们公司推出不同价位档次的产品,请问您会选择哪一类?	○能控制家电运作,外观设计简单 价格在1200元以下 ○能控制家电运作,支持防盗和报警功能 价格为1200～2000元 ○除上述功能外,外观设计时尚,绿色环保 价格为2000元以上
8.请问您在选择购买"智能家居控制系统"类产品时,会考虑购买场所的哪些因素?	□产品正规　□产品种类齐全　□品牌知名度　□正规进行促销活动　□售后服务好　□价格优惠　□购买场所交通方便　□其他
9.请问您的年龄:	○25岁以下　○26～40岁　○41～60岁　○60岁以上
10.请问您的最高学历:	○硕士及以上　○本专科　○高中专　○其他
11.您的职业:	
11.请问您的平均月收入:	○500元以下　○1500～3000元　○3000～6000元 ○6000～10000元　○10000元以上
12.您的家庭成员数量:	○一人　○二人　○三人　○四人　○五人　○五人以上
13.您家的住房面积:	○50m² 以下　○50～70m²　○70～100m² ○100～150m²　○150～200m²　○200m² 以上
14.您是否希望您居住的小区是智能化住宅楼?	○是　　　　○否

实训任务2　经营方向确认实战

3.2.1　确定企业业务

1.确定企业业务领域及其服务性质

分析公司要进入哪些市场领域,并分析该市场领域所属的类型,在其所对应的市场类型表格中画"√"。

公司业务市场	消费者市场	组织购买市场

2.陈述选择该业务领域和服务性质的原因

_____

_____

_____

3.2.2 确定目标市场和目标客户

1.选择最具需求差异的参数进行细分市场

参数一 参数二				

2.确定目标顾客

顾客特征	描述
总体特征	
年龄	
性别	
收入(量化数字)	
选择目标顾客的理由	
放弃哪些顾客以及原因	
目标顾客需求描述	
描述目标客户最关注的服务和产品功能	
描述目标客户不能容忍的服务和产品缺陷	

实训任务3 营销方案确认实战

3.3.1 确定企业产品和服务

1.请描述企业的产品和服务的核心功能以及附加服务的优势和特点。

产品和服务	优势与特点

2. 与竞争对手比较分析表。

比较内容 分析项目	企业产品 与服务	竞争者 A 产品与服务	竞争者 B 产品与服务	竞争者 C 产品与服务
产品或服务质量				
计划先进程度				
品牌影响力				
产品价格合理性				
销售和服务网点				

3. 设计你的企业产品组合及价格区间,并说明原因。

_____

_____

3.3.2　选择营销渠道

根据企业实际情况选择合适的营销渠道,并填写下表。

营销渠道	产品和服务特点
直接销售	
代理商/经销商	
网络销售	
其他	

3.3.3　制定促销方案

请讨论你的企业适合什么促销策略。

第一步:选择促销渠道和预计费用项目

促销渠道:电视□　报纸□　杂志□　广播□　户外□　网络□　其他□

促销涉及费用:调研□　策划□　制作□　媒体发布□　公关□　管理□　其他□

第二步:分析具体促销策略

_____

_____

项目4

筹措资金

项目名称	资金筹措
实训任务	1.筹措资本金 2.撰写投资方案 3.投资方案答辩
任务目标	1.能够分析测算创业资金并寻找合适的投融资渠道 2.能够撰写创业企业投资方案 3.能够清晰阐述投资方案以获得投资者(如天使投资、风险投资)资金
知识准备	1.理解融资方式和渠道 2.掌握投资方案的内容以及撰写要求 3.掌握现场演讲准备内容(资料准备、心理准备、商务礼仪知识等)
实训内容 和 参考步骤	一、筹措资本金 1.填资金分析表,确定你的财务条件 2.通过估算启动投资、流动资金等测算创业所需资金 3.通过估算销售成本、销售收入对销售进行预测 4.制订利润计划 5.分析资金筹措方式 二、撰写投资方案 1.分析撰写投资方案的准备事项 2.参考资料,撰写一份你自己的创业企业投资方案 三、投资方案答辩 1.阅读资料,分析参加答辩会的注意事项 2.情景模拟"投资答辩会"

实训任务1 筹措资本金

4.1.1 确定财务条件

请填写下表并计算你有多少资金可以用来创办自己的企业。

	项　目	金　额
收入	积蓄	
	收入	
	向亲朋借贷	
	银行贷款	
	总收入（A）	
支出 （今后4个月）	伙食费	
	房租	
	偿还贷款	
	公用事业费	
	交通费	
	其他	
	总支出（B）	
	可用于创办企业的资金（A－B）	

4.1.2　测算创业资金

赵亮想开办一家彩民茶社，为众多彩民谈"彩"论"经"提供一处适宜的场所，这不仅为交流投彩经验的彩民和社会办了一件好事，也能给自己带来可观的收入。于是通过考察，赵亮租到一处50平方米的房屋，月租金4000元左右（季付）；进行了一般的装修，共花费5000元；购买桌、椅、茶具等设备花费3000元；购置彩票书籍、模拟摇奖机及茶叶等存货花费3000元；办理营业执照等经营手续花费600元；订一年有关彩票的杂志和报纸等花费1200元。另外，赵亮还雇用了两名帮工，月工资共1600元；给自己定的工资是2000元/月。他又认真地估算了其他的费用，水电费500元/月，电话费50元/月。

根据以上资料，请你计算一下赵亮开办彩民茶社需要多少创业资金便可以剪"彩"迎"民"了。赵亮在现有2万元存款的情况下，还需向银行贷多少款？（贷款利率为12％）

1. 估算启动资金

项　目	总费用（元）

2. 估算流动资金（开业后2个月达到盈亏平衡）

项　目	开业后2个月总费用（元）

3．计算创业资金总额和贷款额

项　　目	计算公式	总额（元）

4.1.3　预测销售情况

刘冬想开一家卡通玩具店，为众多卡通玩具爱好者提供一处适宜休闲购物的场所。这不仅为喜爱卡通玩具的人办了一件好事，也能给自己带来可观的收入。

于是通过考察，刘冬租到一处 100 平方米的房屋，月租金 5000 元左右（季付）；进行了一般的装修，共花费 10000 元；购买展示柜、桌、椅等设备花费 3000 元；订制迪士尼各式卡通玩具等存货花费 30000 元；办理营业执照等经营手续花费 600 元。另外，刘冬没有雇人，她给自己定的工资是 2000 元/月。她又认真地估算了其他的费用，水电费 200元/月，电话费 100 元/月。

根据以上资料，请你计算一下刘冬开办卡通玩具店的销售成本是多少？销售收入是多少？

1．估算销售成本

项　　目	金　　额
月成本总计	

2．估算销售收入

项　　目	月　份	月　份	月　份	月　份
销售数（件）				
产品单价				
销售收入（含税）				

4.1.4　制订利润计划

王波非常喜欢小动物，自己学的又是兽医专业，大学毕业后想开一家宠物商店。这不仅符合他的兴趣,还能学以致用,为他带来可观的收入。

王波经过仔细的测算、考察,在一处比较高档的小区租下了一处 200 平方米的房屋,月租金 10000 元左右(季付);进行了精致的装修,共花费 30000 元;购买各种宠物食物、宠物用品、宠物寄养房等存货,共花费 30000 元;办理营业执照等经营手续花费 600 元。另外,王波还雇了一个人,工资 1500 元/月;他给自己定的工资是 2000 元/月。他又认真地估算了其他的费用,水电费 500 元/月,电话费 100 元/月。王波从街道无息贷款 50000 元(三年还清),又向父母借了 20000 元。王波的宠物商店主要以售卖各种宠物商品为主要业务。

请根据以上资料,制订王波的年利润计划。

项　目	月份	月份	合计
销售			
成本			
利润			
税费			

4.1.5　资金筹措方式分析

_____

_____

_____

实训任务 2　撰写企业投资方案

思考撰写企业投资方案前应收集哪些数据?参考以下资料,撰写一份你自己的创业企业投资方案。

阅读
资料 **智能家民居创业项目投资分析**

1. 股本结构与规模

公司注册资本1000万元。股本结构和规模如下：

表 4-1　　　　　　　　　　股本结构和规模

股本规模＼股本来源	自然人投资	风险投资	技术入股
金　额	300万元	400万元	300万元
比　例	30%	40%	30%

股本结构中，风险投资及技术入股共占70%，风险投资方面，打算引入2～5家风险投资者共同入股，以利于筹资，化解风险，并为以后可能的上市做准备。

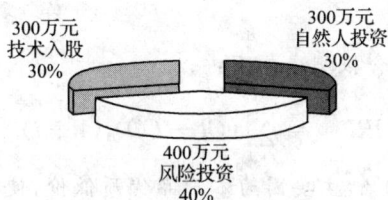

图 4-1　股本结构和规模图

2. 资金来源与运用

公司初期需要银行借款资金26.53万元，用做流动资金。资金主要用于购建生产性固定资产（559.92万元），以及生产中所需的直接原材料、直接人工、制造费用及其他各类期间费用等（466.609万元）。资金来源与运用表如下：

表 4-2　　　　　　　　　　资金来源及运用表　　　　　　　　　（单位：万元）

序号	项目	计算期 1	2	3	4	5
1	总投资	1026.53	125.47	504.60	265.61	163.96
1.1	建设投资	881.42	0	0	0	0
1.2	建设期利息	0	0	0	0	0
1.3	流动资金	145.11	125.47	504.60	265.61	163.96
2	资金筹措	1026.53	125.47	504.60	265.61	163.96
2.1	自有资金	1000	0	0	0	0
2.2	借款	26.53	125.47	504.60	265.61	163.96
2.2.1	用于建设投资	0	0	0	0	0
2.2.2	用于流动资金	26.53	125.47	504.60	265.61	163.96

3. 投资收益与风险分析

主要假设:公司的设备、原材料供应商的信誉足够好,设备到货、安装、调试在4个月内完成,生产中能够保证产品质量;购买厂房,选址在沈阳南湖科技开发区。

(1)投资净现值

银行短期借款(1年期)利率为7.47%(按照2008年1月1日基准利率),长期借款利率为7.56%(1~3年基准利率)。考虑到目前资金成本较低,以及资金的机会成本和投资的风险性等因素,i取15%(下同),此时,税前NPV为1756.75万元,税后NPV为591.93万元,远大于零。计算期内盈利能力很好,投资方案可行。

(2)投资回收期

通过净现金流量、折现率、投资额等数据用插值法计算,税前投资回收期为2.79年,税后投资回收期为3.74年,投资方案可行。

回收期=累计净现值出现正值年数-1+(未收回现金/当年净现值)

(3)内含报酬率

根据现金流量表计算内含报酬率如下:

$$NPV(IRR) = \sum_{t=1}^{N}(CI - CO)_t(1+i)^{-1} = 0$$

税后内含报酬率达到40%,主要因为本产品优质低价,使得销售利润率较高,而且前5年内市场增长性很好。

(4)项目敏感性分析

公司在销售收入、投资、经营成本上存在来自各方面的不确定因素,对三者按提高5%、10%、15%和降低5%、10%、15%的因素变化对主要指标的影响程度做敏感性分析,分析结果如图4-2所示。

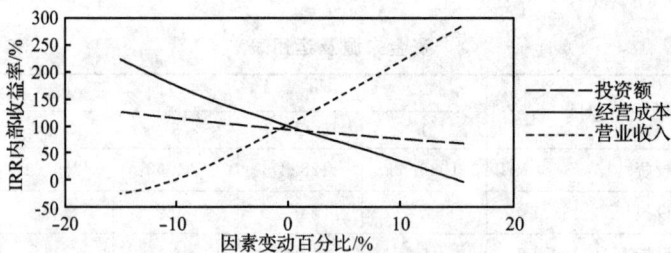

图4-2 项目敏感性分析

从敏感性分析图的结果可以看出,该项目的经济指标对营业收入的敏感性最强,对经营成本的敏感性次之,对投资额的敏感性最低,因此,该项目具有一定的抗风险能力。

(5)线性盈亏平衡分析

该项目年计划平均生产能力52400套,市场预测销售价格为:A类产品1400~1800元,平均价格为1600元;B类产品2100~2300元,平均价格为2200元。假设该项目的营业收入、总成本费用与产量呈线性关系,计算其盈亏平衡的结果如下:

表 4-3　　　　　　　　　　　　　　保本点计算表

年份	1	2	3	4	5
保本点	1500.28945	2051.825	3306.226	3869.728	4455.811

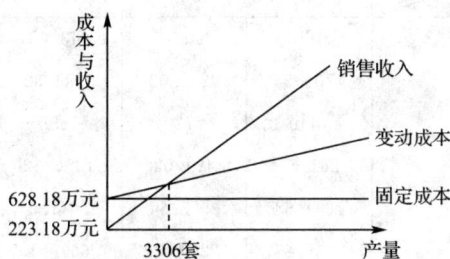

图 4-3　盈亏平衡分析图

(6)投资回报

根据对未来几年公司经营状况的预测(见附表),公司能保持较高的利润增长,以后拟从净利润中提取合理比例的资金作为股东回报。

附表

附表 1　　　　　　　　　　　　　　利润表

编制单位:沈阳点点通科技有限责任公司　　　　　　　　　　　　　　单位:万元

序号	年份 项目	计算期				
		1	2	3	4	5
1	营业收入	1800	3400	9610	12700	14350
2	营业税金及附加	17.16	31.70	81.21	103.16	110.49
3	总成本费用	1198.60	2261.69	6778.06	9246.34	10916.36
4	增值税	171.57	316.98	812.06	1031.64	1104.95
5	利润总额	412.68	789.63	1938.68	2318.86	2218.19
6	弥补以前年度亏损	0.00	0.00	0.00	0.00	0.00
7	应纳税所得额	412.68	789.63	1938.68	2318.86	2218.19
8	所得税	103.17	197.41	484.67	579.71	554.55
9	净利润	309.51	592.22	1454.01	1739.14	1663.64
10	期初未分配利润	0.00	278.56	811.56	2120.17	3685.40
11	可供分配利润	309.51	870.78	2265.57	3859.31	5349.04
12	提取法定盈余公积金	30.95	59.22	145.40	173.91	166.36
13	可供投资者分配的利润	278.56	811.56	2120.17	3685.40	5182.68
14	提取任意盈余公积金	0.00	0.00	0.00	0.00	0.00
15	各投资方利润分配	0.00	0.00	0.00	0.00	0.00
16	未分配利润	278.56	811.56	2120.17	3685.40	5182.68
17	息税前利润	414.16	800.98	1987.73	2387.74	2299.33
18	息税折旧摊销前利润	451.60	850.90	2037.64	2437.66	2349.24

附表 2   **现金流量表**

编制单位:沈阳点点通科技有限责任公司   单位:万元

序号	年份 / 项目	计算期				
		1	2	3	4	5
1	经营活动净现金流量	160	290.47	443.03	349.58	29.64
1.1	现金流入	1701.54	3214.02	9084.32	12005.3	13565.04
1.1.1	营业收入	1440	2720	7688	10160	11480
1.1.2	增值税销项税额	261.54	494.02	1396.32	1845.3	2085.04
1.2	现金流出	1541.54	2923.54	8641.3	11655.72	13535.4
1.2.1	经营成本	1159.67	2200.42	6679.1	9127.54	10785.32
1.2.2	增值税进项税额	89.97	177.03	584.27	813.66	980.09
1.2.3	营业税金及附加	17.16	31.7	81.21	103.16	110.49
1.2.4	增值税	171.57	316.98	812.06	1031.64	1104.95
1.2.5	所得税	103.17	197.41	484.67	579.71	554.55
2	投资活动净现金流量	−1026.53	−125.47	−504.6	−265.61	−163.96
2.1	现金流入	0	0	0	0	0
2.2	现金流出	1026.53	125.47	504.6	265.61	163.96
2.2.1	建设投资	881.42	0	0	0	0
2.2.3	流动资金	145.11	125.47	504.6	265.61	163.96
3	筹资活动净现金流量	1025.04	114.11	755.55	196.72	82.83
3.1	现金流入	1026.53	125.47	804.6	265.61	163.96
3.1.1	项目资本金投入	1000	0	300	0	0
3.1.2	建设投资借款	0	0	0	0	0
3.1.3	流动资金借款	26.53	125.47	504.6	265.61	163.96
3.2	现金流出	1.49	11.35	49.05	68.89	81.14
3.2.1	各种利息支出	1.49	11.35	49.05	68.89	81.14
3.2.2	偿还债务本金	0	0	0	0	0
3.2.3	应付利润	0	0	0	0	0
4	净现金流量	158.51	279.12	693.98	280.69	−51.5
5	累计盈余资金	158.51	437.63	1131.61	1412.3	1360.81

附表3   **资产负债表**

编制单位:沈阳点点通科技有限责任公司   单位:万元

序号	年份 / 项目	计算期				
		1	2	3	4	5
1	资产	1459.878	2239.928	4574.401	6244.901	7862.076
1.1	流动资产总额	619.3921	1449.354	3833.739	5554.15	7221.238
1.1.1	货币资金	259.3921	769.3537	1911.739	3014.15	4351.238
1.1.2	应收账款	360	680	1922	2540	2870
1.1.3	存货	0	0	0	0	0
1.2	固定资产净值	547.8811	531.8291	515.7772	499.7253	483.6734
1.3	无形及其他资产净值	292.605	258.745	224.885	191.025	157.165
2	负债及所有者权益	1459.878	2239.928	4574.401	6244.901	7862.076
2.1	流动负债总额	123.84	243.68	804.23	1119.98	1349.07
2.1.1	短期借款	0	0	0	0	0
2.1.2	应付账款	123.84	243.68	804.23	1119.98	1349.07
2.2	建设投资借款	0	0	0	0	0
2.3	流动资金借款	26.52918	125.4672	504.5998	265.6088	163.9645
2.4	负债小计	150.3692	369.1472	1308.83	1385.589	1513.034
2.5	所有者权益	1309.509	1870.781	3265.571	4859.312	6349.041
2.5.1	资本金	1000	1000	1000	1000	1000
2.5.2	资本公积金	0	0	0	0	0
2.5.3	累计盈余公积金	30.9509	59.22225	145.4013	173.9142	166.3644
2.5.4	累计未分配利润	278.5581	811.5584	2120.17	3685.398	5182.677

附表4   **项目投资现金流量表**

编制单位:沈阳点点通科技有限责任公司   单位:万元

序号	年份 / 项目	计算期				
		1	2	3	4	5
1	现金流入	1440.00	3080.00	8368.00	12082.00	14020.00
1.1	营业收入	1440.00	3080.00	8368.00	12082.00	14020.00
2	现金流出	2074.93	2674.57	8076.96	10527.95	12164.72
2.1	建设投资	581.42	0.00	0.00	0.00	0.00
2.2	流动资金	145.11	125.47	504.60	265.61	163.96
2.3	经营成本	1159.67	2200.42	6679.10	9127.54	10785.32
2.4	营业税金及附加	17.16	31.70	81.21	103.16	110.49
2.5	增值税	171.57	316.98	812.06	1031.64	1104.95
3	所得税前净现金流量	−634.93	405.43	291.04	1554.05	1855.28
4	累计所得税前净现金流量	−634.93	−229.50	61.54	1615.59	3470.87
5	调整所得税	103.17	197.41	484.67	579.71	554.55
6	所得税后净现金流量	−738.10	208.02	−193.63	974.33	1300.73
7	累计所得税后净现金流量	−738.10	−530.08	−723.71	250.63	1551.36

附表 5 　　　　　　　　　　　　　建设投资估算

编制单位:沈阳点点通科技有限责任公司　　　　　　　　　　　　　单位:万元

序号	项目名称	金额
1	建筑工程费用(厂房)	375.60
2	工程建设其他费用	22.54
3	分担建设期利息费用	0.00
	小计	398.14
4	设备购置费用(总额)	149.80
5	安装费用(百分比)	11.98
6	分担建设期利息费用	0.00
	小计	161.78
7	租赁办公室费用	18.00
8	技术转让费(技术入股)	300.00
	小计	318.00
9	开办费	3.50
	总计	881.42

附表 6 　　　　　　　　　　　　　财务计划现金流量表

编制单位:沈阳点点通科技有限责任公司　　　　　　　　　　　　　单位:万元

序号	年份 / 项目	计算期 1	2	3	4	5
1	经营活动净现金流量	160.00	290.47	443.02	349.58	29.64
1.1	现金流入	1701.54	3214.02	9084.32	12005.30	13565.04
1.1.1	营业收入	1440.00	2720.00	7688.00	10160.00	11480.00
1.1.2	增值税销项税额	261.54	494.02	1396.32	1845.30	2085.04
1.2	现金流出	1541.54	2923.55	8641.30	11655.72	13535.40
1.2.1	经营成本	1159.67	2200.42	6679.10	9127.54	10785.32
1.2.2	增值税进项税额	89.97	177.03	584.27	813.66	980.09
1.2.3	营业税金及附加	17.16	31.70	81.21	103.16	110.49
1.2.4	增值税	171.57	316.99	812.05	1031.64	1104.95
1.2.5	所得税	103.17	197.41	484.67	579.71	554.55
2	投资活动净现金流量	−1026.53	−125.47	−504.60	−265.61	−163.96
2.1	现金流入	0.00	0.00	0.00	0.00	0.00
2.2	现金流出	1026.53	125.47	504.60	265.61	163.96
2.2.1	建设投资	881.42	0.00	0.00	0.00	0.00
2.2.2	流动资金	145.11	125.47	504.60	265.61	163.96
3	筹资活动净现金流量	1025.04	114.11	755.55	196.72	82.83
3.1	现金流入	1026.53	125.47	804.60	265.61	163.96
3.1.1	项目资本金投入	1000.00	0.00	300.00	0.00	0.00
3.1.2	建设投资借款	0.00	0.00	0.00	0.00	0.00
3.1.3	流动资金借款	26.53	125.47	504.60	265.61	163.96
3.2	现金流出	1.49	11.35	49.05	68.89	81.14
3.2.1	各种利息支出	1.49	11.35	49.05	68.89	81.14
3.2.2	偿还债务本金	0.00	0.00	0.00	0.00	0.00
3.2.3	应付利息	0.00	0.00	0.00	0.00	0.00
4	净现金流量	158.51	279.12	693.98	280.69	−51.50
5	累计盈余资金	158.51	437.63	1131.61	1412.30	1360.81

附表 7　　　　　　　　　　　　　　总成本费用表

编制单位:沈阳点点通科技有限责任公司　　　　　　　　　　　　　　单位:万元

序号	年份＼项目	计算期				
		1	2	3	4	5
1	外购原材料	619.20	1218.40	4021.15	5599.90	6745.35
2	外购燃料及动力					
3	工资及福利费	68.04	92.63	119.40	148.51	180.13
4	折旧费	12.04	16.05	16.05	16.05	16.05
5	摊销费	25.40	33.86	33.86	33.86	33.86
6	修理费	3.61	4.82	4.82	4.82	4.82
7	利息支出	1.49	11.35	49.05	68.89	81.14
7.1	建设投资借款在生产期发生的利息	0.00	0.00	0.00	0.00	0.00
7.2	流动资金利息	1.49	11.35	49.05	68.89	81.14
8	研发费用	180.00	340.00	961.00	1270.00	1435.00
9	销售费用	180.00	340.00	961.00	1270.00	1435.00
10	其他费用	108.83	204.58	611.73	834.31	985.02
11	总成本	1198.60	2261.69	6778.06	9246.34	10916.36
11.1	其中:固定成本	110.57	158.71	223.18	272.13	315.99
11.2	变动成本	1088.03	2102.98	6554.88	8974.21	10600.37
12	经营成本	1159.67	2200.42	6679.10	9127.54	10785.32

附表 8　　　　　　　营业收入、营业税金及附加和增值税估计表

编制单位:沈阳点点通科技有限责任公司　　　　　　　　　　　　　　单位:万元

序号	年份＼项目	计算期				
		1	2	3	4	5
1	营业收入	1800.00	3400.00	9610.00	12700.00	14350.00
1.1	产品 1 营业收入	1800	3400	8000	10500	11200
	单价	0.18	0.17	0.16	0.15	0.14
	数量	10000	20000	50000	70000	80000
	销项税额	261.54	494.02	1162.39	1525.64	1627.35
1.2	产品 2 营业收入	0	0	1610	2200	3150
	单价	0	0	0.23	0.22	0.21
	数量	0	0	7000	10000	15000
	销项税额	0.00	0.00	233.93	319.66	457.69
2	营业税金及附加	17.16	31.70	81.21	103.16	110.49
2.1	营业税	0	0	0	0	0
2.2	城市维护建设税	12.01	22.19	56.84	72.21	77.35
2.3	教育费附加	5.15	9.51	24.36	30.95	33.15
3	增值税	171.57	316.99	812.05	1031.64	1104.95
	销项税额	261.54	494.02	1396.32	1845.30	2085.04
	进项税额	89.97	177.03	584.27	813.66	980.09

附表 9 现金流量表(第一年季报)

编制单位:沈阳点点通科技有限责任公司　　　　　　　　　　　　　　　　单位:万元

序号	年份 项目	计算期			
		1	2	3	4
1	经营活动净现金流量	0.00	48.00	48.00	64.00
1.1	现金流入	0.00	510.46	510.46	680.62
1.1.1	营业收入	0.00	432.00	432.00	576.00
1.1.2	增值税销项税额	0.00	78.46	78.46	104.62
1.2	现金流出	0.00	462.46	462.46	616.62
1.2.1	经营成本	0.00	347.90	347.90	463.87
1.2.2	增值税进项税额	0.00	26.99	26.99	35.99
1.2.3	营业税金及附加	0.00	5.15	5.15	6.86
1.2.4	增值税	0.00	51.47	51.47	68.63
1.2.5	所得税	0.00	30.95	30.95	41.27
2	投资活动净现金流量	−881.41	−43.53	−43.53	−58.04
2.1	现金流入	0.00	0.00	0.00	0.00
2.2	现金流出	881.41	43.53	43.53	58.04
2.2.1	建设投资	881.41	0.00	0.00	0.00
2.2.2	流动资金	0.00	43.53	43.53	58.04
3	筹资活动净现金流量	1000.00	7.51	7.51	10.02
3.1	现金流入	1000.00	7.96	7.96	10.61
3.1.1	项目资本金投入	1000.00	0.00	0.00	0.00
3.1.2	建设投资借款	0.00	0.00	0.00	0.00
3.1.3	流动资金借款	0.00	7.96	7.96	10.61
3.2	现金流出	0.00	0.45	0.45	0.59
3.2.1	各种利息支出	0.00	0.45	0.45	0.59
3.2.2	偿还债务本金	0.00	0.00	0.00	0.00
3.2.3	应付利息	0.00	0.00	0.00	0.00
4	净现金流量	118.59	11.98	11.98	15.98
5	累计盈余资金	118.59	130.57	142.55	158.53

附表 10　　　　　　　　　　　**利润表(第一年季报)**

编制单位:沈阳点点通科技有限责任公司　　　　　　　　　　　单位:万元

序号	项目＼年份	计算期 1	2	3	4
1	营业收入	0.00	540.00	540.00	720.00
2	营业税金及附加	0.00	5.15	5.15	6.86
3	总成本费用	0.00	359.58	359.58	479.44
4	增值税	0.00	51.47	51.47	68.63
5	利润总额	0.00	123.80	123.80	165.07
6	弥补以前年度亏损	0.00	0.00	0.00	0.00
7	应纳税所得额	0.00	123.80	123.80	165.07
8	所得税	0.00	30.95	30.95	41.27
9	净利润	0.00	92.85	92.85	123.80
10	期初未分配利润	0.00	0.00	0.00	0.00
11	可供分配利润	0.00	92.85	92.85	123.80
12	提取法定盈余公积金	0.00	9.29	9.29	12.38
13	可供投资者分配的利润	0.00	83.57	83.57	111.42
14	提取任意盈余公积金	0.00	0.00	0.00	0.00
15	各投资方利润分配	0.00	0.00	0.00	0.00
16	未分配利润	0.00	83.57	83.57	111.42
17	息税前利润	0.00	124.25	124.25	165.67
18	息税折旧摊销前利润	0.00	135.48	135.48	180.64

附表 11　　　　　　　　　　　**现金流量表(第二年季报)**

编制单位:沈阳点点通科技有限责任公司　　　　　　　　　　　单位:万元

序号	项目＼年份	计算期 1	2	3	4
1	经营活动净现金流量	58.09	72.62	72.62	87.14
1.1	现金流入	642.80	803.50	803.50	964.21
1.1.1	营业收入	544.00	680.00	680.00	816.00
1.1.2	增值税销项税额	98.80	123.50	123.50	148.21
1.2	现金流出	584.71	730.89	730.89	877.06
1.2.1	经营成本	440.08	550.11	550.11	660.13
1.2.2	增值税进项税额	35.41	44.26	44.26	53.11
1.2.3	营业税金及附加	6.34	7.92	7.92	9.51
1.2.4	增值税	63.40	79.25	79.25	95.10
1.2.5	所得税	39.48	49.35	49.35	59.22
2	投资活动净现金流量	−25.09	−31.37	−31.37	−37.64
2.1	现金流入	0.00	0.00	0.00	0.00
2.2	现金流出	25.09	31.37	31.37	37.64
2.2.1	建设投资	0.00	0.00	0.00	0.00

（续表）

序号	项目＼年份	计算期 1	2	3	4
2.2.2	流动资金	25.09	31.37	31.37	37.64
3	筹资活动净现金流量	22.82	28.53	28.53	34.23
3.1	现金流入	25.09	31.37	31.37	37.64
3.1.1	项目资本金投入	0.00	0.00	0.00	0.00
3.1.2	建设投资借款	0.00	0.00	0.00	0.00
3.1.3	流动资金借款	25.09	31.37	31.37	37.64
3.2	现金流出	2.27	2.84	2.84	3.41
3.2.1	各种利息支出	2.27	2.84	2.84	3.41
3.2.2	偿还债务本金	0.00	0.00	0.00	0.00
3.2.3	应付利息	0.00	0.00	0.00	0.00
4	净现金流量	55.82	69.78	69.78	83.74
5	累计盈余资金	87.53	109.41	109.41	131.29

附表 12　　　　　利润表（第二年季报）

编制单位:沈阳点点通科技有限责任公司　　　　　单位:万元

序号	项目＼年份	计算期 1	2	3	4
1	营业收入	680.00	850.00	850.00	1020.00
2	营业税金及附加	6.34	7.92	7.92	9.51
3	总成本费用	452.34	565.42	565.42	678.51
4	增值税	63.40	79.25	79.25	95.10
5	利润总额	157.93	197.41	197.41	236.89
6	弥补以前年度亏损	0.00	0.00	0.00	0.00
7	应纳税所得额	157.93	197.41	197.41	236.89
8	所得税	39.48	49.35	49.35	59.22
9	净利润	118.44	148.06	148.06	177.67
10	期初未分配利润	55.71	69.64	69.64	83.57
11	可供分配利润	174.16	217.70	217.70	261.23
12	提取法定盈余公积金	11.84	14.81	14.81	17.77
13	可供投资者分配的利润	162.31	202.89	202.89	243.47
14	提取任意盈余公积金	0.00	0.00	0.00	0.00
15	各投资方利润分配	0.00	0.00	0.00	0.00
16	未分配利润	162.31	202.89	202.89	243.47
17	息税前利润	160.20	200.25	200.25	240.30
18	息税折旧摊销前利润	170.18	212.72	212.72	255.27

附表 13   资产负债表(第二年季报)

编制单位:沈阳点点通科技有限责任公司   单位:万元

序号	年份 项目	计算期			
		1	2	3	4
1	资产	447.99	559.98	559.98	671.98
1.1	流动资产总额	289.87	362.34	362.34	434.81
1.1.1	货币资金	153.87	192.34	192.34	230.81
1.1.2	应收账款	136.00	170.00	170.00	204.00
1.1.3	存货	0.00	0.00	0.00	0.00
1.2	固定资产净值	106.37	132.96	132.96	159.55
1.3	无形及其他资产净值	51.75	64.69	64.69	77.62
2	负债及所有者权益	447.99	559.98	559.98	671.98
2.1	流动负债总额	48.74	60.92	60.92	73.10
2.1.1	短期借款	0.00	0.00	0.00	0.00
2.1.2	应付账款	48.74	60.92	60.92	73.10
2.2	建设投资借款	0.00	0.00	0.00	0.00
2.3	流动资金借款	25.09	31.37	31.37	37.64
2.4	负债小计	73.83	92.29	92.29	110.74
2.5	所有者权益	374.16	467.70	467.70	561.23
2.5.1	资本金	200.00	250.00	250.00	300.00
2.5.2	资本公积金	0.00	0.00	0.00	0.00
2.5.3	累计盈余公积金	11.84	14.81	14.81	17.77
2.5.4	累计未分配利润	162.31	202.89	202.89	243.47

实训任务 3 投资方案答辩会

4.3.1 投资方案答辩会

阅读以下资料,分析参加答辩会应注意什么问题。

阅读
资料   **态势语言**

美国心理学家艾帕尔曾说:"人的感情表达由三个方面组成:55%的体态,38%的声调,7%的语气词"。由此可见,态势语言调动情感在演讲中有多么重要,今天我们来给大家讲讲演讲的态势语言表达技巧。

心理学研究表明:人感觉印象的77%来自眼睛,14%来自耳朵,视觉印象在头脑中保持时间超过其他器官。有的心理学家认为:无声语言所显示的意义要比有声语言丰富得多,而且也深刻得多。

人类学家霍尔曾说过："一个成功的交际者不但需要理解他人的有声语言,更重要的是要观察他人的无声信号,并且能在不同的场合正确使用这种信号。"

在演讲中恰当灵活地运用体态语言,可以辅助口语以更好地表情达意,它可以强调、解释、补充有声语言的意义,加深有声语言的语感;它可以使听众视听同时获得更清晰、更精确的信息,它可以有助于演讲者形象的展示;它可以使演讲更具感染力、鼓动性。既然体态语在演讲中的作用如此巨大,那么我们有必要认真地学一学,何况体态语运用不当也是演讲者常出现的问题。

潇洒的走姿

从迈向讲台的第一步起,我们就应该有意识地推出自己最好的形象。自信是不可缺少的,有自信人显得神采奕奕、容光焕发,让人感觉精神舒畅,这是构成演讲者精神面貌的主要部分。没有人会对一个看起来消沉颓唐、精神萎靡的人抱以好感。一个演讲者,要站在众人面前陈述自己的观点,要把自己给推销出去,让大家接受他,首先就应该留下良好的第一印象。演讲者出场亮相时,应该注意自己的一举一动给自我形象可能造成的影响,若想一出场就给听众留下好的印象,使听众"一见钟情",那么,我们就要从走姿谈起。

良好的站相

站是个比较显眼的问题,很多人都不知该怎样站,尤其是初学演讲者,觉得怎么站都别扭。的确,站在台上七八分钟,这么多眼睛盯着你,心里一紧张,浑身上下都不自在起来了。其实,站只要自然即可,并没有什么特定的站法。

演讲者应该挺胸收腹,精神饱满,气向下沉。两肩放松,重心主要支撑于脚掌上。脊椎、后背挺直,胸略向前上方挺起。腿应绷直,稳定重心位置。站姿可以适当变换,不要太单一,否则会既辛苦又显得呆板。可以适当走动,不要站在原地不动。站姿适当,配上手的动作就更协调了。

目光交流

一场成功的演讲,在演讲前做完准备工作,开口前应该先与听众进行目光交流,环视全场让自己的情绪稳定下来,同时在演讲过程中要持续与全场听众有目光接触,特别是坐在后面和坐在前排两侧的听众,运用目光接触,可以获得并掌握听众的注意力,建立相互的信任;另一方面又可以透过目光接触来回应听众,阅读听众的表情。

要想感染他人,先要感染自己

2000 年前,有一位拉丁诗人曾说:如果你想引出他人的眼泪,必须自己先悲感起来。的确,感情是形于内而发于外的东西,不自然的情感感染不了全场的听众,反而让人感到别扭。要想感染别人,最根本的便是自己先进入情绪、进入状态,用自己的心来讲述,让自己先为之感动不已。自己都没有激情,如何来感染他人?

让情感融贯始终

让情感融贯始终就是必须让感情有始有终,贯穿整个演讲过程。有些演讲者刚开始还挺有激情的,到后来不知是自己已声嘶力竭了,还是越讲越没劲。总之,越到后面就越显得有气无力,声音也越低,结果前功尽弃。有的相反,前面总是进入不了状态,后来才好一些,这两种情绪最好尽量避免。演讲者在演讲之前便应该调整情绪,及时进入状态,等演讲结束时再放松。台上几分钟应该保持最好的精神面貌,一气呵成,别半途泄气。

学会微笑

雨果有句名言:微笑就是阳光,它能消除人脸上的冬色。微笑能给听众留下美好、宽厚、平和等好印象,微笑能缩短你和听众的距离。

在演讲之前,先酝酿一下感情,然后对听众报以友好真诚的一笑。实践证明,这是一个简单有效的技巧。美国前总统里根的演讲便发挥了微笑的作用。演讲开始之前,里根总是先微笑示人,让人倍感亲切,给大家留下一个极好的印象,演讲过程中也处处让人动到平易和善,而非高高在上。拉近与他人的距离,最有效的方法莫过于以微笑示人。

总而言之,体态语是演讲表达的重要方式之一。它不仅有效地帮助你传情达意,使你站在台上不至于太呆板,还能塑造你的形象,给听众留下深刻印象。使用体态语一定要自然大方,有过程,有过渡,不要太牵强,不要太局促,也不要太突然,不能与演讲内容脱节。

4.3.2　情景模拟投资答辩会

请分角色扮演投资答辩会主讲人、投资人,由主讲人阐述投资方案,投资人就方案内容提出相关问题,主讲人答疑。

项目5
● 创建企业

◀实训任务书▶

项目名称	企业创建
实训任务	1.办理工商登记 2.办理税务登记 3.公司建章立制
任务目标	1.能够独立办理企业工商登记手续 2.能够独立办理企业税务登记手续 3.能够编制和完善初创企业经营方案和管理制度
知识准备	1.理解企业设立的法定程序 2.掌握办理企业工商登记、税务登记等手续的基本流程 3.理解企业制度的意义和制定方法
实训内容 和 参考步骤	一、办理工商登记 1.阅读资料,分析创业者办理工商登记的企业类型以及办理工商登记的流程 2.依据资料,填写《公司设立登记申请书》等相关表格,并完善《有限责任公司章程》 二、办理税务登记 1.阅读资料,分析企业办理税务登记的流程 2.根据自身创业情况填写《税务登记表》 三、公司建章立制 参考相关资料,编制公司基本管理制度以及《员工手册》

实训任务 1   办理工商登记

5.1.1 工商登记流程

阅读以下材料,分析创业者办理工商登记的企业类型有哪些。各种类型的企业需要如何办理工商登记手续。

阅读
资料   **工商登记流程详解**

企业要想获得一个合法的身份从事生产经营活动,就必须办理注册登记手续。企业的登记机关是各级工商行政管理部门。依法设立的企业，由企业登记机关发给营业执照。营业执照的签发日期为企业的成立日期。

(一)注册成立有限责任公司

1. 注册成立有限责任公司的程序

设立有限责任公司，一般要经过以下步骤，如图 5-1 所示。

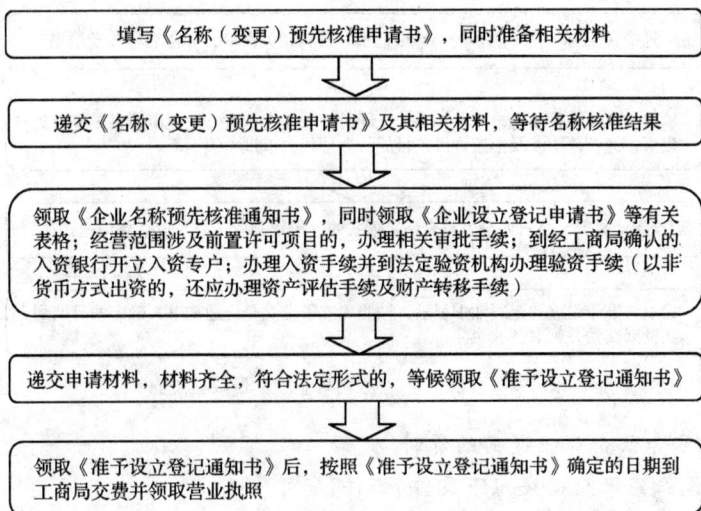

图 5-1　有限责任公司注册成立步骤

2. 注册成立有限责任公司应提交的材料

有限责任公司设立登记应提交以下文件、证件：

(1)《企业设立登记申请书》。

(2)公司章程。公司章程应由全体股东一致同意共同制定，全体股东应当在公司章程上亲笔签字；有法人股东的，要加盖该法人单位公章。公司章程参考格式见后。

(3)依法设立的验资机构出具的验资证明。

(4)《企业名称预先核准通知书》。企业名称应当由行政区划、字号、行业、组织形式依次组成，法律法规另有规定的除外。例如，北京晨旭腾龙科技有限公司，"北京"为行政区划；"晨旭腾龙"为字号；"科技"为行业；"有限公司"为组织形式。

预先核准的企业名称保留期为 6 个月。预先核准的企业名称在保留期内，不得用于从事经营活动，不得转让，但可以进行企业的设立行为。《名称(变更)预先核准申请书》示例见附件三。

(5)股东资格证明。

(6)《指定(委托)书》。

(7)《企业秘书(联系人)登记表》。

(8)经营范围涉及前置许可项目的，应提交有关审批部门的批准文件。

(9)与公司章程载明的股东姓名(名称)、出资时间、出资方式、出资额一致的股东名录和董事、经理、监事成员名录。

(二)注册成立合伙企业

1. 注册成立合伙企业的程序

设立合伙企业,一般要经过以下步骤,如图5-2所示。

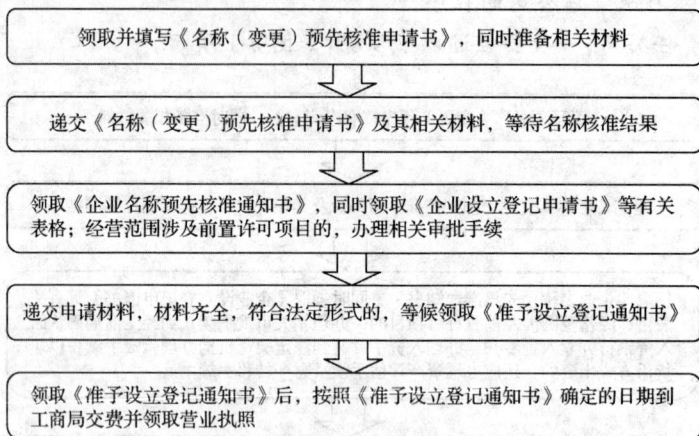

```
┌─────────────────────────────────────────────────────────────┐
│ 领取并填写《名称(变更)预先核准申请书》,同时准备相关材料     │
└─────────────────────────────────────────────────────────────┘
                            ↓
┌─────────────────────────────────────────────────────────────┐
│ 递交《名称(变更)预先核准申请书》及其相关材料,等待名称核准结果 │
└─────────────────────────────────────────────────────────────┘
                            ↓
┌─────────────────────────────────────────────────────────────┐
│ 领取《企业名称预先核准通知书》,同时领取《企业设立登记申请书》等有关 │
│ 表格;经营范围涉及前置许可项目的,办理相关审批手续              │
└─────────────────────────────────────────────────────────────┘
                            ↓
┌─────────────────────────────────────────────────────────────┐
│ 递交申请材料,材料齐全,符合法定形式的,等候领取《准予设立登记通知书》 │
└─────────────────────────────────────────────────────────────┘
                            ↓
┌─────────────────────────────────────────────────────────────┐
│ 领取《准予设立登记通知书》后,按照《准予设立登记通知书》确定的日期到 │
│ 工商局交费并领取营业执照                                       │
└─────────────────────────────────────────────────────────────┘
```

图 5-2　合伙企业、个人独资企业注册成立步骤

2. 注册成立合伙企业应提交的资料

合伙企业设立登记应提交以下文件、证件:

(1)《企业设立登记申请书》。

(2)合伙协议。合伙协议应由全体合伙人一致同意共同制定,全体合伙人应当在合伙协议上亲笔签字。

(3)全体合伙人对各合伙人认缴或者实际缴付出资的确认书。以实物、知识产权、土地使用权或者其他财产权出资,由全体合伙人委托法定评估机构评估作价的,还应提交法定评估机构出具的评估作价证明。

(4)《企业名称预先核准通知书》。合伙企业的企业名称结构与公司相同,也是由行政区划、字号、行业、组织形式依次组成的,法律法规另有规定的除外。但组织形式不得申请为"有限公司(有限责任公司)",可以申请用"厂""店""部""中心""工作室"等作为企业名称的组织形式,例如"北京×××食品厂""北京××商店""北京××技术开发中心"。

(5)全体合伙人的身份证明。

(6)《指定(委托)书》。

(7)《企业秘书(联系人)登记表》。

(8)经营范围涉及前置许可项目的,应提交有关审批部门的批准文件。

(三)注册成立个人独资企业

1. 注册成立个人独资企业的程序

设立个人独资企业的步骤与设立合伙企业相同,如图5-2所示。

2. 注册成立个人独资企业应提交的资料

个人独资企业设立登记应提交以下文件、证件:

(1)《企业设立登记申请书》。

(2)《企业名称预先核准通知书》。个人独资企业的企业名称命名原则与合伙企业相同。

(3)《指定（委托）书》。投资人自己办理的，不必提交《指定（委托）书》。

(4)《企业秘书（联系人）登记表》。

(5)经营范围涉及前置许可项目的,应提交有关审批部门的批准文件。

（四）注册个体工商户

1. 注册个体工商户的程序

设立个体工商户,一般要经过以下步骤,如图5-3所示。

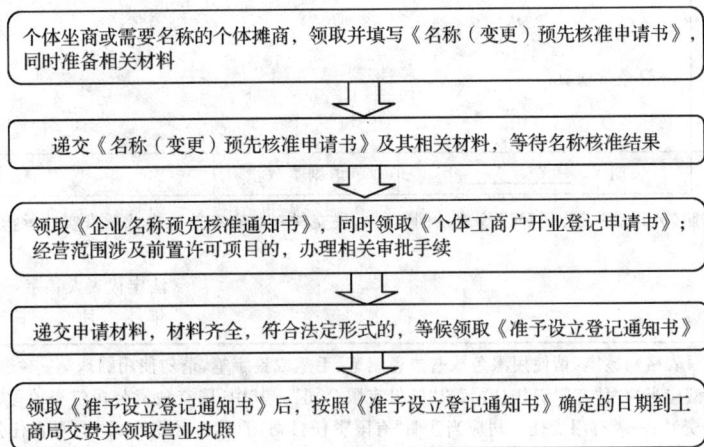

个体坐商或需要名称的个体摊商，领取并填写《名称（变更）预先核准申请书》，同时准备相关材料

↓

递交《名称（变更）预先核准申请书》及其相关材料，等待名称核准结果

↓

领取《企业名称预先核准通知书》，同时领取《个体工商户开业登记申请书》；经营范围涉及前置许可项目的，办理相关审批手续

↓

递交申请材料，材料齐全，符合法定形式的，等候领取《准予设立登记通知书》

↓

领取《准予设立登记通知书》后，按照《准予设立登记通知书》确定的日期到工商局交费并领取营业执照

图 5-3　个体工商户设立步骤

2. 注册设立个体工商户应提交的材料

个体工商户设立登记应提交以下文件、证件:

(1)《个体工商户开业登记申请书》。包括《个体工商户开业登记申请表》《经营者基本情况表》《经营场所证明》等表格。

(2)《企业名称预先核准通知书》。个体工商户的命名原则相对简单,与个人独资企业类似。未取字号名称的个体摊商不提交该材料。

(3)经营范围涉及前置许可项目的,应提交有关审批部门的批准文件。

5.1.2　填写工商登记表格

根据以下资料,填写相关表格。

小张和小王在了解了有限责任公司的设立程序和应提交的材料后,就开始着手准备。他们想好了一个有他们两人名字的企业名称:"张王服装公司",花费6000元租了一个临街的店面,签订了房屋租赁合同,小张以银行存款3万元出资,小王以一台价值4000元的电脑出资。

公司设立登记申请书

名　　称				
名称预先核准通知书文号			联系电话	
住　　所			邮政编码	
法定代表人姓　名			职　务	
注册资本	（万元）		公司类型	
实收资本	（万元）		设立方式	
经营范围	许可经营项目： 一般经营项目：			
营业期限	长期／_____年		申请副本数量	个
本公司依照《公司法》、《公司登记管理条例》设立，提交材料真实有效。谨此对真实性承担责任。 　　　　　　　　　　　　　　　　　　　　　　法定代表人签字： 　　　　　　　　　　　　　　　　　　　　　　　年　　月　　日				

注：1. 手工填写表格和签字，请使用黑色或蓝黑色钢笔、毛笔或签字笔，请勿使用圆珠笔。

2. 公司类型应当填写"有限责任公司"或"股份有限公司"。其中，国有独资公司应当填写"有限责任公司（国有独资）"；一人有限责任公司应当注明"有限责任公司（自然人独资）"或"有限责任公司（法人独资）"。

3. 股份有限公司应在"设立方式"栏选择填写"发起设立"或者"募集设立"。

4. 营业期限：请选择"长期"或者"××年"。

公司股东（发起人）出资信息

股东（发起人）名称或姓名	证件名称及号码	认　缴			持股比例（％）	实　缴			备注
		出资额（万元）	出资方式	出资时间		出资额（万元）	出资方式	出资时间	

注：1. 根据公司章程的规定及实际出资情况填写，本页填写不下的可以附纸填写。

2. "备注"栏填写下述字母：A. 企业法人；B. 社会团体法人；C. 事业法人；D. 国务院、地方人民政府；E. 自然人；F. 外商投资企业；G. 其他。

3. 出资方式填写：货币、实物、知识产权、土地使用权、其他。

董事、监事、经理信息

姓名 _____　职务 _____　身份证件号码：_____

（身份证件复印件粘贴处）

姓名 _____　职务 _____　身份证件号码：_____

（身份证件复印件粘贴处）

姓名 _____　职务 _____　身份证件号码：_____

（身份证件复印件粘贴处）

法定代表人信息

姓　名		联系电话	
职　务		任免机构	
身份证件类型			
身份证件号码			

（身份证件复印件粘贴处）

法定代表人签字：

　　　　　　　　_____　　　　年　月　日

　　以上法定代表人信息真实有效，身份证件与原件一致，符合《公司法》、《企业法人法定代表人登记管理规定》关于法定代表人任职资格的有关规定，谨此对真实性承担责任。

（盖章或者签字）
年　月　日

注：依照《公司法》、公司章程的规定程序，出资人、股东会确定法定代表人的，由二分之一以上出资人、股东签署；董事会确定法定代表人的，由二分之一以上董事签署。

有限(责任)公司章程

(公司设执行董事)

第一章　总　　则

第一条　依据《中华人民共和国公司法》(以下简称《公司法》)及有关法律、法规的规定,由＿＿＿＿＿＿＿＿出资设立＿＿＿＿＿＿＿＿有限责任公司(以下简称公司),特制定本章程。

第二条　本章程中的各项条款与法律、法规、规章不符的,以法律、法规、规章的规定为准。

第二章　公司名称和住所

第三条　公司名称:＿＿＿＿＿＿＿＿＿＿＿＿＿＿＿＿。

第四条　住所:＿＿＿＿＿＿＿＿＿＿＿＿＿＿＿＿。

第三章　公司经营范围

第五条　经营范围

第四章　公司注册资本及股东的姓名(名称)、出资方式、出资额、出资时间

第六条　公司注册资本:＿＿＿＿＿＿＿＿万元人民币。

第七条　股东的姓名(名称)、出资额、出资方式、出资时间如下:

股东姓名或名称	出资数额(万元)	出资方式	出资时间 (验资报告出具的时间)

第五章　公司的机构及其产生办法、职权、议事规则

第八条　股东行使下列职权:

(一)决定公司的经营方针和投资计划;

(二)选举和更换非由职工代表担任的执行董事、监事,决定有关执行董事、监事的报酬事项;

(三)审议批准执行董事的报告;

(四)审议批准监事的报告;

(五)审议批准公司的年度财务预算方案、决算方案;

(六)审议批准公司的利润分配方案和弥补亏损的方案;

(七)对公司增加或者减少注册资本做出决定;

(八)对发行公司债券做出决定;

(九)对公司合并、分立、解散、清算或者变更公司形式做出决定;

(十)修改公司章程;

(十一)公司章程规定的其他职权。

第九条 股东做出的公司经营方针和投资计划的决定,应当采用书面形式,并由股东签字后置备于公司。

第十条 公司不设董事会,设执行董事一人,由股东选举产生。执行董事任期_____年,任期届满,可连选连任。

第十一条 执行董事行使下列职权:

(一)负责向股东报告工作;

(二)执行股东的决定;

(三)审定公司的经营计划和投资方案;

(四)制订公司的年度财务预算方案、决算方案;

(五)制订公司的利润分配方案和弥补亏损方案;

(六)制订公司增加或者减少注册资本以及发行公司债券的方案;

(七)制订公司合并、分立、变更公司形式、解散的方案;

(八)决定公司内部管理机构的设置;

(九)决定聘任或者解聘公司经理及其报酬事项,并根据经理的提名决定聘任或者解聘公司副经理、财务负责人及其报酬事项;

(十)制定公司的基本管理制度;

(十一)公司章程规定的其他职权。

第十二条 公司设经理,由执行董事决定聘任或者解聘。经理对执行董事负责,行使下列职权:

(一)主持公司的生产经营管理工作,组织实施股东决定;

(二)组织实施公司年度经营计划和投资方案;

(三)拟订公司内部管理机构设置方案;

(四)拟订公司的基本管理制度;

(五)制定公司的具体规章;

(六)提请聘任或者解聘公司副经理、财务负责人;

(七)决定聘任或者解聘除应由股东决定聘任或者解聘以外的负责管理人员;

(八)股东授予的其他职权。

第十三条 公司不设监事会,设监事_____人(注:1～2 人),由股东选举产生;监事的任期每届为三年,任期届满,可连选连任。

第十四条 监事行使下列职权:

(一)检查公司财务;

(二)对执行董事、高级管理人员执行公司职务的行为进行监督,对违反法律、行政法规、公司章程或者股东决定的执行董事、高级管理人员提出罢免的建议;

(三)当执行董事、高级管理人员的行为损害公司的利益时,要求执行董事、高级管理人员予以纠正;

(四)向股东提出提案;

(五)依照《公司法》第一百五十二条的规定,对执行董事、高级管理人员提起诉讼;

(六)公司章程规定的其他职权。

第六章　公司的法定代表人

第十五条　执行董事为公司的法定代表人,股东认为必要时有权更换经理为公司的法定代表人。

第十六条　法定代表人行使下列职权:

(一)检查股东决定的落实情况,并向股东报告;

(二)代表公司签署有关文件;

(三)在发生战争、特大自然灾害等紧急情况时,对公司事务行使特别裁决权和处置权,但这类裁决权和处置权须符合公司利益,并在事后向股东报告。

第七章　股东认为需要规定的其他事项

第十七条　公司的营业期限_____年,自公司营业执照签发之日起计算。

第十八条　有下列情形之一的,公司清算组应当自公司清算结束之日起 30 日内向原公司登记机关申请注销登记:

(一)公司被依法宣告破产;

(二)公司章程规定的营业期限届满或者公司章程规定的其他解散事由出现,但公司通过修改公司章程而存续的除外;

(三)股东决定解散;

(四)依法被吊销营业执照、责令关闭或者被撤销;

(五)人民法院依法予以解散;

(六)法律、行政法规规定的其他解散情形。

第八章　附　　则

第十九条　公司登记事项以公司登记机关核定的为准。

第二十条　本章程一式_____份,并报公司登记机关一份。

自然人股东亲笔签字:

或法人单位股东加盖公章:

公司法定代表人签字:

年　　月　　日

注:公司设立时公司章程由股东签署;公司变更提交的修改后的公司章程由公司法定代表人签署。

实训任务 2　办理税务登记

5.2.1　办理税务登记手续

阅读以下材料,分析企业需要如何办理税务登记手续。

企业领取《营业执照》后，可凭《营业执照》刻制印章，申请税务登记。从事生产、经营的纳税人应当自领取《营业执照》之日起 30 日内，到税务机关领取《税务登记表》，填写完整后提交税务机关，办理税务登记。

县以上国家税务局（分局）、地方税务局（分局）是税务登记的主管税务机关。国家税务局（分局）、地方税务局（分局）按照国务院规定的税收征收管理范围，实施属地管理，采取联合登记或分别登记的方式办理税务登记。国家税务局（分局）、地方税务局（分局）联合办理税务登记的，应当对同一纳税人核发同一份加盖国家税务局（分局）、地方税务局（分局）印章的税务登记证。

（一）办理国税登记

企业应到县以上国家税务局（分局）办理国税登记。办理国税登记前应填写并报送《税务登记表》和《纳税人税种登记表》（以下简称二表）。

除了报送二表以外，有限责任公司、合伙企业和个人独资企业还应相应附送如下资料：

（1）营业执照及工商登记表复印件；

（2）有关机关、部门批准设立的文件；

（3）有关合同、章程、协议书；

（4）法定代表人和董事会成员名单；

（5）法定代表人（负责人）或业主居民身份证、护照或者其他证明身份的合法证件；

（6）组织机构统一代码证书；

（7）银行账号证明；

（8）住所或经营场所证明；

（9）委托代理协议书复印件（仅适用于委托税务代理的单位附送）；

（10）税务机关需要的其他资料。

除了报送二表以外，个体工商户还应相应附送如下资料：

（1）营业执照及工商登记表复印件；

（2）核准开业通知书；

（3）住所或经营场所证明；

（4）业主居民身份证、护照或者其他证明身份的合法证件及照片；

（5）税务机关需要的其他资料。

（二）办理地税登记

企业应到县以上地方税务局（分局）办理地税登记。办理地税登记前应填写并报送《税务登记表》和《房屋、土地、车船情况登记表》（以下简称二表）。

除了报送二表以外，有限责任公司、合伙企业和个人独资企业还应相应附送如下资料：

（1）工商营业执照原件及复印件。

（2）注册地址及生产、经营地址证明（产权证、租赁协议）原件及其复印件；如为自有房产,请提供产权证或买卖契约等合法的产权证明原件及其复印件;如为租赁的场所,请提供租赁协议原件及其复印件,出租人为自然人的还须提供产权证明的复印件;如生产、经营地址与注册地址不一致,请分别提供相应证明。

(3)验资报告或评估报告原件及其复印件。

(4)组织机构统一代码证书副本原件及复印件。

(5)有关合同、章程、协议书复印件。

(6)法定代表人(负责人)居民身份证、护照或其他证明身份的合法证件原件及其复印件。

(7)纳税人跨县(市)设立的分支机构办理税务登记时,还须提供总机构的税务登记证(国、地税)副本复印件。

(8)房屋产权证、土地使用证、机动车行驶证等证件的复印件。

(9)汽油、柴油消费税纳税人还需提供:①企业基本情况表;②生产装置及工艺路线的简要说明;③企业生产的所有油品名称、产品标准及用途。

除了报送二表以外,个体工商户还应相应附送如下资料:

(1)工商营业执照或其他核准执业证件原件及其复印件;

(2)业主身份证原件及其复印件;

(3)房产证明(产权证、租赁协议)原件及其复印件;如为自有房产,请提供产权证或买卖契约等合法的产权证明原件及其复印件;如为租赁的场所,请提供租赁协议原件及其复印件,出租人为自然人的还须提供产权证明的复印件;

(4)组织机构代码证书副本原件及其复印件(个体加油站、已办理组织机构代码证的个体工商户)。

5.2.2 填写税务登记表

请根据自身创业情况填写《税务登记表》。

税务登记表(适用单位纳税人)

填表日期:

纳税人名称			纳税人识别号	
注册登记类型			批准设立机关	
组织机构代码			批准设立证明 或文件号	
开业 (设立日期)		生产经营期限	证件 名称	证件号码
注册地址			邮政 编码	联系 电话
生产经营地址			邮政 编码	联系 电话

（续表）

核算方式	请选择对应项目打"√"□独立核算　□非独立核算		从业人数	＿＿　其中外籍人数　＿＿		
单位性质	请选择对应项目打"√"　□企业　□事业单位　□社会团体　□民办非企业单位　□其他					
网站地址			国标行业	□□　□□　□□　□□		
适用会计制度	请选择对应项目打"√" □企业会计制度　□小企业会计制度　□金融企业会计制度　□行政事业单位会计制度					
经营范围		请将法定代表人（负责人）身份证件复印件粘贴在此处				

内容　项目　联系人	姓名	身份证件		固定电话	移动电话	电子邮箱
		种类	号码			
法定代表人（负责人）						
财务负责人						
办税人						

税务代理人名称	纳税人识别号		联系电话		电子邮箱	

注册资本或投资总额	币种	金额	币种	金额	币种	金额

投资方名称	投资方经济性质	投资比例	证件种类	证件号码	国籍或地址	

自然人投资比例		外资投资比例		国有投资比例		

分支机构名称		注册地址		纳税人识别号		

总机构名称			纳税人识别号			
注册地址			经营范围			
法定代表人姓名		联系电话		注册地址邮政编码		

（续表）

代扣代缴 代收代缴 税款业务情况	代扣代缴、代收代缴税款业务内容	代扣代缴、代收代缴税种

附报资料：

经办人签章： _____年__月__日	法定代表人(负责人)签章： ____年____月____日	纳税人公章： ____年____月____日

以下由税务机关填写：

纳税人所处街乡		隶属关系	
国税主管税务局	国税主管 税务所(科)	是否属于 国税、地税 共管户	
地税主管税务局	地税主管 税务所(科)		

经办人(签章) 国税经办人：_____ 地税经办人：_____ 受理日期： ____年__月__日	国家税务登记机关 (税务登记专用章) 核准日期：_____年____月___日 国税主管税务机关：	地方税务登记机关 (税务登记专用章) 核准日期：_____年____月___日 地税主管税务机关：

国税核发《税务登记证副本》数量： 本 发证日期：_____年____月___日
地税核发《税务登记证副本》数量： 本 发证日期：_____年____月___日

国家税务总局监制

附：税务登记表填表说明

《税务登记表》填表说明(适用单位纳税人)

（一）本表适用于各类单位纳税人填用。

（二）从事生产、经营的纳税人应当自领取营业执照，或者自有关部门批准设立之日起30日内，或者自纳税义务发生之日起30日内，到税务机关领取税务登记表，填写完整后提交税务机关，办理税务登记。

（三）办理税务登记应当出示、提供以下证件资料（所提供资料原件用于税务机关审核，复印件留存税务机关）：

1.营业执照副本或其他核准执业证件原件及其复印件；

2.组织机构代码证书副本原件及其复印件；

3.注册地址及生产、经营地址证明（产权证、租赁协议）原件及其复印件；如为自有房产，请提供产权证或买卖契约等合法的产权证明原件及其复印件；如为租赁的场所，请提供租赁协议原件及其复印件,出租人为自然人的还须提供产权证明的复印件;如生产、经营地址与注册地址不一致,请分别提供相应证明;

4.公司章程复印件;

5.有权机关出具的验资报告或评估报告原件及其复印件;

6.法定代表人(负责人)居民身份证、护照或其他证明身份的合法证件原件及其复印件;复印件分别粘贴在税务登记表的相应位置上;

7.纳税人跨县(市)设立的分支机构办理税务登记时,还须提供总机构的税务登记证(国、地税)副本复印件;

8.改组改制企业还须提供有关改组改制的批文原件及其复印件;

9.税务机关要求提供的其他证件资料。

(四)纳税人应向税务机关申报办理税务登记。完整、真实、准确、按时填写此表。

(五)使用碳素或蓝墨水的钢笔填写本表。

(六)本表一式两份(国地税联办税务登记的本表一式三份)。税务机关留存一份,退回纳税人一份(纳税人应妥善保管,验换证时需携带查验)。

(七)纳税人在新办或者换发税务登记时应报送房产、土地和车船有关证件,包括:房屋产权证、土地使用证、机动车行驶证等证件的复印件。

(八)表中有关栏目的填写说明:

1."纳税人名称"栏:指《企业法人营业执照》或《营业执照》或有关核准执业证书上的"名称";

2."身份证件名称"栏:一般填写居民身份证,如无身份证,则填写"军官证""士兵证""护照"等有效身份证件;

3."注册地址"栏:指工商营业执照或其他有关核准开业证照上的地址;

4."生产经营地址"栏:填办理税务登记的机构生产经营地地址;

5."国籍或地址"栏:外国投资者填国籍,中国投资者填地址;

6."登记注册类型"栏:即经济类型,按营业执照的内容填写;不需要领取营业执照的,选择"非企业单位"或者"港、澳、台商企业常驻代表机构及其他""外国企业";如为分支机构,按总机构的经济类型填写。

分类标准:

110 国有企业	120 集体企业	130 股份合作企业
141 国有联营企业	142 集体联营企业	143 国有与集体联营企业
149 其他联营企业	151 国有独资公司	159 其他有限责任公司
160 股份有限公司	171 私营独资企业	172 私营合伙企业
173 私营有限责任公司	174 私营股份有限公司	190 其他企业
210 合资经营企业(港或澳、台资)		220 合作经营企业(港或澳、台资)
230 港、澳、台商独资经营企业		240 港、澳、台商独资股份有限公司
310 中外合资经营企业		320 中外合作经营企业

330 外资企业　　　　　　　　　　340 外商投资股份有限公司

400 港、澳、台商企业常驻代表机构及其他　500 外国企业　　600　非企业单位

7.“投资方经济性质”栏:单位投资的,按其登记注册类型填写;个人投资的,填写自然人。

8.“证件种类”栏:单位投资的,填写其组织机构代码证;个人投资的,填写其身份证件名称。

9.“国标行业”栏:按纳税人从事生产经营行业的主次顺序填写,其中第一个行业填写纳税人的主行业。

国民经济行业分类标准(GB/T 4754－2002)

A－农、林、牧、渔业

01－农业　　02－林业　03－畜牧业　04－渔业　05－农、林、牧、渔服务业

B－采矿业

06－煤炭开采和洗选业　07－石油和天然气开采业　08－黑色金属矿采选业

09－有色金属矿采选业　10－非金属矿采选业　　11－其他采矿业

C－制造业

12－农副食品加工业　　13－食品制造业　　　14－饮料制造业

15－烟草制品业　　　　16－纺织业　　　　　17－纺织服装、鞋、帽制造业

18－皮革、毛皮、羽毛(绒)及其制品业　　19－木材加工及木、竹、藤、棕、草制品业

20－家具制造业　　　　　　　　　　21－造纸及纸制品业

22－印刷业和记录媒介的复制　　　　23－文教体育用品制造业

24－石油加工、炼焦及核燃料加工业　25－化学原料及化学制品制造业

26－医药制造业　　　　　　　　　　27－化学纤维制造业

28－橡胶制品业　　　　　　　　　　29－塑料制品业

30－非金属矿物制品业　　　　　　　31－黑色金属冶炼及压延加工业

32－有色金属冶炼及压延加工业　　　33－金属制品业

34－普通机械制造业　　　　　　　　35－专用设备制造业

36－交通运输设备制造业　　　　　　37－电气机械及器材制造业

38－通信设备、计算机及其他电子设备制造业

39－仪器仪表及文化、办公用机械制造业　40－工艺品及其他制造业

41－废弃资源和废旧材料回收加工业

D－电力、燃气及水的生产和供应业

42－电力、燃气及水的生产和供应业　43－燃气生产和供应业

44－水的生产和供应业

E－建筑业

45－房屋和土木工程建筑业　　　　　46－建筑安装业

47－建筑装饰业　　　　　　　　　　48－其他建筑业

F—交通运输、仓储和邮政业

49—铁路运输业　50—道路运输业　51—城市公共交通业　52—水上运输业

53—航空运输业　54—管道运输业　55—装卸搬运及其他运输服务业

56—仓储业　　57—邮政业

G—信息传输、计算机服务和软件业

58—电信和其他信息传输服务业　　59—计算机服务业　　60—软件业

H—批发和零售业

61—批发业　　62—零售业

I—住宿和餐饮业

63—住宿　　64—餐饮业

J—金融业

65—银行业　　66—证券业　　67—保险业　　68—其他金融活动

K—房地产业

69—房地产业

L—租赁和商务服务业

70—租赁业　　71—商务服务业

M—科学研究、技术服务和地质勘查业

72—研究与试验发展　　73—专业技术服务业

74—科技交流和推广服务业　　75—地质勘查业

N—水利、环境和公共设施管理业

76—水利管理业　　77—环境管理业

78—公共设施管理业

O—居民服务和其他服务业

79—居民服务业　　80—其他服务业

P—教育

81—教育

Q—卫生、社会保障和社会福利业

82—卫生　　83—社会保障业　　84—社会福利业

R—文化、体育和娱乐业

85—新闻出版业　　86—广播、电视、电影和音像业

87—文化艺术业　　88—体育　　89—娱乐业

S—公共管理与社会组织

90—中国共产党机关　　91—国家机构　　92—人民政协和民主党派

93—群众社团、社会团体和宗教组织　　94—基层群众自治组织

T—国际组织

95—国际组织

实训任务3　公司建章立制

企业制度是维系企业作为独立组织存在的各种社会关系的总和,是企业赖以生存的体制基础,是员工的行为准则,也是企业有序化运行的体制框架,是企业经营活动的体制保证。

参考以下公司制度,编制你公司基本管理制度以及《员工手册》。

阅读资料 **置信资产精典汽贸快修美容连锁店经营方案设计(含管理制度)**

根据连锁经营的特点和目前市场的通行做法,选择以下五种经营方式作简单介绍,供选择参考。

一、直营连锁

连锁店由总部全资开设,总部直接委派店长,店长对各店的经营管理负责,总部对店长进行监督和考核,在总部统一的经营理念下,经营同类商品,提供同样服务,进货渠道、价格标准、配送管理、形象设计等方面进行统一管理,统一经营,统一核算,统负盈亏。国内采用这种经营方式的有红旗连锁,好又多等。

二、店长承包经营制

连锁店由总部投资设立,各店由店长承包经营,店长和连锁中心每年签订承包经营合同,在合同中规定统一的品牌经营和形象设计,中心根据每年的经营情况核准下一年的经营指标,如果超额完成经营指标,就超额部分,各店按一定比例提成,进行奖励,如果未完成经营指标,就差额部分,按一定比例处罚。

三、控股连锁

连锁店由总部开设,中心处于绝对控股地位,店主可个人出资参股以中心对店长所任职连锁店开业初期的一次性投入为基数,中心无偿赠送店长10％的股权(店长只有这部分股权的收益分配权,无所有权),另外店长至少出资认购1％的股权。每年收益分配,50％以现金分红,另外的50％以股权的形式分红,红股按照当年会计年度每股实际价值折算。店长及其关联人累积持股不得超过49％,到达该上限以后,店长不得再认购股权,收益分配不再实行红股的形式,而给店长以现金分红的形式分红。若店长出资认购股份超过49％(包括49％),中心将把店长的累积持股严格控制在49％以内,属于中心无偿赠送的股权无偿收回。

四、自愿连锁

各连锁店均为独立法人,各自的资产所有权关系不变,在总部的指导下共同经营,各店自主经营,自负盈亏,店长采用聘用制,中心对店长在任期内的经营目标的完成进行监督和考核。

五、特许连锁(或称加盟连锁)

连锁店同总部签订合同,取得使用总部商标、商号、经营技术及销售总部开发商品的特许权,经营权集中于总部。

考虑中心初期建设的连锁店,都是由中心投资设立并实行统一经营管理,以便形成更好品牌效应,因此,连锁店经营形式建议采用前三种方式。

附录:连锁店管理制度

连锁店管理制度(直营连锁)

总　章

第一条　为了规范四川精典汽车快修美容连锁中心(以下简称"中心")下属各连锁店的经营管理行为,满足中心管理决策的需要,根据《公司法》《合同法》等相关法律法规的规定,按照《置信公司基本条例》和中心的规章管理制度,针对连锁店的组织活动、权利义务、经营管理制度等制定本制度。

第二条　中心由四川置信资产管理有限公司发起设立,是严格按照《中华人民共和国公司法》的规定进行规范运作的企业法人,主要从事汽车美容、快修、装饰等业务。下属单位为各连锁店,连锁店不是独立的企业法人,但是作为一个独立的经济实体,接受中心统一管理。

第三条　直营连锁是指连锁店由总部全资或控股开设,在总部的直接领导下经营同类商品,或提供同样服务,实行进货、价格、配送管理、形象等方面统一,统一经营,统一核算,统负盈亏。

第四条　中心的基本理念是:服务源自精典。

第一章　组织管理制度

第一条　中心是经四川置信资产管理公司授权的下属单位,代表四川置信资产管理公司行使权利。

第二条　中心是各连锁店的控股股东,连锁店不是独立的企业法人,但是作为一个独立的经济实体,接受中心统一管理。

第三条　店长是所任职连锁店的管理者,行政上隶属于中心,接受中心统一管理、统一考核。

第四条　连锁店应按照中心统一的组织章程规定事项,接受中心的统一经营管理。

第二章　连锁店的权利义务

一、连锁店的权利

第一条　连锁店经中心授权合约生效之日起,可以且必须以"四川置信资产精典汽车快修美容连锁"的商标营业。

第二条　连锁店可以且必须接受中心统一举办的宣传广告、促进销售及其他共同活动的权利。

第三条　连锁店可以且必须接受中心统一的装修、改装的技术指导。

第四条　连锁店可以且必须采用中心统一的管理方式经营。

第五条　连锁店可以且必须接受中心统一的经营计划的执行。

第六条 连锁店可以且必须采购中心统一供给的商品及物品。

第七条 连锁店可以且必须采用中心统一制定的操作流程。

第八条 连锁店可以且必须接受中心统一的考核办法。

第九条 连锁店可以且必须实行中心统一制定的薪酬标准。

第十条 连锁店可以且必须接受中心统一的培训。

第十一条 连锁店享有中心提供的商业信息的权利。

二、连锁店的义务

第一条 连锁店应执行中心管理层做出的一切决议事项。

第二条 在日常的经营管理中,连锁店不得坐支收入,每日营业款必须上缴中心。

第三条 连锁店在日常的经营管理中,应按照中心统一的形象进行店内布置或改装工程,其费用均由连锁店自理。如连锁店配合不周以致影响全体或本身(有形或无形)利益时,连锁店应负完全责任。

第四条 连锁店应定期向中心申购商品、物品,不得从其他渠道采购商品、物品。从中心进货的商品,只能在本店内部使用,不得提供给其他连锁店及任何单位和个人。

第五条 连锁店自行从事广告活动时,应先向中心报批,以不破坏整体企业形象为原则。

第六条 连锁店应根据本店的实际经营情况,严格控制库存,将库存保持在合理的水平。

第七条 连锁店应该及时向中心提供必要的商业信息。

第八条 连锁店不得私下转让或转借中心授予的一切权利。连锁店营业地点变更、店长变更等事项均应经过中心同意,否则以违约论处。

第九条 连锁店不得加入本组织以外的同业连锁店。

第十条 连锁店对于中心连锁体系的计划、营运、活动等内容有保密义务,不得泄漏与他人,特别对下列事项保守重要机密,如有违反,其所发生的损失,应由当事人负赔偿之责。

1. 经销商品及物品类的采购厂商、价格、进货条件等。

2. 连锁店的详细经营内容,特别对进货、销售、资金的计划具体内容。

3. 其他中心指定的事项。

第十一条 连锁店不得有任何毁损中心和整个连锁体系名誉的行为。

第三章 中心的权利义务

一、中心的权利

第一条 中心有监督、指导连锁店日常经营管理、重大事项决策的权利。

第二条 中心有统一装修、布置、规划、设计连锁店形象的权利。

第三条 中心可以根据市场情况统一采购商品、物品,并供给连锁店使用。

第四条 中心有权根据连锁店的实际情况调度连锁店资金,并根据整体需要安排资金。

二、中心的义务

第一条 中心在连锁店所属的编制区域内,在未经连锁店的同意下,不得再授予他人同样的权利。

第二条　中心应定期对连锁店相关人员进行培训。如有必要收费，应先经连锁店同意。

第三条　中心对于连锁店的经营，应聘请专业人士做评鉴及建议工作，努力提高连锁店的业绩。

第四条　中心应制造、开发或采购商品及营业相关物品提供给连锁店，其售价应合理。

第五条　中心应聘请专业人士统一策划所有连锁店的广告宣传活动。

第六条　为增进连锁店的效益及确保利益，中心应提供统一的专业营销手段。

第四章　人事管理制度

连锁店职员的聘用、试用、转正、管理及解聘等按本制度办理。

1. 聘用

连锁店所需职员一律向社会公开招聘，以聘用职员的学识、品德、能力、经验、身体适合于该职务和该工作为原则。由店长提出用人申请，经中心行政组及中心主任批准后，予以实施。

2. 试用

新进人员试用期为 1～3 个月，可根据职员的表现及能力缩短和延长试用期，但最长不得超过 6 个月。试用合格人员与中心签订聘用合同，成为中心的正式职员。

3. 管理

连锁店职员由各店长负责安排工作，职员自开始工作起，应受到置信公司文化体系的教育和培训，在人才筛选和管理上，按《置信公司基本条例》执行。

4. 解职

解职包括自动辞职和解除劳动合同两种，职员自动辞职必须提前一周书面报告中心行政组，连锁店因工作事由解聘职员，必须提前半个月向被解聘职员发出书面通知。

第五章　考勤休假制度

为了维护良好的生产秩序，提高劳动生产率，保证连锁店生产工作的顺利进行，使职员保持良好的身体素质和旺盛的精力，根据国家有关规定，结合本中心实际情况，制定如下制度：

1. 作息制度

连锁店店长和职员实行每天上班前、下班后两次打卡制，店长根据连锁店的实际经营情况安排作息时间，并报中心行政组批准后，严格遵照执行。

2. 考勤内容及纪律

代人打卡：第一次对双方当事人各罚款人民币 10 元，第二次对双方各处以行政记大过一次，并对每人罚款人民币 20 元；第三次代人打卡或代人打卡被发现后在工作上表现有不满情绪者，中心将予以辞退。

3. 迟到、早退

职员每迟到、早退一次罚款人民币 5 元；一个月迟到、早退 5 次（含 5 次）者，予以解聘或辞退。各连锁店店长考勤卡由中心行政组统计，于每月 2 日前交中心行政组存档，各连锁店职员考勤卡在连锁店存档,中心行政组定期抽查。

4. 打卡规定

因工作或其他原因未打卡者,须由该职员上级在考勤卡上签字并注明未打卡原因,否则,中心行政组在月底考勤时按迟到或旷工处理。

5. 请销假规定

连锁店职员严格履行请销假手续,请假必须遵守中心规定,提前办理请假手续并获批准,方可休假。特殊情况(急病、住院、交通事故、自然灾害)应事先电话联系或请人代交假条,事后立即阐明情况,否则以旷工处理。

一次性请假不得超过 5 天,特殊情况另予审批。

①事假

因私事需本人处理,应由职员个人提出申请,填写请假单,事假 1~5 天,除店长审批外,报中心行政部审批,同时将相关手续报中心行政组留存。

②病假

因病治疗或休养,应由职员个人提出申请,填写请假单,病假时将相关手续及医院诊断证明详细资料报中心行政组留存。

③工伤

按劳动法规定的工伤范畴,基本工资全发,但须出具医院的证明及发生意外事故证明。

④旷工

迟到、早退或擅离职守超过 1 小时,或未经批准不到岗者,视为旷工。旷工半天(迟到 1 小时按旷工半天计算)扣发日工资的 60%,行政记大过一次;旷工 1 天扣发 2 天工资。在一个月内旷工 2 天以上(含 2 天),全年累计旷工 4 天(含 4 天)者,中心予以辞退。

第六章 后勤管理制度

一、办公环境管理制度

为创建一流企业形象,加强内部管理,树立连锁店良好的对外形象,特作以下规定:

1. 工作区内不得聊天。

2. 工作区内一律不得吸烟,违者每次罚款人民币 10 元。

3. 到连锁店的客人,每位职员必须用主动热情的态度对待,并做好应答和解释工作,无论何种原因,都不得与客人大声争吵,影响工作秩序。确实委屈之事应采取暂时回避态度,并通过正常渠道向上级反映。

7. 任何时间不得在工作区内从事打牌、下棋等活动,违者予以辞退。

8. 办公室内固定设施不得随意搬动。

9. 办公桌应保持整洁,不得放置闲杂物品,离开座位后应将办公椅归位放置。不得在办公桌旁的区域隔板或墙上粘贴任何纸张,违者罚款人民币 10 元。

10. 工作牌由中心行政组统一制作,必须正确佩戴在左胸衣兜上方一公分处,如上班时间未戴工作牌,罚款 20 元,如胸牌丢失,需到中心行政组申购,同时交 20 元的罚款。

11. 操作层职员不得动用店长电脑,连锁店应做好电脑管理,一般须设定密码,凡出现此类事件,对店长及动用电脑人员处以各 50 元罚款,并记行政大过一次。

12. 操作层职员一般不得使用工作区电话,若有特殊需要,应经部门负责人同意后,方可使用。

13. 职员不得在休息室内阅读书刊、杂志,凡发现者,将罚款人民币 10 元。

二、职业着装及扣款规定

职员着装由中心统一规定、统一制作,职员领用时一次性支付服装使用保证金。

第七章　薪酬制度

连锁店的薪酬制度根据《置信公司基本条例》已有规定,参照《置信实业薪酬待遇级别的若干规定》,特制定以下补充规定,需遵照执行。

第一条　店长薪酬

转正店长按中心包干制执行:2000 元/月,试用期 1500 元/月。

每季度税后净利润超额完成中心下达的考核目标,以税后净利润超额部分为基数提取 50% 作为奖励,由店长自主分配,分配方案报中心批准。

第二条　职员薪酬

转正职员按中心包干制执行:收银兼库管 600 元/月,技师 800 元/月,普工 400 元/月。试用期收银兼库管 500 元/月,技师 600 元/月,普工 300 元/月。

另根据每日每位职员的工作量提成,提成方案按照中心的相关管理规定执行。

每季度税后净利润超额完成中心下达的考核目标,以税后净利润超额部分为基数提取 50% 作为奖励,由店长根据职员的工作业绩分配,分配方案报中心批准。

项目6
经营实体企业

◀**实训任务书**▶

项目名称	企业实体经营
实训任务	1.经营与生产选址 2.商品采购模拟训练 3.企业办公空间设计 4.网店运营策划
任务目标	1.能够依据企业实际情况选择经营与生产地点 2.能够正确选择和评估供应商 3.能够具备办公空间设计思路 4.能够用策划并运营网络销售,并运用设计软件完成促销海报设计
知识准备	1.理解经营与生产选址的意义;掌握经营与生产选址的方法 2.掌握选择和评估供应商的方法 3.理解办公空间的功能;掌握办公空间主体、分体设计思路 4.掌握 Photoshop、Crowdral 等设计软件操作要点
实训内容 和 参考步骤	一、经营与生产选址 1.经营选址,依据企业经营方案设计内容,填写经营选址表格 2.阅读资料,分析生产选址具体方法 二、商品采购 1.阅读资料,分析在采购业务中如何选择和评价供应商 2.根据《进货计划表》的资料,填写采购合同、运输合同 三、企业办公空间设计 1.阅读资料,分析办公场所设计要点 2.提出办公场所设计的具体要求 3.解释该办公场所设计要求的原因 四、网店运营 1.完成网络销售的策划 2.完成网店宣传海报设计

实训任务 1　经营与生产选址

6.1.1　经营选址

店址是形成企业形象的重要因素之一,店址本身要求其有不同的经营特色和企业形象。形象本身决定了店址,同时店址也决定了企业形象。企业经营的设置地点对于其销售额、知名度等有着巨大的影响。有一句经商的谚语为:一步差三市,讲的就是地理位置的重要性。

创业企业可以参考分级加权评分法

分级加权评分法(因素赋值法)的步骤分为如下四步:

第一步,针对设施选择的基本要求和特点列出需要考虑的各种因素。

第二步,按照各因素的相对重要程度,分别规定相应的权数。一般可由有经验的专业人员完成这项工作。

第三步,对每个备选方案进行审查,按照最佳、较好、一般、最差四种等级,规定相应的等级系数分别为4、3、2、1,从而确定每个因素在各备选方案中的排队等级数。

第四步,把每个因素在各方案中的排队等级数与该因素权数相乘,得出各因素的评分值,再把每个方案所有因素的评分值相加,即可求得各方案的总评分值,该评分值表明了各个备选方案的相对优劣程度。总分数最高者为最佳方案。

例如:某低息信用卡银行正在为其信用卡运营公司选址,已经筛选出了两个备选地址,公司的管理层已经根据下列标准相对于公司选址决策的重要程度,赋予了每个标准一个权重,给出了两个备选地址的每个因素的评分值。

下面计算出了每个因素的加权分以及每个备选地址的总得分。如表6-1所示:

表 6-1　　　　　　　　　　　　　每个因素的加权得分

因素	权重	A 地评分	B 地评分	A 地加权分	B 地加权分
15英里以内受教育的劳动力人数	20	60	75	1200	1500
可能兼职的人数(学生)	10	45	20	450	200
离电信基础设施距离	25	80	90	2000	2250
离高等教育机构距离	5	50	35	250	175
生活成本指数	15	85	80	1275	1200
人文环境	10	65	40	650	400
犯罪率	15	95	90	1425	1350
总分	100	480	430	7250	7075

根据因素评分法,总分最高的A地应被选中。因素评分法涉及非常多的定量化分析,使用表格,可以使管理层很方便地看到调整各种因素权重对选址决策的影响。

需要指出的是,尽管本例中的因素权重总分是100,但这并不是一个必需条件。真正重要的是,因素的权重值必须要真正反映出选址时每个因素之间的相对重要性。如果因

.

素对选址决策同等重要，那么应赋予同样的权重。因此，在比较评估各备选地址方案的优劣时，赋予因素的权重的实际值并没有相对值有意义，当然，为了方便计算，也可以对权重进行归一化处理。

请依据你企业经营方案设计内容，填写下列表格。

选址详细地址	
选址交通情况	
商圈情况	
房屋情况	
房屋产权情况	
承诺开工情况	
周边社区数量	
选址同类经营者数量	

6.1.2 生产选址

请阅读以下资料，分析生产选址具体方法。

阅读资料 生产系统选址方法

重心法

当运输费用占总费用的比例较大，并且多种原材料由各个现有设施供应时，可用重心法来选择新设施场址，使所选的场址位置距各原材料供应点的距离与供应量、运费率之积的总和为最小。由于该方法中设施位置用坐标描述，所以，也叫坐标法。

令 $P_0(x_0, y_0)$ 表示新设施的位置，$P_i(x_i, y_i)(i=1,2,3,\cdots,n)$ 表示现有设施（或各供应点）的位置，w_i 表示第 i 个供应点的供应量，c_i 表示各供应点的运费率，c_0 表示新设施场址的运费率，则有：

$$\sum_{i=1}^{n} x_i w_i c_i = x_0 \sum_{i=1}^{n} w_i c_0$$

$$\sum_{i=1}^{n} y_i w_i c_i = y_0 \sum_{i=1}^{n} w_i c_0$$

由以上两式可得：

$$x_0 = \sum_{i=1}^{n} x_i w_i c_i / \sum_{i=1}^{n} w_i c_0$$

240

$$y_0 = \sum_{i=1}^{n} y_i w_i c_i \Big/ \sum_{i=1}^{n} w_i c_0$$

若各供应点和新场址的运费率相等,即 $c_i = c_0$,则有:

$$x_0 = \sum_{i=1}^{n} x_i w_i \Big/ \sum_{i=1}^{n} w_i$$

$$y_0 = \sum_{i=1}^{n} y_i w_i \Big/ \sum_{i=1}^{n} w_i$$

以上两式即为运费率相等时,用重心法求解的新设施的坐标位置,然后根据坐标位置确定可行位置进行改进,改进的方法又叫展开图表法。

线性规划法

对设施选址时,总是希望各种费用的总和最小。采用线性规划法,可以求得使总费用最小的设施数目、生产能力及产品的最佳销售量等。

设 x_{ij} 为第 j 个销售区域对第 i 个工厂的产品需求量,c_{ij} 为工厂 i 生产单位产品并运到销售区域 j 的总费用,包括进厂物料运费、人工费、出厂物料运费、公用设施费、原材料费、库存成本费、场地费、税金、各种管理费等;a_i 为工厂 i 的生产能力,b_j 为销售区域 j 的总需求量;m 为工厂数,n 为销售区域数,Z 为总费用。则该问题的线性规划模型为:

$$Z_{\min} = \sum_{i=1}^{m} \sum_{j=1}^{n} c_{ij} x_{ij}$$

条件:

$$\begin{cases} \sum_{j=1}^{n} x_{ij} = a_i & (i = 1,2,\cdots,m)(\text{生产能力约束}) \\ \sum_{i=1}^{m} x_{ij} = b_j & (j = 1,2,\cdots,n)(\text{需求约束}) \\ x_{ij} \geqslant 0 (\text{非负约束}) \end{cases}$$

利用表上作业法求解该模型,可确定最佳的运输及分销方式,以便得到最低成本的优化选址方案。

实训任务 2　商品采购模拟训练

6.2.1　选择及评价供应商

阅读资料

阅读以下材料,分析在采购业务中如何选择和评价供应商。

供应商评价表　　　　　　　　　编号

项目	评价				得分
	A	B	C	D	
商品畅销程度	非常畅销(10)	畅销(8)	普通(6)	滞销(2)	
欠品率	2%以下(15)	2%～5%(10)	5%～10%(6)	10%(2)	
配送能力	准时(15)	偶误(10)	常误(5)	极常误(2)	
供应价格	比竞争店优惠(20)	与竞争店同(10)	略差于竞争店(8)	与竞争店差距大(2)	
促销配合	极佳(15)	佳(10)	差(5)	极差(2)	
商品品质	佳(10)	可(8)	差(6)	时常出现坏品(2)	
退货服务	准时(10)	偶误(8)	常误(6)	极常误(2)	
供应商经营潜力	极佳(10)	佳(8)	普通(6)	小(2)	

＊评鉴半年一次,一年两次,取平均得分。

＊得分70分以上为A,60～70分为B,50～60分为C,50分以下为D。

6.2.2　采购合同、运输合同的填写

根据进货计划表的资料,填写采购合同、运输合同。

表 6-1　　　　　　　　　　　　进货计划表

编号	商品类别	商品名称	条形码	商品单位	商品数量	商品价格		供应商类别	供应商名称	部门	经办人	收货仓库	交货地址
						进	售						
1	体育用品	篮球	6911234012345	只	50	80	100	南京	A	仓储部	汪明	1仓库	南京
		溜冰鞋	6911234023456	双	50	100	130	武汉	B	仓储部	汪明	1仓库	南京
		滑雪器具	6911234034567	个	50	150	200	广东	C	仓储部	汪明	1仓库	南京
		象棋	69112340567891	盘	50	25	40	南京	D	仓储部	汪明	1仓库	南京
		足球	6911234045678	只	50	60	80	北京	E	仓储部	汪明	1仓库	南京
2	针棉纺织品	毛巾	6912345021234	条	100	8	10	常熟	F	仓储部	徐颖	2仓库	南京
		床单	6912345022234	条	100	30	50	无锡	G	仓储部	徐颖	2仓库	南京
		靠垫	6912345023456	个	100	10	20	无锡	H	仓储部	徐颖	2仓库	南京
		台布	6912345024567	张	100	8	15	无锡	I	仓储部	徐颖	2仓库	南京
		茶巾	69123450245678	条	100	5	12	无锡	J	仓储部	徐颖	2仓库	南京
3	化妆用品	头发护理液	6913456037890	瓶	100	15	30	上海	K	仓储部	韩雅	3仓库	南京
		香水	6913456038901	瓶	50	30	68	上海	L	仓储部	韩雅	3仓库	南京
		面膜	6913456039012	袋	100	10	40	上海	M	仓储部	韩雅	3仓库	南京
		沐浴露	69134560305678	瓶	100	20	30	上海	N	仓储部	韩雅	3仓库	南京
		护肤霜	6913456036789	瓶	100	70	120	上海	O	仓储部	韩雅	3仓库	南京

（续表）

编号	商品类别	商品名称	条形码	商品单位	商品数量	商品价格进	商品价格售	供应商类别	供应商名称	部门	经办人	收货仓库	交货地址
4	小家电	饮水机	6914567147758	台	30	80	120	苏州	P	仓储部	徐跃	4仓库	南京
		榨汁机	69145671478965	台	30	100	140	苏州	Q	仓储部	徐跃	4仓库	南京
		电热壶	6914567147753	个	30	60	100	苏州	R	仓储部	徐跃	4仓库	南京
		电饭煲	6915678297854	只	50	80	140	苏州	S	仓储部	徐跃	4仓库	南京
		吸尘器	69145678142223	个	50	80	120	苏州	T	仓储部	徐跃	4仓库	南京
5	电子产品	电动剃须刀	6914567146631	个	50	50	80	深圳	U	仓储部	陈好	5仓库	南京
		电子计算器	6915678293104	个	50	8	12	深圳	V	仓储部	陈好	5仓库	南京
		照相机	6915678296541	个	30	800	1200	深圳	W	仓储部	陈好	5仓库	南京
		验钞机	6915678297802	台	30	150	180	深圳	X	仓储部	陈好	5仓库	南京
		指南针	6916789354621	个	30	30	60	深圳	Y	仓储部	陈好	5仓库	南京

附录：

长期供货买卖合同

鉴于：

1. 甲方为一家依据《中华人民共和国公司法》设立之有限责任公司，具有独立的民事主体资格，且甲方愿意向乙方出售其生产或经销的产品并保证该产品的质量符合乙方要求。

2. 乙方为一家依据《中华人民共和国公司法》设立之有限责任公司，具有独立的民事主体资格，且乙方愿意购买甲方生产或经销的产品并保证按照双方的约定及时向甲方支付货款。

甲、乙双方为明确各自的权利和义务，在平等协商的基础上，基于各自的真实意思表示，达成本合同以便共同遵守。

1. 文字定义

1.1 本合同所称的"合同""本合同"均特指目前甲、乙双方签订之产品买卖合同，如涉及其他合同，则冠以该合同的具体名称。

1.2 本合同所称"甲方"，特指本合同第一页标明之出卖方。

1.3 本合同所称"乙方"，特指本合同第一页标明之买受方。

1.4 本合同中，任何当事人单称"一方"，合称"双方"。

2. 合同标的

2.1 产品概述

为实现本合同目的，经甲、乙双方充分协商，一致确认甲方欲出售给乙方、乙方欲向甲方购买的产品符合本条所描述之条件：

2.1.1 产品名称为：　　　　牌　　　　型号的。

2.1.2 生产厂商为：

2.1.3 产品的计量单位和计量标准为：

2.2 产品质量

2.2.1 双方一致确认,本合同约定之产品应达到的质量标准为:

2.2.2 为证明其出售的产品符合双方约定的质量标准,甲方应在出售给乙方的所有产品上标注该产品经过出厂检验合格的标志或附有以标签、文件等方式制作的产品合格证,甲方承诺:该标志、合格证所称的"合格",即表示该产品质量符合甚至高于本合同第2.2.1条约定的质量标准。

2.2.3 如甲方产品质量不符合约定的标准,甲方应承担违约责任和赔偿责任,赔偿乙方的直接经济损失和因此导致乙方重新购买同类产品的合理差价,乙方因此需向第三方承担的违约责任、赔偿责任等相关间接经济损失。

2.3 产品包装

2.3.1 双方一致确认,本合同约定之产品应具备的包装标准:

2.3.2 如甲方不能达到本包装的标准,应向乙方承担相应的违约责任。如因此导致产品损坏、变质等减损产品价值的情况出现,甲方应承担赔偿责任,赔偿乙方的直接经济损失和因此导致乙方重新购买同类产品的合理差价,乙方因此需向第三方承担的违约责任、赔偿责任等相关间接经济损失。

2.4 产品数量

鉴于长期供货合同的特殊性,本合同产品数量以乙方的实际需要为标准,最终按照双方实际发生的数量结算。同时双方明确:本合同对乙方在合同有效期内总的购货数量和每个月(或每个结算周期)的购货数量均没有要求和限定。

2.5 供货期间

本合同甲方向乙方供货的期间为　　　　,自本合同发生法律效力之日起开始计算。本供货期间届满,本合同自动终止。

3. 合同价款及支付

3.1 合同价款

3.1.1 经双方协商确认,甲方出售给乙方的产品单价暂定为人民币　　　元/　。

3.1.2 考虑到市场的变化和双方的利益,以及本合同确定的长期关系,双方一致同意,当本合同约定的产品的市场价格连续三个月上涨或下跌超过本合同约定单价的　%时,双方应达成补充协议重新确定单价并协商解决此前三个月已经结算货款的追加或退还问题。

3.1.3 如双方无法就新的单价达成一致意见,则仍按照本合同3.1.1条约定的单价与市场实际单价之间差价的50%上涨或下调,但对于此前三个月的结算不再调整。

3.2 货款的结算与支付

3.2.1 周期

经双方协商一致,确定乙方与甲方采取月结的方式结算价款,即以一个日历月为一个结算周期,每月的　　日至　　日为本结算周期的核对期和上一个结算周期的付款期。

3.2.2 结算

双方应在核对期共同就本结算周期发生的提货单、收货单、退货单等有效单据进行核对,核对一致后确定该结算周期内乙方实际收到的甲方货物数量,按本合同3.1条约定的单价计算该结算周期乙方应支付甲方的总价款。

3.2.3　付款

乙方在与甲方核对清楚并确定了该结算周期的付款金额后,于下一个结算周期的核对期内向甲方支付该货款。甲方应在乙方付款日前 5 日向乙方开具等额的正式发票提示乙方付款,否则乙方有权拒绝付款。乙方迟延付款的,按照日万分之二的标准向甲方支付迟延履行金。

3.3　乙方向甲方支付货款采用现金/支票的方式以人民币支付。甲方提供并确认其账户如下:

开户银行:

账　　号:

单位名称:

出　卖　方:　　　　　　　　　　　　　　　　　　　　　　　　(以下简称甲方)

法定代表人:　　　　　　　职务:

联 系 地 址:　　　　　　　　　　　　　　　　　邮政编码:

买　受　方:　　　　　　　　　　　　　　　　　　　　　　　　(以下简称乙方)

法定代表人:　　　　　　　职务:

联 系 地 址:　　　　　　　　　　　　　　　　　邮政编码:

公路货物运输合同

承运方(以下简称甲方):

地址:

托运方(以下称乙方):

地址:

根据《中华人民共和国合同法》及其他有关法律法规之规定,双方本着平等自愿、公平合理的原则,就乙方委托甲方配送业务事宜,经协商一致签订本合同,以便双方共同遵守。

第一条　货物的名称、规格、数量、价值、流向以各次托运单证为准,卖场订货单、乙方送货单和甲方托运单证是本合同附件之一。

第二条　货物包装要求

1. 乙方按照国家规定的标准包装;没有国家标准的,根据行业标准包装;没有行业标准的,根据保证货物运输安全的原则进行包装,否则甲方有权拒绝承运,但甲方的承运并不表明货物包装合格。

2. 乙方委托甲方运输的货物中不得夹带危险品以及国家禁止或限制运输、税务发票、海关通关等手续不全的货物。

第三条　货物的起运地为上海市松江区甲方仓库,或乙方指定的地点、到达地点,收、发货人名称,详细地址及直接联系方式,以甲方开出的托运单为准,并作为合同附件之一。乙方所送货物包装上应注明流向,无法在包装上注明的,应向收货员特别说明,对因乙方送货单书写错误、描述不清或托运货物差异而产生的责任,由乙方承担。

第四条 货物承运日期和货物到货期限

货物承运日期以各次甲方托运单证为准;货物运到期限以合同附件为准。托运起算日 400 公里以内,计算方法以开单当日时间 20:00 为准。具体路途时间按甲方报价单上到货时间为准,开单时间在 20:00 之后的,到货时间向后顺延一天(不包含节假日)。400 公里以外的,计算方法以当日开单时间 12:00 前为准。当日开单时间在 12:00 之后的,到货时间向后顺延一天(不包含节假日)。

第五条 运输质量和安全要求

1. 根据货物的性质与要求,甲方配备适合于安全运输的车辆承运;乙方托运单个货物价值在一百元以上的物品应参加货物保险,保险费用按货物价值的 3‰ 收取(甲方可代理保险),出现货损时甲方按保险法规有关规定理赔。没有参加保险的,甲方最高赔偿限额为当次运费的三倍。

2. 乙方送货,货物与送货单的内容应相符,自行核实,如货物包装、产品条码、规格、数量、运达地等。乙方对货单相符负责,如有改动必须签字确认。

3. 乙方对贵重物品(或单件商品价值达五百元人民币以上或单箱总价值一千元以上的电子产品等)应实行手对手验货交接,否则造成丢失按普通货价赔偿,最高赔偿限额为当次运费的三倍。贵重物品的包装应使用专用防伪封箱带,上下底同时封,外加打包带加固。

4. 易损易碎易坏(变质)如酒类、瓷器、饮料等货物,乙方应允许托运过程中 3‰~5‰ 的破损率(当月破损货物价值占当月托运货物总价值的比率)。玻璃器皿、瓷器承运退货等发生破损甲方不予以理赔。

5. 对乙方虚报货物规格数量或合同规格与实际送货不符的,除乙方明示外,甲方有权留置并协商解决或进行处罚。

第六条 货物装卸责任和方法

1. 乙方在接到各大卖场订货单后将货物及时送到甲方的指定仓库。自行分拣移交托运。乙方对货物的性质应做出明确的说明,如易损易破、保质期等。甲方承担乙方明示后的装卸货物坏损责任。对乙方没有明示的,甲方不承担赔偿责任。

2. 甲方承担乙方货物卸货的责任。

第七条 货物验收办法

1. 甲方自然享有乙方交货代理权,卖场对货物验收后,在送货单上注明;如有拒收等情况时,责任由过错方承担。当交货过程中,出现影响卖场收货的情况,甲方应及时通知乙方,乙方应派专员与甲方追踪人员进行业务沟通,乙方须确保专员 24 小时电话畅通。发生拒收现象,乙方必须在 15 分钟内给予甲方答复,否则被视为甲方已尽到通知义务,不承担因此而产生的责任。(订单到期日减去乙方送货日应大于或等于甲方附件承诺到货日期)

2. 甲方不对承运货物系数检验,对原包装未破损或有卖场证明的情况下,出现货物短少、损毁的,甲方不承担责任。

第八条　运输费用计算及结算办法

1. 费用价格计算依据本合同附件(运输报价和短驳费标准)。每票计费按四舍五入而不保留小数。

2. 结算方式为_____

3. 甲乙双方结算实行支付运费与货物理赔两条线分行,即乙方应按结算办法依据运费账单无条件付款,理赔款项按甲方理赔程序赔付,货物理赔是在乙方支付运费后进行。

4. 符合(押金)月结条件的客户,必须在次月 15 日之内结清上月的费用。不能按期支付运费的,结算方式由月结改为现付,甲方有权以停止发货、留置货物、暂扣回单等方式处理,并按日千分之五收取滞纳金,直至结清运费。

第九条　托运单确认

乙方将货物交给甲方托运后,应仔细核对托运单上的内容、货物的流向、件数及计费金额等。当确认无差异后,签字认可,若核对时发现有误,应当即要求甲方工作人员更正。放弃和拒绝核对签字,视为甲方开出的托运单无差异。在合同有效期间,甲方为乙方开出的托运单,虽然没有乙方签字,但有订单号码和送货单的,视为该托运单记载的托运事实存在。

第十条　回单的交接

1. 回单:指乙方送货单、卖场订单或签收单等单证的统一体。

2. 乙方须凭甲方开出的托运单到甲方回单室领取回单,双方须签字确认回单交接份数。乙方委托他人或委托甲方客服人员代为领取回单的,受委托人的签字视为回单已到达乙方。

3. 乙方所有的回单,甲方只负责保存三个月,自开出托运单的日期算起。逾期未领取者,视为乙方放弃领取,但因甲方原因没有返回回单除外。

第十一条　退货办法

1. 甲方作为乙方指定物流公司,乙方不得通过其他公司托运甲方能够承运的同一卖场的货物,否则甲方不承担乙方的退货。

2. 甲方为乙方提供的退货服务,必须是甲方承运,如乙方转入前(一个月内)的退货,甲方有权收取 100% 运费(参照报价)。甲方对于退货只清点系数不对条码。(委托甲方托运期间,又从其他公司送货者,视为非甲方承运货物。)

3. 乙方若被客户通知有退货需委托甲方从商场运回,必须写明商品名称、数量等。甲方凭委托书从商场运回甲方仓库;如遇无委托书而商场要求退货时,甲方有权根据商场要求进行退货。货物退回甲方总部后,甲方于 2 天内以电话或传真的方式通知乙方,乙方须与甲方确认接电话人的姓名和退货时间,乙方须在通知后的 7 天内凭介绍信或委托书到甲方仓库及时领取退货,甲方不收取仓储管理费。超过 7 天乙方仍未领取,甲方按日收取 20 元/m³ 仓储管理费用(不满 1m³ 按 1m³ 计算),超过 10 日未领取的,甲方开票程序将自动锁上无法正常开票。超过 15 天,仓储保管费按每立方米 50 元/天收取(不满 1m³ 按 1m³ 计算);30 天内不取回,甲方有权自行处理或交由国家公证部门提存,对货物的短少、毁损、灭失由乙方承担。

超过退单日期三个月的退货不予查询,不予理赔。

4. 甲方对所承担的乙方退货,按立方或公斤收取合同附件各个流向运费报价 50% 的退货费用。

5. 乙方在规定时间内领取退货时,当场核对货物单证是否相符,否则甲方不承担责任;当发现不符时,甲方查明情况后按实际损失折价赔偿。对成套设备不全、保质期已过等货物甲方按卖场包装退货,不计小件数量,粮食类不计重理,整体退货,在卖场及时交接完成。型号种类多杂的货物,甲方退货只负责件数。

第十二条 双方的权利义务

1. 甲方的权利:向乙方要求按账单结算运输费用。有权对货物进行监督检查,对不符合包装要求和安全规定的货物,有权拒绝承运。对乙方变更到货地点和加急运输的货物,有权要求乙方支付因此而产生的费用。

2. 甲方的义务:按订单、送货单要求将乙方货物安全及时送往卖场,并代理乙方向卖场交货,对交接过程中出现的差错,及时通知乙方知悉,对承运车辆保持适运状态。

3. 乙方的权利:要求甲方将货物安全送往卖场,代理其交接货物。货物托运后,乙方需要变更到货地点或取消托运时,有权向甲方提出要求,并在书面的委托书上签名、盖章,但必须在货物起运前通知,并重新确认。乙方有权对甲方原因造成的损失提出赔偿要求,但乙方应在托运日起三个月内提出,逾期视为乙方放弃索赔权利。

4. 乙方的义务:需要将甲方承运的卖场线路所有货物交由甲方承运,按合同约定向甲方结算运输费用,甲方对托运的货物按国家规定或约定包装,遵守有关运输法律法规,按规定的时间和数量交付货物。乙方自愿对货物运输保险,投保可分为:托运方自保或承运方代保。

第十三条 理赔条款

1. 乙方有权对甲方原因造成的损失提出赔偿要求,但乙方应在托运日起三个月内提出,逾期视为乙方放弃权利。

2. 索赔时乙方应出示理赔所需的原始凭证(原件)。

3. 送货造成的损失索赔时,需提供卖场订单、乙方送货单、甲方托运单、回单、开给卖场相同产品的增值税发票记账联等,赔偿金额一般按交货时同期乙方供货价格的未税成本价格确定。

4. 退货造成的损失索赔时,需提供甲方商品差异书面证明、卖场原始退货单等。赔偿金额一般按照退货同期的乙方的供货价格的折扣价确定,折扣比例根据货物属性确定。

5. 甲方在受理乙方索赔报告之日起,30 个工作日内应给予理赔。

第十四条 违约责任

一、甲方的责任:

1. 甲方不能按合同约定履行,擅自变更或解除合同的,甲方应赔偿乙方当次送货的直接损失。

2. 甲方如将货物错运到货地点,应无偿再送一次,直至将货物运到合同规定的地点。

3. 货物交付托运中,由于甲方原因造成货物灭失、短少、变质、污染、损坏的,甲方按货物实际损失双方协商理赔(或按保险理赔后损失)。

4. 在符合法律和合同约定的条件下的运输,由于下列原因造成货物灭失、短少、变质、污染、损坏的,甲方不承担责任:

(1)不可抗力;(2)货物本身的属性;(3)货物的合理损耗;(4)乙方或卖场本身的过错。

二、乙方的责任:

1. 乙方不按照合同约定履行,或在合同生效期间将货物交由其他公司托运,或擅自变更或解除合同,甲方有权要求乙方赔偿违约金。

2. 不得在普通货中夹带、匿报、瞒报危险货物(按国家危险品管理规定),错报笨重货物重量等导致货物摔损、车辆倾翻、爆炸、起火、腐蚀等引起道路交通事故的,或被国家有关机关查扣的,乙方应承担赔偿责任。

3. 乙方对货物质量和包装负责。由于货物包装缺陷产生破损,致使其他货物或运输工具、机械设备被污染腐蚀、损坏或造成人身伤亡事故的,乙方应承担赔偿责任。

4. 由于乙方在货物中夹带国家禁止或限制流通、税务发票等手续不全的货物,承运中被国家有关机关检查没收的,责任由乙方承担。

5. 因乙方单货出错,导致货物送错,需要再送的,应重新办理托运手续。

第十五条　合同的变更和解释

1. 在甲方未将货物起运或交货前,乙方可以要求终止交货、返还货物、变更到货地点或交付其他卖场,但应支付甲方因此产生的所有费用。

2. 遇国家政策或市场行情变化,甲方对运费调整(降低或提高)须提前通知乙方协商,自通知协商之日起五个工作日后执行新的价格。

3. 对因本条第二项引起的合同变更和解除,甲乙双方互不承担责任。

第十六条　合同效力

1. 本合同有效期自＿＿＿年＿＿月＿＿日起至＿＿＿年＿＿月＿＿日止,合同到期后自行终止,但未结清的债权债务不因合同到期而终止。

2. 本合同适用于甲方为乙方托运卖场订单货物,如乙方需甲方提供其他物流或合同履行完毕后再次合作,可重新签订合同,亦可以此为范本修正后签订运输合同。

3. 本合同为白底黑字印刷,手写体优先于印刷体、在后的书写优先于在先的书写;合同中任何添加、涂写,须加盖合同章或公章或由双方经办人签字确认,否则视为无效。本合同如与国家法律法规相抵触,以法律法规为准。

第十七条　甲乙双方在履行本合同时,应遵守中华人民共和国法律法规和地方性法规。

第十八条　若合同在履行中发生争议,双方应通过友好协商解决。如协商不成,任何一方可直接向松江区人民法院提起诉讼。

第十九条　本合同未尽事宜,双方可签订补充协议,补充协议与合同附件都是本合同的有效组成部分,与本合同具有同等法律效力。

第二十条　本合同一式两份,甲乙双方各执一份,两份具有同等法律效力,双方签字盖章后生效。

甲方：　　　　　　　　　　　　乙方：

经办人：　　　　　　　　　　　经办人：

电话：　　　　　　　　　　　　电话：

传真：　　　　　　　　　　　　传真：

开户银行：　　　　　　　　　　开户银行：

账号：　　　　　　　　　　　　账号：

日期：　　　　　　　　　　　　日期：

签订地点：

实训任务3　企业办公空间设计

6.3.1　办公场所设计

阅读以下资料,分析办公场所设计要点。

阅读资料　办公场所室内设计过程

由于舒适的办公场所与工作效率之间的紧密联系已广为人知,现在的业主们对于办公场所内部格局的设计标准比以往任何时候都更为关注和了解。办公场所的设计首先应做到使进入该建筑的造访者产生一种强烈的初始印象,而这种印象表现的则是企业特征和业务性质。对于雇员而言,内部空间格局的设计同样会对其工作效率以及对业主的态度产生一定的影响。随着1951年的"风景式办公场所"或"敞开式设计"这种观念的引进,为这种独立而又略显局促的空间格局所设计的固定墙壁消失了。伴随着按需组合这种观念的兴起,"工作台"的排列形式也必然是按需而设。另外,这种设计风格既能减少工作台排列之间的不协调感,又可以保护员工们仅存的私人空间。员工之间的沟通与交流变得更简单易行。

办公场所的主要功能

办公场所因格式和业务性质等原因,其所具有的功能也是不尽相同的,但它的基本功能如下所述：

决策功能:此项功能包括计划编制、议题审定和信心整理等,其目的是确认相关信息的可信程度，进而提出建议并做出决定。

通信功能：此项功能为信息的传递扫除了时间与空间上的障碍。因为没有良好的信息情报方面的交流，工作效率是无法获得提高的。

分类管理功能：办公场所需建立一套档案存放体系，对所有的档案进行分类管理，并通过数据处理功能对这些信息资料进行筛选、处理、回放、储存以及必要的删除。

主体空间的大小确定之后，包括仓库等在内的辅助性空间尺寸便可以计算出来了。排列组合应根据临界处的具体情况充分考虑空间格局的相互关系。如果是两层楼以上的设计方案，则应根据各自的功能通过叠加法进行排序。

分体设计

入口和门厅：入口和门厅应该能够体现包括企业CI工作方式在内的办公场所的整体特点。它应具有防盗和防火的功能，同时方便出入。

接待场所：此处被分成两部分，一块被办公人员及办公设施所占用，另外一块则留给来访人员。其中办公区应按能够充分表现企业形象的方式来设计。照明与家具的设计则应侧重于来访者一边，以便等待时感觉舒适些。

经理室：高级职员的房间应设在较高的位置上，如处同一个楼层，则应设计在边角处，并具有良好的照明与视觉效果。此处应单独设计出一个接待处，在保持其具有独立性的同时，也表明其与众不同的地方。

秘书室：此处应设计得能容纳造访经理室的客人，并进行业务洽谈。

洽谈室：作为企业政策执行者的经理人员的洽谈场所，应设计成包括接待室、洗手间在内的较大型的洽谈室，其中还应该设有为20人提供服务的产品介绍系统和通信设施。

办公间：在整个办公区内将办公间按序排列，以便此处的工作人员得以享有属于自己的一小块天地。设施的摆放应设计得便于员工之间的交流。电话、电器和通信在内的各种设备的线路应设计在地板下面或办公间的隔墙里。

资料室：相关的图书和资料可以陈列在走廊里。如想单独劈出一块空间作为资料室的话，可以考虑多使用一些安全性能较高的建筑材料，而且还应装配可以保持适当温度与湿度的设备，以延长这些材料的使用寿命。

休息室与厨房：此处可为全体员工提供放松身心的场所。

大型办公场所的公共区域：如果是一家大型企业，其办公楼内应设计有相应的公共区域，例如大厅、门廊、休息厅、停车场、供员工们就餐的自助餐厅等。

办公空间的形状

室内空间是按其形状被人们感知的。形状告知了其用途，巨大的室内空间成为一个集中的以它为中心的目标，但空间还是有被切割重组的特性，这也是现代建筑室内空间的一个重要的形态特征。经过切割重组可变成多种形状，被切割的部分与切出的部分彼此保持一定的分隔和联系，如果再将它们重新组合在一起，将自然形成空间形状的多样协调和审美趣味。

在此我们可把空间分为两大类：单一空间和复合空间。单一空间又分为几何形和非几何形的(不规则的、自由形式的)。复合空间按其组合关系可分为几何关系和非几何关系。

单一空间是构成室内空间形状的最基本单位,由它略加变化,如加减、错位、变形等可得到相对复杂的空间形状;而由若干单一空间加以组合、重复、分割就得到多变的复合空间。

6.3.2 办公场所设计要求

请你提出办公场所设计的具体要求。

_____

_____

_____

请解释该办公场所设计要求的原因。

_____

_____

_____

实训任务4 网店运营策划

6.4.1 网络销售策划

请完成网络销售的策划。

第一步:设计公司网店页面。

第二步:寻找三家网络销售平台运营企业,分析其优势和劣势。

	支付方式 接受程度	交易安全	商品种类	退货保证	商品描述
企业1					
企业2					
企业3					

第三步:根据以上数据统计,并结合自身特色,选择合适的网络平台,并设计特色服务功能。

_____

_____

_____

6.4.2 网店宣传海报设计

项目设计说明（请设计出如下图所示效果图）。

要求如下：

将巧克力从素材中抠出来；

根据效果图绘制缎带，要求达到立体效果；

绘制心形，构成广告的背景；

注意构图的协调，以及视觉的集中表达。

参 考 文 献

[1]　刘平.大学生创业教程——理论与实践[M].北京:清华大学出版社,2009

[2]　李宇红.创业实务教程[M].北京:北京大学出版社,2012

[3]　尹琦.大学生创业原理与实务[M].北京:高等教育出版社,2011

[4]　陈志刚,马超平.大学生就业与创业指导[M].长春:东北师范大学出版社,2011

[5]　刘金辉.创业准备[M].北京:中国劳动社会保障出版社,2011

[6]　刘亚娟,等.创业融资[M].北京:中国劳动社会保障出版社,2011

[7]　谷炜,等.创业政策指南[M].北京:中国劳动社会保障出版社,2011

[8]　蒋心亚.创业实务[M].北京:北京交通大学出版社,2010

[9]　卢志鹏.大学生就业与创业指导[M].北京:北京理工大学出版社,2010

[10]　唐秋玲.个人与团队管理[M].北京:北京交通大学出版社,2010

[11]　赵延枕.创业资金解决之道[M].北京:企业管理出版社,2008

[12]　罗天虎.创业学教程[M].西安:西北工业大学出版社,2004

[13]　《中国大学生就业》杂志社.大学生创业手册[M].北京:中国经济出版社,2008

[14]　崔义中.创业学[M].西安:陕西人民出版社,2000

[15]　金和.中国青年创业指南[M].北京:中国纺织出版社,2008

[16]　刘迎春.大学生自主创业综合实训指导[M].广州:暨南大学出版社,2009

[17]　贺俊英.大学生创业基础与实训教程[M].北京:高等教育出版社,2010

[18]　张志宏.创业之初必知必会的财务知识[M].北京:中华工商联合,2010

[19]　赵延忱.大学生创业教程[M].北京:北京大学出版社,2011

[10]　程忠国.大学生就业与创业指导[M].武汉:华中科技大学出版社,2004

[21]　马良.创业实训资源手册[M].北京:中国时代经济出版社,2008

[22]　葛玉辉,等.大学生创业测评[M].北京:清华大学出版社,2010

[23]　汪力.创业无师自通[M].北京:北京工业大学出版社,2007

[24]　(美)桑德.在空白处创业:寻找市场缝隙 实现创业梦想[M].朱中彬,译.北京:人民
　　　邮电出版社,2007

[25]　张光辉,等.创业管理概论[M].大连:东北财经大学出版社,2006

[26]　人力资源和社会保障部职业能力建设司.创办你的企业(大学生版)-创业培训手
　　　册[M].北京:中国劳动社会保障出版社,2010

[27]　人力资源和社会保障部职业能力建设司.创办你的企业(大学生版)-创业计划书
　　　[M].北京:中国劳动社会保障出版社,2010

[28] 姚裕群.团队管理[M].长沙:湖南师范大学出版社,2007

[29] 李淑珍,等.创业之初应该学点财务知识[M].北京:中国纺织出版社,2009

[30] 辽宁省教育厅.就业与创业概论(第二版)[M].沈阳:辽宁大学出版社,2007

[31] (美)库洛特克,等.创业学:理论、流程与实践(第六版)[M].张宗益,译.北京:清华大学出版社,2006

[32] (美)杰弗里·蒂蒙斯,等.创业学案例[M].周伟民,吕长春,译.北京:人民邮电出版社,2005

[33] 尤登弘.创业之初:你不可不知的财务知识[M].北京:机械工业出版社,2008

[34] 朱吉玉.管理心理学[M].大连:东北财经大学出版社,2007

[35] 陈龙春,等.大学生创业基础[M].杭州:浙江大学出版社,2007

[36] 张振刚."挑战杯"中国大学生创业计划竞赛指南[M].广州:华南理工大学出版社,2012